V&R Academic

Eckart Conze

Geschichte der Sicherheit

Entwicklung – Themen – Perspektiven

Vandenhoeck & Ruprecht

Umschlagabbildung: Mit einer Pistole bewaffneter Polizeibeamter am 16.2.2015 in Düsseldorf während des Rosenmontagszuges auf der Königsallee. Foto: © Martin Gerten / dpa Picture

Bibliografische Information der Deutschen Nationalbibliothek

Die Deutsche Nationalbibliothek verzeichnet diese Publikation in der Deutschen Nationalbibliografie; detaillierte bibliografische Daten sind im Internet über http://dnb.d-nb.de abrufbar.

ISBN 978-3-525-30094-7

Weitere Ausgaben und Online-Angebote sind erhältlich unter: www.v-r.de

Satz: textformart, Göttingen | www.text-form-art.de
Druck und Bindung: ⊕ Hubert & Co. GmbH & Co. KG BuchPartner, Robert-Bosch-Breite 6, 37079 Göttingen

Gedruckt auf alterungsbeständigem Papier.

Inhalt

1 Unsichere Zeiten: Aktualität und Ziele Historischer Sicherheitsforschung

Sicherheit als Forschungsthema hat Konjunktur. Das wissenschaftliche Interesse an Sicherheitsfragen ist in den letzten Jahren in verschiedenen Disziplinen, allen voran in den Sozialwissenschaften, enorm gewachsen.[1] Aber auch in der Geschichtswissenschaft hat sich Sicherheitsforschung zu einem wichtigen Arbeitsfeld entwickelt, was sich an Forschungsprojekten, Tagungen und Publikationen ablesen lässt. An den Universitäten Marburg und Gießen widmet sich seit 2014 ein stark geschichtswissenschaftlich orientierter Sonderforschungsbereich dem Thema »Dynamiken der Sicherheit«.[2] Schon seit 2012 beschäftigen sich nicht zuletzt Historiker an der Universität Tübingen in einem anderen Sonderforschungsbereich mit »Bedrohten Ordnungen«, einem benachbarten, ja komplementären Forschungsgebiet.[3] Die Geschichte der Sicherheit, wie sie unter verschiedenen Fragestellungen und mit unterschiedlichen Ansätzen betrieben wird, ist dabei keineswegs nur eine Domäne der Neueren Geschichte und insbesondere der Zeitgeschichte, sondern das Interesse an Sicherheit reicht mittlerweile von der Antike über das Mittelalter und die Frühe Neuzeit bis an die Schwelle der Gegenwart. Über Epochengrenzen hinweg, und dabei auch die Scheidung Vormoderne – Moderne relativierend, hat in den letzten Jahren eine Historische Sicherheitsforschung Gestalt angenommen,[4] die vor allem dadurch gekennzeichnet ist, dass sie die Erforschung unterschiedlicher Themenfelder und Entwicklungen als Sicherheitsgeschichte perspektiviert, dass sie sich für Sicherheit als historische Kategorie interessiert und von der Annahme ausgeht, dass sich über die Frage nach Sicherheit Prozesse geschichtlichen Wandels fassen und in einer frischen Perspektive analysieren lassen.

Obwohl die Historische Sicherheitsforschung sich nicht auf die jüngste Geschichte beschränkt, steht doch außer Frage, dass der Bedeutungsgewinn dieses Forschungsfeldes eine Folge gegenwartsnaher Entwicklungen ist, durch die Sicherheit national wie international zu einem beherrschenden politischen und gesellschaftlichen Thema geworden ist. Und auch wenn es schon früher Konjunkturen der Sicherheits- beziehungsweise Unsicherheitsthematik gegeben hat, beispielsweise in den 1930er Jahren,[5] so macht das wachsende Interesse an einer geschichtswissenschaftlichen Beschäftigung mit dem Thema »Sicherheit« doch deutlich, dass Forschungsinteressen der Geschichtswissenschaft nicht im luftleeren Raum entstehen. Geschichte ist immer Gegenwart.

Das zeigt der Aufstieg der Sicherheitsthematik in der Geschichtswissenschaft besonders klar. Eine Allensbach-Umfrage aus dem Sommer 2016 demonstriert nicht nur die – gestiegene – Bedeutung des Sicherheitsthemas in der deutschen Gesellschaft, sondern auch die Tatsache, dass eine Mehrheit der Deutschen die Welt der Gegenwart und der Zukunft für weniger sicher hält als die der Vergangenheit. »Wir werden nie mehr so sicher leben können wie früher«, glaubten immerhin 58 Prozent der Befragten; von einer »Erosion des Sicherheitsgefühls« war die Rede.[6] In die gleiche Richtung deutet auch die Antwort auf die Frage: »Leben wir heute in einer besonders unsicheren Zeit, ich meine, dass alles weniger kalkulierbar und planbar ist als früher, oder würden Sie sagen, vor 20, 30 Jahren war alles genauso unsicher?« Im Juli 2011 waren, so das Allensbacher Institut, 44 Prozent der Deutschen der Ansicht, in einer besonders unsicheren Zeit zu leben, im November 2012 waren es 48 Prozent, zu Jahresbeginn 2016 lag der Prozentsatz bei 58. Die Anschläge islamistischer Terroristen in den Jahren 2014 und 2015, vor allem die verschiedenen Terrorangriffe in Frankreich, haben diese Wahrnehmung fraglos verstärkt, ebenso wie die Gewaltereignisse in Köln in der Silvesternacht 2015/16 und eine Reihe von Anschlägen und Amokläufen in Deutschland im Jahr 2016. Und die Serie der Terrorakte ist seither nicht abgerissen. Die Deutschen – und nicht nur sie – fühlen sich verunsichert;

nur noch 36 Prozent sahen im Sommer 2016 dem kommenden Jahr zuversichtlich und hoffnungsvoll entgegen, bei der großen Mehrheit überwogen Skepsis und Befürchtungen. Nur selten konnten Demoskopen in der mittlerweile fast 70-jährigen Geschichte der Bundesrepublik bei objektiver wirtschaftlicher Stabilität einen solchen Zusammenbruch des Zukunftsoptimismus feststellen: während der großen Krisen des Kalten Kriegs, als die Welt am Rand eines Nuklearkriegs zu stehen schien, in den 1970er Jahren vor dem Hintergrund der Ölkrise und des RAF-Terrorismus oder auch noch einmal nach den New Yorker Anschlägen vom September 2001.

Hat also in den letzten Jahren die Sicherheit abgenommen und die Unsicherheit zugenommen? Die Befunde der Demoskopie legen das nahe. Aktuelle Meinungsumfragen dürfen allerdings nicht darüber hinwegtäuschen, dass Sicherheit und Unsicherheit schon seit Jahren Themen sind, die an gesellschaftlicher und damit auch politischer Bedeutung gewonnen haben. Dafür gibt es verschiedene Beispiele: Schon im Regierungsprogramm der 2002, nach den Terrorattacken von 9/11 wiedergewählten rot-grünen Bundesregierung war »Sicherheit« der zentrale Begriff. Seine Regierung, so betonte Bundeskanzler Gerhard Schröder damals, verstehe »Sicherheit als ein elementares Bürgerrecht«. 15 Jahre später, Anfang 2017, sprach der nunmehrige SPD-Vorsitzende Sigmar Gabriel in einem Zeitungsbeitrag von innerer Sicherheit als »sozialem Bürgerrecht«. Als im Jahr 2007 die CDU unter der Führung von Bundeskanzlerin Angela Merkel ein neues Grundsatzprogramm verabschiedete, stand dieses unter der Überschrift »Freiheit und Sicherheit«, und die CDU entwickelte darin ein neues, weiteres Verständnis von Sicherheit.[7] Zehn Jahre später, zu Beginn des Wahlkampfjahrs 2017, präsentierte die CDU Programmpapiere unter dem Titel »Sicherheit in Freiheit« oder »Sicherheit durch einen starken Staat«.[8] Mehr denn je gilt heute, was der britische Politikwissenschaftler Michael Dillon schon 1996 feststellte: »Security (...) saturates the language of modern politics. Our political vocabularies reek of it and our political imagination is confined by it.«[9]

Der Bedeutungsgewinn des Themas Sicherheit ist jedoch mitnichten auf Deutschland beschränkt. In zahlreichen Gesellschaften weltweit lassen sich vergleichbare Entwicklungen beobachten. Daher ist es auch nicht überraschend, dass internationale Organisationen das Sicherheitsthema aufnahmen und es prominent auf ihre Agenda setzten. Das gilt für die Vereinten Nationen und das erstmals in ihrem *Human Development Report* von 1994 entwickelte Konzept der »Human Security«. Wenige Jahre später, 1999, charakterisierten ihre Mitgliedsstaaten die Europäische Union als einen Raum »der Freiheit, der Sicherheit und des Rechts«. Gerade in der internationalen Politik hat der Begriff »Sicherheit« den Begriff »Frieden« im Laufe der letzten Jahrzehnte weitgehend verdrängt. Bis weit ins 20. Jahrhundert hinein war Frieden die regulative Idee in den Gründungsdokumenten zahlreicher internationaler Organisationen und im internationalen Recht. Hatte die Charta der Vereinten Nationen von 1945 noch formuliert, dass »Frieden und Sicherheit« zu den höchsten Gütern der Menschheit gehörten, so ist der Friedensbegriff mit seinen normativen und zum Teil utopischen Konnotationen seither immer stärker in den Hintergrund getreten.[10]

Sicherheit als politischer Wertbegriff und als neue Leitsemantik bezieht sich aber nicht nur auf die internationalen Beziehungen. Vielmehr macht es den Aufstieg des Sicherheitsbegriffs, wie er in der politisch-sozialen Sprache fassbar wird, aus, dass er in ganz unterschiedlichen politischen und gesellschaftlichen Kontexten anzutreffen ist. Nicht nur werden immer mehr Gefährdungen der Sicherheit identifiziert, sondern es werden auch immer weitere Bereiche des gesellschaftlichen Lebens – auf nationaler und internationaler Ebene – als Sicherheitsprobleme behandelt.[11] Der Philosoph Peter Sloterdijk hat in diesem Zusammenhang vom Aufstieg einer »sekuritären Gesellschaft« gesprochen und einen Verlust an Freiheit in der Folge dieser Entwicklung konstatiert.[12] Auf der Kasseler Documenta 14 hat 2017 die Künstlerin Banu Cennetoglu dem Museum Fridericianum, dem Hauptgebäude der Ausstellung, eine neue Inschrift gegeben: »Being safe is scary«. In der Tat wird über das Spannungsverhältnis von Freiheit und Sicherheit, das als Thema von Politik und politischer Philosophie eine lange Tradition hat, seit einigen Jahren in neuer Intensität debattiert.[13] Viele Beobachter sehen darin eine Folge der Terroranschläge vom 11. September 2001, sprechen von der Transformation zu einer globalen Sicherheitsgesellschaft und diskutieren die Folgen dieser Entwicklung insbesondere für die liberal-demokratischen Staaten des Westens.

Die islamistischen Terrorangriffe von 2001 sind zweifellos in ihrer Bedeutung für den globalen Aufstieg des Sicherheitsparadigmas kaum zu überschätzen, aber allein damit zu erklären ist dieser Aufstieg nicht. Er reicht weiter zurück, ins letzte Drittel des 20. Jahrhunderts, und hat in westlichen Gesellschaften viel zu tun mit dem Ende des »Golden Age« (Eric Hobsbawm), jenes etwa drei Jahrzehnte dauernden ökonomischen Booms der Nachkriegszeit, der die Industriegesellschaften des Westens stabilisierte und, gerade vor dem Hintergrund der Erfahrungen der ersten Jahrhunderthälfte, für ein hohes Maß an Fortschrittsoptimismus und Zukunftssicherheit sorgte. Doch mit dieser Gewissheit war es seit etwa Mitte der 1970er Jahre vorbei. Vom »Ende des Fortschritts« war nun die Rede, der amerikanische Ökonom Kenneth Galbraith sprach 1977 von einem Zeitalter der Unsicherheit (»Age of Uncertainty«). Das war auch eine Diagnose des Übergangs vom industriellen ins post-industrielle Zeitalter. Zu diesem Übergang gehörte nicht zuletzt, dass die Sicherheits- und Eindeutigkeitsversprechen von Wissenschaft und Technik brüchig geworden zu sein schienen, wofür in breiter Wahrnehmung die Reaktorkatastrophen von Harrisburg und Tschernobyl standen.[14] Hinzu trat dann freilich das Ende des Ost-West-Konflikts, das nicht eine Ära von Sicherheit und internationaler Stabilität einleitete, sondern die schon Ende der 1970er Jahre diagnostizierte »neue Unübersichtlichkeit« eher noch verstärkte: Zerfall der Sowjetunion, Krieg in Europa, Legitimationskrisen der internationalen Institutionen aus der Zeit des Kalten Kriegs sowie der Aufstieg des islamischen Fundamentalismus, der in Gestalt des internationalen Terrorismus spätestens 2001 ins Zentrum globaler Sicherheitspolitik rückte.

Immer weniger allerdings bezog sich Sicherheitspolitik auf klar abgegrenzte Politikfelder. Die Trennlinie zwischen innerer und äußerer Sicherheit, charakteristisch für den klassischen Nationalstaat mit seinem Souveränitätsanspruch, löste sich mehr und mehr auf. Die auf die Ausbildung moderner Territorialstaatlichkeit zurückgehende und spätestens seit dem 19. Jahrhundert im Völkerrecht festgeschriebene Trennung von innen und außen, die gerade auch in der deutschen Geschichtswissenschaft bis weit ins 20. Jahrhundert hinein stabilisiert und legitimiert worden war und zu aus heutiger Sicht absurd anmutenden Kontroversen über den Primat von Außen- oder Innenpolitik geführt hatte, entsprach insbesondere in einer Sicherheitsperspektive nun erst recht nicht mehr den Realitäten. Bedrohungen beziehungsweise Bedrohungswahrnehmungen, Unsicherheiten beziehungsweise Unsicherheitswahrnehmungen unterschiedlicher Provenienz überlagerten sich und verstärkten sich zum Teil wechselseitig, beispielsweise in den Wirkungsdynamiken von internationalem Terrorismus, Migration und organisierter Kriminalität.

Mit dieser Entgrenzung von Sicherheit und Sicherheitspolitik ging eine weitere Dynamik einher: Immer mehr Themenfelder wurden im politischen Raum als Sicherheitsthemen identifiziert, als Gefahren, Bedrohungen oder Quellen von Unsicherheit, und damit dem expandierenden Politikfeld der Sicherheitspolitik zugeschlagen und den diesem Politikfeld eigenen Handlungslogiken unterworfen. Genau diese Entgrenzung verstärkte das wissenschaftliche Interesse an den Dynamiken der Sicherheit. Welche politischen und gesellschaftlichen Fragen sind Sicherheitsfragen? Wie werden politische und gesellschaftliche Probleme zu Sicherheitsproblemen? Und was bedeutet es für den politischen Prozess und für politische Entscheidungen, wenn bestimmte Themen als Sicherheitsthemen formiert sind beziehungsweise formiert werden? Solche Fragen stießen seit den 1980er, verstärkt aber seit den 1990er Jahren auf immer größere wissenschaftliche Aufmerksamkeit: zunächst in den Sozialwissenschaften, deren Forschungsinteresse sich über das klassische Forschungsfeld der internationalen Sicherheitspolitik hinaus zu erstrecken begann und sich dabei nicht nur thematisch auf andere Felder von Sicherheit beziehungsweise Sicherheitspolitik ausdehnte, sondern das als Kritische Sicherheitsforschung *(Critical Security Studies)*[15] zunehmend ein Bewusstsein für die historische Kontingenz des Sicherheitsbegriffs und die soziale Konstruiertheit von Sicherheit und Unsicherheit entwickelte. Für die Herausbildung dieses Bewusstseins spielte auch der Aufstieg des Konstruktivismus in den Sozialwissenschaften allgemein und besonders in den Internationalen Beziehungen (IB) eine wichtige Rolle.[16]

Aber auch die Geschichtswissenschaft begann vor diesem Hintergrund, Sicherheit als Forschungsthema zu entdecken. Das galt zunächst, wenn auch nicht ausschließlich, für die Zeitgeschichtsforschung, auf deren Forschungsinteressen der Impuls der Gegenwart stets in besonderer Weise einwirkt. Die Unsicherheitserfahrungen der Zeit nach dem Ende des Kalten Kriegs mit seiner in der Retrospektive nach 1990 immer stärker als Sicherheit gedeuteten Stabilität in den internationalen Beziehungen sowie die Bedrohung des internationalen Terrorismus, insbesondere die Ereignisse des 11. September 2001, trugen dazu bei. Aber hinzu traten die breit greifbaren und nicht minder gegenwartsgewonnenen theoretischen und konzeptionellen Überlegungen aus den Sozialwissenschaften und die neuen Dynamiken sozialwissenschaftlicher Sicherheitsforschung. Wenn die Grundannahmen dieser Forschung zutrafen – vom konstruktivistischen Sicherheitsverständnis bis hin zur Machtbezogenheit von Sicherheitsdiskursen –, dann war damit nicht nur ein Thema für Gegenwartsdiagnose und Gegenwartsanalyse konstituiert, sondern mindestens ebenso sehr ein Gegenstand der Geschichtswissenschaft, und dies über die jüngste Zeitgeschichte hinaus. Sicherheit beziehungsweise Wahrnehmungen oder Vorstellungen von Sicherheit wurden immer klarer als sozial, aber auch kulturell bestimmt verstanden und dementsprechend als im historischen Prozess variabel. Damit verband sich die Annahme, dass Sicherheitsdiskurse einen wichtigen Anteil daran haben, politische und soziale Verhältnisse zu verhandeln, zu strukturieren und machtpolitisch zu gestalten.[17] Das eröffnete weite geschichtswissenschaftliche Perspektiven, ermöglichte neue Narrative und beförderte die Entwicklung eines noch immer jungen Forschungsfeldes: der Historischen Sicherheitsforschung beziehungsweise der Sicherheitsgeschichte.

* * *

Dieses Buch legt keine Geschichte der Sicherheit im Sinne einer historischen, einen längeren Zeitraum betrachtenden Gesamtdarstellung beispielsweise der Geschichte von Sicherheitsvorstellungen, Sicherheitsbewusstsein oder Sicherheitswahrnehmungen vor.[18] Vielmehr versteht und präsentiert es Geschichte der Sicherheit als ein breites Forschungsfeld, das in den letzten Jahren konzeptionell und thematisch über einzelne Verdichtungen hinaus Gestalt angenommen hat. Das Buch spricht zugleich und tendenziell synonym von Historischer Sicherheitsforschung und Sicherheitsgeschichte. Mit dem Begriff der Historischen Sicherheitsforschung ordnet es das geschichtswissenschaftliche Forschungsfeld in den weiteren Kontext der Sicherheitsforschung ein, in dem über die Sozialwissenschaften hinaus mittlerweile eine Vielzahl von Fächern Forschung betreibt, zum Teil und immer häufiger auch inter- oder transdisziplinär. Der Begriff Sicherheitsgeschichte akzentuiert demgegenüber stärker die analytische Perspektive auf Sicherheit in der Untersuchung unterschiedlicher Gegenstandsbereiche und historischer Prozesse; er betont den über punktuelle Untersuchungen hinausgehenden umfassenden und systematischen Anspruch, der sich mit der Sicherheitsperspektive verbindet.[19]

In der Politikwissenschaft wird seit einiger Zeit beklagt, dass es keine »integrierende Perspektive auf den Wandel von Sicherheit als einen Prozess, der die nationale und internationale Gesellschaft produziert, reproduziert und transformiert«, gebe.[20] Genau hier setzt die Historische Sicherheitsforschung an. Die Prämisse voraussetzend, dass »Sicherheit« ein gesellschaftliches Konstrukt ist, zielt sie auf die Historisierung von Sicherheit. Das geht in diachroner Perspektive von der Veränderbarkeit, dem permanenten Wandel und damit der Historizität von Sicherheit beziehungsweise von Sicherheitsvorstellungen aus, deren Entwicklung und Veränderung die Historische Sicherheitsforschung zu untersuchen anstrebt. Nicht selten kontrastieren jüngere zeitdiagnostische Beiträge ein »neues« Sicherheitsverständnis mit einem eher unspezifischen »Früher«. Das freilich ignoriert jene sozialkulturellen und politischen Prozesse, die dieses »alte« Sicherheitsverständnis selbst erst hervorgebracht haben.[21] Zugleich – und damit zusammenhängend – basiert die Historische Sicherheitsforschung auf der Annahme, dass verschiedene Gesellschaften, aber auch Gruppen in einer Gesellschaft unterschiedliche Vorstellungen von Sicherheit respektive Unsicherheit haben. Der britische Ideenhistoriker Quentin Skinner, der mit der »Cambridge School« eine kontextualisierende Ideengeschichte *(Intellectual History)* begründet hat, betonte 2002 hinsichtlich des Begriffs beziehungsweise der Vorstellung von »Freiheit«: »The belief that we can somehow step outside the stream of history and furnish a neutral definition of such words as *libertas,* freedom, autonomy and liberty is an illusion well worth giving up.«[22] Das lässt sich auf »Sicherheit« übertragen. Die Vorstellung, die Wahrnehmung und das Bewusstsein von Sicherheit sind sowohl das Ergebnis historischer Entwicklungen, von gesellschaftlichem und politischem Wandel über kürzere oder längere Zeiträume hinweg, als auch von gruppenbezogenen und damit subjektiven Verarbeitungen sozialer Wirklichkeit, also Deutungen von »Realität«.[23] Umgekehrt wirken individuelle, gruppenbezogene oder gesellschaftliche Wahrnehmungen und Vorstellungen von Sicherheit auf soziales und politisches Handeln und damit auf soziale und politische Dynamiken ein. Sicherheit ist ein *explanandum* und zugleich *explanans*, und beide Perspektiven konstituieren genuine Gegenstandsbereiche der Geschichtswissenschaft.

Eine Historische Sicherheitsforschung auf dieser Grundlage ist weder thematisch noch konzeptionell ein enges Forschungsfeld, sondern eine vielgestaltige und sich dynamisch weiter entfaltende Forschungslandschaft. Daher unternimmt diese Einführung auch nicht den Versuch, Gegenstände, Perspektiven und Grenzen der Historischen Sicherheitsforschung präzise – oder gar autoritativ – zu bestimmen. Vielmehr zielt sie darauf, verschiedene Forschungsansätze vorzustellen, wie sie sich in den letzten Jahren entwickelt haben und wie sie in unterschiedlichen Gegenstandsbezügen angewandt worden sind. Zugleich möchte sie exemplarisch Themenfelder der jüngeren Historischen Sicherheitsforschung vorstellen: zum einen um die Potentiale und Reichweiten der vorgestellten Forschungsansätze zu konkretisieren und zu verdeutlichen; zum anderen um die thematische Weite der Historischen Sicherheitsforschung erkennbar werden zu lassen, die, ohne sie zu vernachlässigen oder zu marginalisieren, über die traditionellen von der Geschichtswissenschaft behandelten Sicherheitsthemen vor allem im Bereich der äußeren Sicherheit deutlich hinausgeht und sich neue und andere Themenbereiche erschlossen hat. Es ist vermutlich nicht verkehrt, diese thematische Ausweitung mit den Dynamiken erweiterter Sicherheit zu verbinden, ja sie womöglich sogar auf diese zurückzuführen, die politisch und gesellschaftlich seit dem letzten Drittel des 20. Jahrhunderts feststellbar sind und sich seit 1990 intensiviert haben. Dabei hat diese Forschungsentwicklung keineswegs bloß nachvollziehenden oder gar affirmativen Charakter. Vielmehr rückt sie jene Prozesse und Dynamiken, in denen und durch die »Sicherheit« zum »Goldstandard des Politischen« (Christopher Daase) geworden ist, in eine kritische Perspektive und stellt, ebenfalls in kritischer Absicht, den gegenwärtigen Rekurs auf Sicherheit als politische Handlungs- und Legitimationsressource in einen historischen Kontext.

Die Geschichtswissenschaft kann so zur Verstärkung und zur weiteren Ausdifferenzierung des inter- und transdisziplinären Profils der Sicherheitsforschung beitragen. Dafür muss sie sich allerdings von einem traditionellen, thematisch engen und essentialistischen Sicherheitsbegriff lösen. Das hat auch die sozialwissenschaftliche Sicherheitsforschung getan, die in den letzten Jahren eine Reihe generischer Begriffe und Konzepte entwickelt und erprobt hat, die auch von Historikern fruchtbar angewandt werden können. Dabei geht es jedoch nicht einfach darum, sozialwissenschaftliche Kategorien auf die Geschichtswissenschaft zu übertragen und sie auf unterschiedliche historische Gegenstände zu beziehen. Vielmehr können historische Untersuchungen, die sozialwissenschaftliche Modelle oder Theorieangebote aufgreifen und auf komplexe und unterschiedliche historische »Realitäten« anwenden beziehungsweise nach ihrer analytischen Tauglichkeit und Erklärungskraft fragen, ihrerseits zur weiteren Theoriebildung, zumindest aber zur Ausdifferenzierung von theoretischen Konzepten beitragen. Das geht deutlich über die der Geschichtswissenschaft gelegentlich zugeschriebene Rolle hinaus, lediglich Fallstudien für sozialwissenschaftliche Theorieansätze zur Verfügung zu stellen. Historiker können sozialwissenschaftliche Theorieangebote, aber auch zeitdiagnostische Konzepte – und nicht selten sind sozialwissenschaftliche Theorien ja auch zeitdiagnostisch, in jedem Falle aber zeitgebunden – indes nicht nur anwenden oder überprüfen, sondern sie auch historisch einordnen, historisieren und dadurch problematisieren.[24] Das gilt auch für die Historische Sicherheitsforschung, die darüber hinaus Beiträge zu Theoriebildung und Theorieentwicklung leisten und damit die Reichweite und Erklärungskraft sozialwissenschaftlicher Theorien und Analysemodelle im Bereich der *Security Studies* vergrößern kann.

Zeitdiagnostische Analysen haben den Umgang mit Sicherheit und Unsicherheit auch in sozialtheoretischer Perspektive zum Strukturmerkmal moderner Gesellschaften erhoben.[25] Historiker haben das aufgegriffen und Sicherheitsgeschichte verschiedentlich mit der Geschichte der Moderne korreliert. Unsicherheit oder Verunsicherung wird als »Signum der Moderne« bezeichnet, und die Suche nach Sicherheit, individuell, gruppenbezogen oder gesellschaftlich, lässt sich in dieser Perspektive auch als Reaktion auf die Herausforderungen der Moderne oder als Auseinandersetzung mit der Moderne und insbesondere der Zunahme von Kontingenzerfahrungen fassen. Sicherheit und Kontingenzbewältigung werden auf diese Weise miteinander verknüpft, und nicht zuletzt durch diese Verknüpfung ist Sicherheitsgeschichte zu einem Thema der Zeitgeschichte geworden.[26] Das Potential der Sicherheitsgeschichte reicht jedoch über die Zeitgeschichte beziehungsweise die Moderne deutlich hinaus. Die Arbeitsgemeinschaft »Frühe Neuzeit« im Historikerverband widmete ihre Jahrestagung 2011 ganz dem Thema »Sicherheit«,[27] und auch in der Mediävistik und der Alten Geschichte ist Sicherheit als Analysekategorie und Interpretationsmuster mittlerweile angekommen.[28] Auch das meint nicht, dass Kategorien oder Annahmen, die sich auf die Gegenwart oder die Moderne beziehen, einfach auf die Vormoderne, um diesen problematischen Kollektivsingular zu verwenden, übertragen werden können. Aber wenn beispielsweise, wie der Mittelalterhistoriker Steffen Patzold betont hat, in aktuellen politischen Debatten und in der sich darauf beziehenden Theoriebildung das Verhältnis von Sicherheit und Staatlichkeit neu bestimmt wird, wenn Sicherheit aus der traditionell vorherrschenden Bindung an den Staat gelöst wird, beispielsweise durch die Denkfigur der »Human Security«, ergeben sich Möglichkeiten, Entwicklungen und Dynamiken des Mittelalters nicht als vormodern und fremd fortzuschieben, sondern in Beziehung zu setzen zu gegenwärtigen Ordnungen. Das aber hat Auswirkungen auf die historische Epochenbildung und bietet die Chance, die »überkommene Dichotomie von (nichtstaatlicher) Vormoderne versus (staatlicher) Moderne als Interpretationsraster zu überwinden und stattdessen in weiter Diachronie historische Formen der Organisation von Macht und der Herstellung von Sicherheit in ihrem Erkenntniswert für die Gegenwart neu zu erschließen«.[29]

Obwohl die jüngere Historische Sicherheitsforschung also nicht epochal beschränkt ist, sondern einen Epochen übergreifenden und zum Teil sogar Epochen beziehungsweise Epochenzäsuren relativierenden Anspruch hat, konzentriert sich diese Einführung deutlich auf die Moderne. Das gilt insbesondere für die Konkretisierungen der im Folgenden vorgestellten Forschungsansätze und Theorieangebote, für ihre Illustrationen und Exemplifizierungen, die in erster Linie aus der Geschichte des 19. bis 21. Jahrhunderts stammen. Das hat mit dem nach wie vor existierenden zeitlichen Schwerpunkt der Historischen Sicherheitsforschung zu tun, die allerdings für die Frühe Neuzeit fast besser entwickelt ist als für das 19. Jahrhundert. Es hängt damit zusammen, dass die Ansätze der gegenwartsbezogenen sozialwissenschaftlichen Sicherheitsforschung von Historikern eher in gegenwartsnahen Kontexten angewandt worden sind und sich hier reiche Verwendungsmöglichkeiten bieten. Und es ergibt sich aus der Fachkompetenz des Verfassers, die in der Moderne liegt und für vormoderne Zusammenhänge schon im Hinblick auf die Kenntnis von Forschungsständen und Forschungsdiskussionen rasch an ihre Grenzen gelangen würde.

Historische Sicherheitsforschung, so wie sie sich seit einigen Jahren entfaltet und dynamisiert, ist nicht voraussetzungslos. Das betrifft nicht nur die Konzepte, die sie aufgreift, zur Anwendung bringt und weiterentwickelt, und die Impulse aus benachbarten Fächern, sondern auch die Tatsache, dass Sicherheit schon seit Langem ein wichtiges Thema der Geschichtswissenschaft gewesen ist. Am Beginn der Exploration der Forschungslandschaft steht daher ein Blick auf wichtige Traditionsstränge sicherheitsbezogener historischer Forschung. Dabei geht es erstens, in ideen- und politikgeschichtlicher Perspektive, um den Zusammenhang von Staatsbildung, vor allem der Entstehung des neuzeitlichen Territorialstaates, und Sicherheitsgewährung. Es geht zweitens um Sicherheitspolitik, gerade in der zeithistorischen Forschung als Untersuchungsgegenstand seit Langem etabliert, und um die Frage, welche Themen und Gegenstände unter der Überschrift »Sicherheitspolitik« behandelt wurden, was also Akteure und Historiker unter »Sicherheitspolitik« verstanden haben. Dieses Verständnis war zwar nicht statisch, aber es war relativ eng und hatte einen klaren Fokus auf dem Bereich der Militär-, Verteidigungs- und Rüstungspolitik sowie bestimmten Feldern der Außenpolitik, insbesondere der

Bündnispolitik. In der politischen Sprache des 20. Jahrhunderts und vor allem seiner zweiten Jahrhunderthälfte tauchten neben der äußeren Sicherheit auch die Politikbereiche der inneren Sicherheit und der sozialen Sicherheit auf. Nicht nur Bundeskanzler Helmut Schmidt erkannte 1974 in der Garantie dieser Sicherheiten – und nur in diesen – »die klassischen Funktionen eines modernen Staates«[30] und unterstrich damit den Zusammenhang von moderner Staatlichkeit und Sicherheitsgewährleistung, sondern auch die historische Forschung blieb, wenn sie sich dem Thema »Sicherheit« zuwandte, in der Regel auf diese Politikbereiche fixiert, die sie zumeist deutlich getrennt voneinander behandelte.

Vor dem Hintergrund von Wirtschafts- und Energiekrisen und angesichts des Aufstiegs der Umweltproblematik waren die 1970er Jahre allerdings auch jenes Jahrzehnt, in dem sich der Sicherheitsbegriff und das Sicherheitsverständnis deutlich zu erweitern begannen, eine Dynamik, die sich nach 1990 noch fortsetzte und intensivierte. »Erweiterte Sicherheit« wurde zunächst zum politischen Schlagwort, bald aber auch zum Forschungsimpuls und zum Forschungsthema. Das gilt, wie das zweite Kapitel des Buches darlegen wird, für die zeithistorische Sicherheitsforschung, es wirkte aber auch über die Zeitgeschichte hinaus. Die Wahrnehmung einer Erweiterung und damit eines Wandels des Sicherheitsbegriffs sowie, in Verbindung damit, einer Veränderung des gesellschaftlichen Sicherheitsbewusstseins trug, wie bereits angedeutet, in der sozial- und geschichtswissenschaftlichen Forschungsentwicklung entscheidend zum Bedeutungsgewinn konstruktivistischer Forschungsansätze (im Kontext des allgemeinen Aufstiegs des Konstruktivismus) sowie zur Entstehung einer Kritischen Sicherheitsforschung *(Critical Security Studies)* bei. Diese begann, Sicherheitspolitik und Sicherheitsdiskurse auf ihre Macht- und Herrschaftseffekte, ihre Macht- und Herrschaftsbezogenheit hin zu durchleuchten. Das strahlte auch in die Geschichtswissenschaft hinein, die sich zunehmend systematisch für die gesellschaftliche und sozialkulturelle Bedeutung und die sozialen und politischen Wirkungen von Sicherheit interessierte. Die Historische Sicherheitsforschung, die vor diesem Hintergrund in den letzten Jahren Gestalt angenommen und sich konzeptionell entwickelt hat, ist von diesen Interessen geleitet, kann sich jedoch auf unterschiedliche Ansätze stützen, deren wichtigste das Buch vorstellen will. Das Konzept der »Versicherheitlichung« – *securitization* – ist in historischer Perspektive ebenso anschlussfähig wie das der »Sicherheitskultur«. Aber auch der von Michel Foucault geprägte Begriff des »Sicherheitsdispositivs« hat in jüngerer Zeit in enger Verbindung mit der Idee der »Gouvernementalität« Eingang in die historische Forschung gefunden. Zugleich hat sich eine Reihe verwandter und benachbarter Forschungsfelder entwickelt, die sich ebenfalls geschichtswissenschaftlich fruchtbar machen und mit der Sicherheitsthematik verknüpfen lassen. Solchen Forschungsfeldern, markiert durch Leitbegriffe wie Risiko, Bedrohung, Prävention oder Resilienz, wird, vor allem in ihren Bezügen und Anschlussmöglichkeiten zur Historischen Sicherheitsforschung, die Aufmerksamkeit gelten.

Es entspricht dem einführenden Charakter dieses Buches, dass es die Genese und die Entwicklung einer relativ jungen Forschungslandschaft knapp darzustellen versucht. Dass diese Entwicklung allerdings nicht kontextfrei verlief, sondern sich externen, außerwissenschaftlichen Impulsen verdankt, wurde bereits erwähnt. Insofern trägt diese Darstellung streckenweise auch wissenschaftsgeschichtliche Züge. Vor allem aber möchte sie einen Überblick über ein aktuelles und hoch dynamisches Forschungsfeld der Geschichtswissenschaft bieten und die Historische Sicherheitsforschung sowohl in ihren unterschiedlichen theoretischen Bezügen und konzeptionellen Grundlagen als auch in ihren analytischen Möglichkeiten und thematischen Perspektiven vorstellen. Das Buch wirbt nicht für bestimmte Ansätze, sondern bemüht sich, die Möglichkeiten und Grenzen unterschiedlicher Konzepte kritisch und immer wieder an konkreten Beispielen zu erörtern und, insbesondere im letzten Teil, mit anderen Forschungsfragen und weiteren Forschungsinteressen zu verbinden. Historische Sicherheitsforschung ist ein offenes Forschungsfeld, eine reiche und vielfältige Forschungslandschaft, die sich fraglos in den kommenden Jahren noch weiterentwickeln und ausdifferenzieren wird. Historische Sicherheitsforschung rückt ein zentrales Thema unserer Zeit in geschichtliche Perspektive und trägt dadurch sowohl zum besseren Verständnis der Gegenwart bei als auch zu neuen Blicken auf historische Prozesse.

2 Sicherheit in der historischen Forschung

Sicherheit ist »ein so genereller Gegenstand und ein so umfassendes Konzept, dass es einerseits ubiquitär in unterschiedlichsten Bereichen der Geschichtswissenschaft vorkommt; andererseits muss man bei näherem Hinsehen aber verblüfft konstatieren, dass es kein eigenes Feld der Geschichte von Sicherheitsproduktion und -kommunikation in der *longue durée* gibt«.[1] In der Tat tauchen Sicherheitsfragen im weitesten Sinne und auch der Begriff »Sicherheit« in historischen Darstellungen immer wieder auf, eine systematische Annäherung an die Thematik, womöglich sogar epochenübergreifend, hat die historische Forschung jedoch bis vor relativ kurzer Zeit nicht zu unternehmen versucht. Sicherheit war sowohl als Untersuchungsgegenstand wie auch als Analysekategorie über lange Zeit unterentwickelt und unterproblematisiert. Auch theoretisch blieb das Konzept Sicherheit in der Geschichtswissenschaft lange Zeit unterbestimmt, selbst in stärker theorieaffinen Forschungskontexten. Aber dort interessierte man sich ohnehin wenig für das Thema Sicherheit. Sicherheit und der Sicherheitsbegriff waren, wenn überhaupt, primär politikhistorisch konnotiert und begegneten in Zusammenhängen von Diplomatie- und Außenpolitikgeschichte oder, etwas breiter, in der Geschichte der internationalen Beziehungen. Dort wurde der Begriff Sicherheit zwar verwandt, aber nur kaum konzeptionell reflektiert oder gar theoretisch näher bestimmt, obwohl man sich dabei durchaus auf die sozialwissenschaftliche Teildisziplin der Internationalen Beziehungen – *International Relations* – und hier ganz besonders die *International Security Studies* mit ihren theoretischen Diskussionen des Sicherheitsbegriffs hätte beziehen können.[2] So hatte der amerikanische Politikwissenschaftler Arnold Wolfers schon 1952 festgestellt, dass Sicherheitspolitik die Fähigkeit habe, alle anderen Interessen denen des Staates unterzuordnen. Wolfers betonte die rhetorische und politische Wirkungskraft des Begriffs Sicherheit, unterstrich aber zugleich, dass Sicherheit eigentlich kaum eine intrinsische Bedeutung habe.[3] Gerade deshalb ist es wichtig, sich zumindest exemplarisch zu vergegenwärtigen, in welchen Forschungskontexten Historiker sich mit Sicherheitsfragen beschäftigt haben.

Sicherheit und Staatsbildung

Immerhin hat die Begriffsgeschichte darauf hingewiesen, dass sich der abstrakte Begriff der Sicherheit seit seinem ersten Auftauchen in der Antike immer wieder neu konkretisiert habe und mit durchaus unterschiedlichen Bedeutungen gefüllt worden sei. Stand »securitas«, das »Ohne-Sorge-Sein« (sine cura), in der Antike in einem engen Zusammenhang mit der römischen Reichsidee und verwies auf den Friedens- und Schutzraum des Imperium Romanum, auf einen Zustand der Ruhe (tranquillitas) und Stabilität, so ging diese umfassende Bedeutung des Sicherheitsbegriffs im Mittelalter verloren. »Securitas« bezog sich nun immer stärker auf konkrete Schutzversprechen und Sicherheitszusagen: für einzelne Personen oder Personengruppen, aber auch für bestimmte Räume (Orte, Gebäude, Wege oder Straßen).[4] Zu einem Grund- und Wertbegriff der politisch-sozialen Sprache, so der begriffsgeschichtliche Befund, wurde Sicherheit jedoch erst mit der Entstehung des modernen Staates. Sowohl in der theoretischen Begründung als auch für die historische Stabilisierung des Staates spielte dessen sicherheitsstiftende und sicherheitsgarantierende Funktion eine entscheidende Rolle. So formulierte Gottfried Wilhelm Leibniz (1646–1716) im Jahr 1705: »Ma definition de l'Estat, ou de ce qui chez les Latins est appellé *Respublica,* est: que c'est une grande societé don't le but est la seureté commune.«[5]

Von der klassischen Schutzfunktion des Staates ist bis heute die Rede. Sicherheit oder »Sekurität«, wie man seit dem 17. Jahrhundert lesen konnte, gehört in der Tat zu den zentralen Funktionszuweisungen an den aufsteigenden modernen Staat, die Sicherung des *status civilis* als Garantie bürgerlicher Sicherheit nicht zuletzt durch das Monopol legitimer Gewaltsamkeit wird in den Schriften eines Thomas Hobbes (1588–1679) oder eines Samuel Pufendorf (1632–1694) zur Raison und zur Rechtfertigung des Staates. Bei Hobbes ist diese Rechtfertigung staatlicher und vor allem fürstenstaatlicher Herrschaft vertragstheoretisch angelegt. Ein Unterwerfungsvertrag führe aus dem durch Unsicherheit gekennzeichneten Naturzustand *(status naturalis)* in den *status civilis*, der diese Unsicherheit überwinde. Der durch diesen Vertragsakt entstehende Staat und die staatliche Herrschaft wurden gerechtfertigt durch den Schutz, den Staat und Staatsmacht den Untertanen bieten, und durch die Sicherheit, die den Untertanen dadurch zuteil wird.[6] Staatlicher Herrschaft, in der historischen Konstellation des 17. Jahrhunderts vor allem souveräner, absoluter Fürstenherrschaft, wurde eine ordnende, eine Ordnung schaffende Funktion zugeschrieben. »The office of the sovereign«, so heißt es bei Hobbes, sei die »procuration of the safety of the people«. Ordnung schuf Sicherheit, und Sicherheit ermöglichte Ordnung. Ebenso wie Pufendorf, für den die durch den Staat gewährte Sicherheit mehr war als der Schutz von Leib und Leben, sondern die Voraussetzung für ein ruhiges, zufriedenes Leben, baute auch John Locke (1632–1704) auf Hobbes auf. Er begriff Sicherheit überdies als Sicherheit des Eigentums und als die Möglichkeit, durch wirtschaftliches Handeln dieses Eigentum zu vermehren und zu Wohlstand zu gelangen. Keiner der Staatstheoretiker der Frühen Neuzeit schrieb kontextfrei. Die Schriften Hobbes' und Lockes sind ohne den Hintergrund der englischen Geschichte des 17. Jahrhunderts, einer Geschichte von Revolution, Bürgerkrieg und Gewalt, nicht zu verstehen. Für die kontinentaleuropäischen Denker, gerade die deutschen, bildeten die konfessionellen Konflikte der Zeit, gipfelnd im Dreißigjährigen Krieg, eine gemeinsame Erfahrung beziehungsweise eine präsente Erinnerung.

Metaphorischen Ausdruck fand die Idee des sichernden und schützenden Staates nicht nur in Hobbes' Leviathan, jener Verkörperung des den Naturzustand überwindenden souveränen und allmächtigen Staates, dessen Körper in der bekannten bildlichen Darstellung auf der Titelseite seines gleichnamigen Werkes aus den Menschen besteht, die sich der staatlichen Herrschaft vertraglich unterworfen haben, um dadurch Sicherheit zu finden. Auch das Bild des über allem und allen ruhenden Auges steht für den schützenden, den sichernden Staat. So sehr auch Hobbes' Leviathan einen weltlichen Gott darstellt, so wird doch im Bild des Auges noch stärker jener fundamentale Säkularisierungsprozess erkennbar, der sich mit der Entstehung und Begründung des modernen Staates verband. Denn ikonographisch stand das Bild des Auges zunächst für die Omnipräsenz und die Allmacht Gottes, die dann, säkularisiert, auf den Staat übergingen. Aus dem Auge Gottes wurde das Auge des Staates, auch das Auge des Gesetzes, das schützend über den Menschen wacht und in diesem Sinne Sicherheit stiftet. Die Ambivalenz von Schutz und Kontrolle ist in der Metapher des wachenden und zugleich überwachenden Auges bereits angelegt.[7]

Aber nicht nur die begriffs-, ideen- und staatstheoriegeschichtliche Forschung hat auf die Bedeutung von Sicherheitsargumenten für die Entstehung und theoretische Begründung des modernen Staates hingewiesen. Der Zusammenhang von Staatsbildung und Sicherheit und die Entwicklung moderner Staatlichkeit konstituiert auch in anderen Bereichen der historischen Forschung seit langer Zeit ein wichtiges Themenfeld. Diese politik-, verfassungs- und rechtshistorische Forschung hat sich zwar nie als Sicherheitsforschung verstanden, aber man kann ihre Untersuchungen gleichwohl als wichtige Beiträge zu einer Historischen Sicherheitsforschung lesen. Nicht zuletzt hat sie sich mit der Ausdifferenzierung von innerer und äußerer Sicherheit beschäftigt. Staatliche Souveränität erstreckte sich als staatliche Herrschaft einerseits auf das Staatsinnere und wirkte hier durch Gesetzgebung und die Entwicklung und Durchsetzung eines staatlichen Gewaltmonopols befriedend und sicherheitsstiftend. Andererseits musste der Staat selbst, um seine nach innen gerichteten Sicherheitsfunktionen erfüllen, um seine Untertanen oder, später, Bürger schützen zu können, gesichert werden. Staat und staatliche Souveränität mussten gegen Angriffe von außen verteidigt werden; das bezog sich insbesondere auf das staatliche Recht der Selbstbestimmung und auf die Wahrung territorialer Integrität. Sicherheit war also territorial gedacht; die Sicherheitsfunktion des Staates war Ergebnis der Herausbildung des Territorialstaates, zugleich jedoch trug sie entscheidend zur Territorialisierung bei, weil Sicherheit in Verbindung mit Staat und politischer Herrschaft im Grunde nur territorial gedacht werden konnte: als Sicherheit in einem bestimmten, umgrenzten Raum und als Sicherheit eines bestimmten Territoriums.

Bereits 1670 hatte Leibniz in seinem »Sekuritätsgutachten« die »öffentliche Sicherheit nach innen und außen« *(securitas publica interna et externa)* als wichtigste politische beziehungsweise staatliche Aufgabe bezeichnet.[8] Beide Dimensionen von Sicherheit waren eng aufeinander bezogen, ja wechselseitig voneinander abhängig. Dennoch ist die Trennung von innerer und äußerer Sicherheit – Sicherheit im Staat und Sicherheit des Staates – ein in der Perspektive Historischer Sicherheitsforschung nicht nur theoretisch, sondern auch politisch entscheidender Vorgang. Als Wilhelm v. Humboldt 1792 in seinen »Ideen zu einem Versuch, die Grenzen der Wirksamkeit des Staates zu bestimmen«, den Staatszweck der Sicherheit mit dem Anspruch individueller Freiheit verknüpfte, war die Differenzierung von äußerer Sicherheit (Defension) und innerer Sicherheit (Protektion) bereits etabliert. Für Humboldt stand fest, »dass die Erhaltung der Sicherheit sowohl gegen auswärtige Feinde als innerliche Zwistigkeiten den Zweck des Staates ausmache und seine Wirksamkeit beschäftigen muss«.[9]

Vor diesem Hintergrund hat die Forschung den Zusammenhang von Staatsbildung und Sicherheit untersucht. Das ging über die theoretische Begründung und Legitimation staatlicher Herrschaft hinaus und bezog sich auf die Entwicklung und die Intensivierung moderner Staatlichkeit und der damit verbundenen Entfaltung der Wertidee Sicherheit.[10] Staatliches Handeln selbst und die Herausbildung staatlicher Institutionen wurden unter diesen Vorzeichen analysiert. So hat die Forschung nachgezeichnet, wie die frühneuzeitliche Staatsgewalt ihren Anspruch auf die Herstellung und den Schutz innerer Sekurität sukzessive gegenüber konkurrierenden Institutionen durchzusetzen vermochte beziehungsweise wie diese konkurrierenden Institutionen in das staatliche Herrschaftsgefüge integriert wurden.[11]

Der Bedeutungsgewinn von Sicherheit als Leitkategorie und zentralem Handlungsfeld staatlicher Aktivität manifestierte sich nicht zuletzt in dem Konzept der, wie es im deutschen Sprachraum hieß, »guten Policey«, das sich in der Entstehung und Stabilisierung territorialer Staatlichkeit neben dem Ziel der Wohlfahrt immer stärker mit dem Ziel der Sicherheit, verstanden als Gefahrenabwehr, verband. Um das Verhältnis dieser beiden Zielsetzungen wurde jedoch gerungen: 1799 hieß es in einem »Handbuch des Teutschen Policeyrechts«: »Der Hauptzweck des Staats, Sicherheit der ganzen Gesellschaft und jedes einzelnen Gliedes derselben, schließt den untergeordneten Zweck der allgemeinen Wohlfahrt, der Zufriedenheit und Glückseligkeit der Staatsgenossen nicht aus.«[12] Vor dem Hintergrund der frühliberalen Ideen seiner Zeit war sich Günther Heinrich v. Berg, der Verfasser des Handbuchs, der Gefahr des von ihm postulierten Primats der Sicherheit jedoch deutlich bewusst, wenn er schrieb, dass die Sicherheitspolizei ihre Gewalt nie dazu missbrauchen dürfe, »selbst die Sicherheit der Bürger zu stören. Jede strenge und genaue Aufsicht der Policey darf unter dem Vorwande der Sorge für Ruhe und Sicherheit nie in eine misstrauische Staatsinquisition ausarten, die in das Innere der Familien eindringt, jede gesellschaftliche Freude verbittert, Verdacht unter Freunden und Verwandten ausstreut, schändliche Heuchelei erzeugt, und überall um sich her sklavische Furcht verbreitet«.[13] In der Auseinandersetzung über die Trennung oder Vermittlung der beiden Prinzipien Sicherheits- und Wohlfahrtspolicey begegnet uns im Kern das Spannungsverhältnis von Sicherheit und Freiheit, welches bis heute zum Sicherheitsdiskurs gehört und sicherheitspolitisches Handeln in kritischer Perspektive begleitet. Für Wilhelm v. Humboldt war bereits 1792 klar, dass die einzige Aufgabe, die dem Staat verbleiben sollte, die Durchsetzung jener Sicherheit sein sollte, die den Bewegungsspielraum der Individuen schützte und ermöglichte: »Sicher nenne ich die Bürger in einem Staat, wenn sie in der Ausübung der ihnen zustehenden Rechte, dieselben mögen nun ihre Person oder ihr Eigentum betreffen, nicht durch fremde Eingriffe gestört werden; Sicherheit [ist] folglich […] Gewissheit der gesetzmäßigen Freiheit.«[14] Das Nachdenken über den Zusammenhang von Freiheit und Sicherheit blieb aber nicht auf den deutschen Sprachraum beschränkt. In der britischen politischen Philosophie stehen insbesondere Jeremy Bentham (1748–1832) und John Stuart Mill (1806–1873) für Überlegungen zum Verhältnis von Freiheit und Sicherheit und zur Rolle des Staates beziehungsweise politischer Institutionen in diesem Zusammenhang. Sicherheit ist bei Bentham ein »zentraler Schnittpunkt seiner Theoriebildung«, für ihn ist Sicherheit Voraussetzung und zugleich Bestandteil des Glücks des Einzelnen und der Gesellschaft, und über den Begriff des Nutzens (*utility*) wird bei ihm die Idee des Glücks mit der Idee der Freiheit verknüpft.[15] Auch für John Stuart Mill waren Freiheit und Sicherheit eng miteinander verbunden. Sicherheit ist bei ihm nicht nur die Voraussetzung für individuelle (Handlungs-)Freiheit, sondern in dialektischer Argumentation auch der einzige Grund, mit dem Freiheit beziehungsweise Freiheitsrechte legitimerweise eingeschränkt werden können.[16]

In der politischen Praxis zeigte sich die Wirkung des Konzepts der »guten Policey« in gesetzgeberischen Maßnahmen, auch als Policeygesetzgebung bezeichnet, die dem Ziel der »allgemeinen Landessicherheit« dienen sollte. In der Wahrnehmung staatlicher Akteure war diese vor allem durch Personen oder Personengruppen bedroht, die sich dem Herrschafts- und Ordnungsanspruch des Staates entzogen und dadurch nicht zuletzt Eigentum, Warenverkehr und Handel als Voraussetzungen individueller und kollektiver Wohlfahrt gefährdeten. So zielten die Policeymaßnahmen auf die Herstellung beziehungsweise Sicherung einer Ordnung, die man durch sozial Marginalisierte, durch Kriminelle und Gewalttätige bedroht sah: Sie richteten sich gegen Arme, Vaganten, ethnische und religiöse Minderheiten, Diebes- und Räuberbanden, entlassene Soldaten, Deserteure oder tatsächliche oder vermeintliche Unruhestifter.[17] Karl Härter, einer der besten Kenner dieser Entwicklungen, hat nicht nur darauf hingewiesen, wie das Konzept der »guten Policey« und die auf diesem Konzept beruhende Policeygesetzgebung Sicherheit zu einer Leitidee staatlichen Handelns werden ließen und zum Ausbau von Regierung und Staatsverwaltung und deren Rechtfertigung beitrugen – viel konkreter als in der Staatstheorie, wenn auch vor deren Hintergrund. Er hat auch gezeigt, wie seit dem Ende des 17. Jahrhunderts immer stärker das einzelne Individuum zum Objekt eines staatlichen Sicherheitshandelns wurde, das sich auf immer weitere Bereiche ausstreckte: Gesundheit, Armenhilfe, Brandschutz, Baumaßnahmen oder Verkehr. Zu den Folgen gehörte eine Intensivierung des staatlichen

Verwaltungshandelns (bis auf die lokale Ebene), aber auch eine Ausweitung sozialer Kontrolle.

In diesen und durch diese Entwicklungen entstand und verdichtete sich Staatlichkeit; staatliches Handeln weitete sich aus, institutionalisierte und professionalisierte sich; immer mehr staatliche Institutionen mit immer mehr Beamten entstanden. Diese Entwicklung führte zugleich dazu, dass sich die primäre Zuständigkeit für Sicherheit in all ihren sich erweiternden und ausdifferenzierenden Dimensionen immer stärker beim Staat konzentrierte, dass Sicherheitsaufgaben bei staatlichen Institutionen angesiedelt wurden und dass andere, nicht-staatliche Sicherheitsinstitutionen, darunter lokale Gemeinschaften, Kirchen, Handwerkszünfte oder lokale Gerichte, ihre Sicherheitsfunktionen verloren. So trugen die Ordnungsvorstellung und die politische Zielsetzung »gute Policey« zum einen allgemein zur Etablierung moderner Staatlichkeit bei, zum anderen zur Verstaatlichung von Sicherheit und zugleich zu ihrer Verrechtlichung. In der Denkfigur der Staatsgewalt ist die staatliche Sicherheitsfunktion beziehungweise die staatliche Sicherheitsgewähr bis heute ein definierendes Merkmal von Staatlichkeit, insbesondere im Verfassungsrecht, sowie eine bis heute beanspruchte Legitimation staatlichen Handelns.[18] »Die Menschen akzeptieren, was getan werden muss, weil sie verstehen, dass Sicherheit das Herz des Grundvertrags zwischen Staat und Bürger bildet«, formulierte es vor einigen Jahren eine führende britische Politikerin.[19]

Betrachtet man den Staat jedoch nicht als eine gleichsam überzeitliche, ahistorische Kategorie, sondern als ein sich im historischen Prozess veränderndes Gebilde, dann stellt sich in der Perspektive einer Historischen Sicherheitsforschung die doppelte Frage: Was bedeuten der Gestaltwandel des Staates und die Veränderung von Staatlichkeit für die Sicherheitsfunktion des Staates? Und wie wirken umgekehrt Dynamiken der Sicherheit auf die Veränderung von Staatlichkeit ein? Der Blick auf die Entwicklung des europäischen Staatsmodells seit der Frühen Neuzeit zeigt, dass die Übereinstimmung von Sicherheitsstaat und Territorial- bzw. Nationalstaat keine überzeitliche Konstante ist, sondern sich auf eine spezifische historische Konstellation bezieht, die im 17. Jahrhundert ihren Ausgang nahm, sich im 19. und frühen 20. Jahrhundert umfassend und mit globaler Wirksamkeit entfaltete, sich jedoch seither relativiert und transformiert hat. Auch für die historische Analyse verweist das auf die Notwendigkeit, die weithin als selbstverständlich betrachtete Identifikation von Nationalstaat und Sicherheitsstaat, von moderner Staatlichkeit und Sicherheitsstaatlichkeit zu relativieren, andere Ausformungen des Verhältnisses von Staatlichkeit und Sicherheit zu betrachten und sowohl die Möglichkeit einer Entstaatlichung von Sicherheit als auch den überkommenen Territorial- und Nationalstaatsbezug von Sicherheit zu bedenken. Das führt analytisch nicht nur in Richtung der Gegenwart, ins späte 20. und ins beginnende 21. Jahrhundert, sondern, wenn man die Frage nach Sicherheit ohne den Staat oder jenseits des Staates konsequent weiterverfolgt, auch in vormoderne Epochen. Es ist kein Zufall, dass gerade Mittelalterhistoriker in jüngerer Zeit dazu aufgefordert haben, die enge konzeptionelle Verknüpfung von Staatlichkeit und Sicherheitsgewährleistung zu problematisieren und damit die scharfe Unterscheidung von Moderne und Vormoderne, die über die Existenz des Staates und seine Sicherheitsfunktionen beziehungsweise Funktionszuschreibungen vorgenommen wird, zu relativieren. Wenn man, so wird argumentiert, die bislang kaum hinterfragte Identifizierung von Staatlichkeit infrage stelle, dann ergebe sich dadurch die Möglichkeit, Epochengrenzen zu verflüssigen und neu über die kategoriale Bestimmung von Epochen nachzudenken.[20]

Das schmälert nicht die Bedeutung des Faktors Sicherheit für die theoretische Begründung des modernen Staates. Deutlich wird vielmehr, dass eine Historische Sicherheitsforschung in dieser Perspektive Beiträge leisten kann zur historischen Erforschung zentraler Dimensionen moderner Staatlichkeit wie insbesondere Souveränität und Territorialität.[21] Politische Ordnungskonzepte wie Souveränität und Territorialität entfalteten sich freilich nicht allein im nach innen gerichteten Sicherheitshandeln von Staaten, sondern waren mindestens ebenso wichtig für die äußere Sicherheitspolitik, die nicht nur in der Frühphase europäischer Staatlichkeit auf die Bestandssicherung des Staates durch Abwehr äußerer Bedrohung zielte. Gerade in seiner Entstehungszeit seit dem 16. Jahrhundert war das europäische Staatensystem überaus volatil, seine territoriale Gestalt keineswegs gefestigt. Staatlichkeit war aufgrund innerer und äußerer Dynamiken höchst prekär, keineswegs konnte die Existenz einzelner Staaten als gesichert gelten.

»War made the state, and the state made war«, schrieb der amerikanische Historiker Charles Tilly.[22] Um erfolgreich Krieg führen zu können, bedurfte es, so Tillys These, effizienter staatlicher, zentralstaatlicher Strukturen: vom Steuersystem bis hin zur Aufstellung und Unterhaltung schlagkräftiger Armeen. Auch der deutsche Historiker Johannes Burkhardt hat die Kriege des 17. Jahrhunderts, vor allem den Dreißigjährigen Krieg, als Staatsbildungskriege charakterisiert.[23] In diesen Dynamiken entwickelte sich Sicherheit, verstanden als Sicherung der Existenz oftmals ungefestigter, labiler Staaten, zu einem zentralen außenpolitischen Imperativ. Nicht nur wurden Kriege und Kriegführung, beispielsweise die Expansionskriege Ludwigs XIV., mit Sicherheitsargumenten gerechtfertigt. Mindestens ebenso wichtig entwickelte sich seit dem 17. Jahrhundert eine völkerrechtliche Ordnung, die auf der Existenz unabhängiger, souveräner Staaten beruhte und zu deren zentralen Elementen zumindest prinzipiell der Grundsatz der Nichteinmischung und der wechselseitigen Anerkennung staatlicher Souveränität gehörte. Kriege verhinderte das nicht, zumal zu den souveränen Rechten des Staates im europäischen Völkerrecht stets auch das Recht zur Kriegführung (jus ad bellum) gehörte, das im 19. Jahrhundert geradezu zum Zentralelement völkerrechtlich bestimmter staatlicher Souveränität wurde. Staatliche, nationalstaatliche Selbstbestimmung und territoriale Integrität wurden als Kernelemente äußerer Sicherheit völkerrechtlich normiert; bis weit ins 20. Jahrhundert hinein finden wir diese Prinzipien in den Gründungs- und Satzungsdokumenten internationaler Organisationen vom Völkerbund bis zu den Vereinten Nationen. So trug das Konzept äußerer Sicherheit zur Staatsbildung, zur Entstehung eines Staatensystems und zu einer bis heute gültigen völkerrechtlichen Ordnung bei.

Verlässt man freilich die Ebene des Völkerrechts und der Geschichte des internationalen Systems, so wird deutlich, dass sich auch auf dem Feld der äußeren Sicherheit und damit der internationalen Politik – durchaus vergleichbar dem Spannungsverhältnis von Sicherheit und Freiheit im Staatsinneren – eine spannungs- und konfliktgeladene Ambivalenz entwickelte. Diese ergab sich jenseits von Rechtsprinzipien aus der Tatsache, dass das Sicherheitsstreben eines Staates zu tatsächlicher oder auch nur wahrgenommener erhöhter Unsicherheit aufseiten anderer Staaten führen kann, dass, allgemeiner betrachtet, sicherheitsbezogene Maßnahmen einzelner Staaten, nicht zuletzt im Bereich der Rüstung, das internationale System insgesamt destabilisieren und die Gefahr gewaltsamer Auseinandersetzungen erhöhen. Der amerikanische Politikwissenschaftler John H. Herz hat dafür den Begriff des »Sicherheitsdilemmas« geprägt.[24]

In solchen Perspektiven ist der Faktor Sicherheit in den Dynamiken europäischer Staatsbildung seit der Frühen Neuzeit intensiv beleuchtet worden, und dies auch über den Bereich der politischen Philosophie, der theoretischen Begründung und Rechtfertigung von Staat und Staatlichkeit hinaus. Für Untersuchungen zur Entwicklung des Staates sowie zur Transformation von Staatlichkeit bis an die Schwelle der Gegenwart haben Historiker indes weit weniger, zumindest weniger systematisch, eine Sicherheitsperspektive eingenommen.

Sicherheitspolitik

Wenn Leibniz in seinem »Sekuritätsgutachten« von 1670 Sicherheit als vordringlichste politische Aufgabe ansah und wenn Wilhelm v. Humboldt 1792 den Zweck des Staates in der Gewährleistung von Sicherheit erkannte, dann war damit Sicherheit als ein breites politisches Handlungsfeld etabliert, das innenpolitische Dimensionen ebenso hatte wie außenpolitische. Dennoch blieb das Verständnis von Sicherheitspolitik in Politik und Öffentlichkeit, aber auch in der Wissenschaft lange Zeit auf den Bereich der Außenbeziehungen reduziert und hier insbesondere auf Fragen der Militär- und Verteidigungspolitik. Die Sicherheit im Wort Sicherheitspolitik war eindeutig die äußere Sicherheit, die Sicherheit des Staates, des Nationalstaates, vor äußerer, vor allem militärischer Bedrohung.

In den Sozialwissenschaften und vor allem in der Teildisziplin der Internationalen Beziehungen *(International Relations)* waren die *International Security Studies,* wie sie sich nach dem Zweiten Weltkrieg und vor dem Hintergrund des Kalten Kriegs als Forschungsfeld entwickelten, aus politischen und in der Folge auch wissenschaftlichen Debatten heraus entstanden, die um die Frage kreisten, wie der Staat gegen äußere und – sich aus diesen ergebend – innere Bedrohungen geschützt werden könnte. Im Laufe der Zeit verlagerte sich der Schwerpunkt der sozialwissenschaftlichen Sicherheitsforschung fast ganz auf das Feld der äußeren Sicherheit. Auch dafür spielten die Dynamiken des Ost-West-Konflikts eine wichtige Rolle. Erst seit den 1970er/ 1980er Jahren begann man in den *International Security Studies* diese Prämissen infrage zu stellen: Richteten sich Sicherheit und sicherheitsbezogenes Handeln tatsächlich ausschließlich auf den Staat? Wie rechtfertigte sich die Konzentration auf den Bereich der äußeren und vor allem der militärischen Sicherheit? Musste nicht Sicherheitsforschung ihren Blick auch richten auf Dynamiken jenseits des militärischen Sektors und der Anwendung militärischer Gewalt? Sollte man Fragen nach Bedrohungen von außen gegenüber Fragen nach Bedrohungen von innen privilegieren?[25] Es waren nicht zuletzt die seit den 1970er Jahren mit Macht einsetzenden und neuen Dynamiken der Globalisierung, verstanden als jene Prozesse, in deren Folge die Nationalstaaten und ihre Souveränität durch transnationale Akteure, ihre Machtchancen, Orientierungen, Identitäten und Netzwerke zunehmend unterlaufen und querverbunden wurden,[26] die die für Sicherheitsforschung bis dahin konstitutive und ausgesprochen rigide Unterscheidung zwischen außen und innen infrage stellten, ja obsolet zu werden beginnen ließen.

Mit der Globalisierung einher gingen und aus ihr ergaben sich Prozesse der Deterritorialisierung, die die traditionelle Sicherheitsforschung vor eine Herausforderung stellten. Gerade weil Sicherheit ganz überwiegend als äußere Sicherheit verstanden und entsprechend untersucht wurde, setzte sie stets den territorialen Staat als entscheidenden Sicherheitsakteur und zugleich als Referenzobjekt sicherheitspolitischen Handelns voraus. Sicherheit wurde territorial gedacht, bezog sich auf – territoriale – Grenzen, auf die territoriale Unversehrtheit des Staates, was auch immer das konkret bedeutete. Umgekehrt gingen in dieser Perspektive Bedrohungen oder Gefährdungen der Sicherheit (eines Staates) von anderen (Territorial-)Staaten aus. Solche Sichtweisen ergaben sich daraus, dass im 19. Jahrhundert und weit ins 20. Jahrhundert hinein Staatlichkeit stets territoriale Staatlichkeit war, bezogen auf ein klar umgrenztes Territorium und die Bevölkerung dieses Territoriums. Sicherheit und Sicherheitspolitik wurden aber nicht nur staats- und damit territorialstaatszentriert gedacht, auch in der sozialwissenschaftlichen Forschung, sondern stets auch in symmetrischen Konstellationen von Konflikten, von Bedrohung, Abschreckung, Angriff oder Verteidigung. Das verstärkte sich dadurch, dass die sicherheitsbezogene Forschung durch die spiegelbildliche Konfliktkonstellation des Ost-West-Konflikts, die Konfrontation und wechselseitige Bedrohung zweier Staatenblöcke unter der Führung zweier Großstaaten, politisch gerahmt war. Das Ende der Blockkonfrontation des Kalten Kriegs trug dazu bei, dieses symmetrische Sicherheitsdenken zu relativieren. Freilich hätte auch ein Blick in die Zeit vor dem Aufstieg und der Verabsolutierung territorialer Staatlichkeit zeigen können, dass Konfliktstrukturen auch asymmetrisch sein können, dass die Sicherheit eines Staates oder einer Gruppe von Staaten nicht nur durch andere Staaten bedroht werden kann, dass sicherheitsgefährdende Gewaltakteure nicht notwendig staatliche und damit territorial zurechenbare Akteure sein müssen, sondern, wie das Beispiel von Landsknechten oder marodierenden Söldnergruppen zeigt, auch nicht-staatlich und deterritorial.[27] Es waren jedoch nicht solche historischen Befunde, sondern vielmehr aktuelle, gegenwartsnahe Entwicklungen, darunter der internationale Terrorismus, ein modernes Söldnertum, Piraterie oder der internationale Drogenhandel, die die traditionelle Sicherheitsforschung und ihre Prämissen herausforderten und sie zu größerer Flexibilität geradezu zwangen. Auch veränderte Vorstellungen von Territorialität beziehungweise Prozesse der Deterritorialisierung trugen dazu bei. Was bedeutet es für Sicherheitspolitik, wenn die Grenzen eines Territoriums nicht mehr an seinem Rand verlaufen und innen und außen entsprechend scharf voneinander zu scheiden sind, wenn die Grenze keine reine Außengrenze mehr, sondern gleichsam überall ist?[28]

In der Geschichtswissenschaft vollzogen sich ähnliche Entwicklungen. Diese hat sich zwar durchaus mit Sicherheitsfragen beschäftigt, auch wenn sie den Begriff kaum verwandte und ihn nicht als konzeptionelle Kategorie zu bestimmen und nutzbar zu machen versuchte. Erst als im Laufe des 20. Jahrhunderts, beginnend in der Zeit nach dem Ersten Weltkrieg, der Begriff Sicherheit in der politischen Sprache, auch der öffentlichen politischen Sprache, immer häufiger Verwendung fand, wurde er für Historiker interessanter, aber doch zunächst und primär als Quellenbegriff. Historiker des 20. Jahrhunderts haben also, nicht nur in Deutschland, durchaus Sicherheitsgeschichte betrieben; sie haben Sicherheitsgeschichte jedoch bis vor kurzer Zeit als Teilgebiet der Außenpolitikgeschichte betrachtet. Gerade in Deutschland blieb die Außenpolitikgeschichte – und mit ihr die Sicherheitsgeschichte beziehungsweise die Geschichte der Sicherheitspolitik – vergleichsweise lange den Traditionen der älteren Politik- und Diplomatiegeschichte verhaftet. Weil die deutsche Politikgeschichte bis weit nach 1945 der Idee vom Primat der Außenpolitik verpflichtet war, wurden Sicherheitsfragen erstens, wenn man sie thematisierte, als außenpolitische Fragen behandelt, wurde Sicherheit als äußere Sicherheit verstanden. Zweitens unterlag die Erforschung von Sicherheitspolitik beziehungsweise sicherheitspolitischem Handeln den Prämissen der älteren Politik- und Diplomatiegeschichte: von ihrer Konzentration auf das Entscheidungshandeln von Regierungen über einen individualisierenden, personenorientierten Zugriff (»Männer machen Geschichte«) bis hin zur Ausblendung gesellschaftlicher oder sozialkultureller Bedingungen politischen Handelns.[29]

Hinzu trat zum dritten eine analytisch problematische Essentialisierung oder Substantialisierung des Sicherheitsbegriffs, der auf eine selten präziser bestimmte Sicherheit der Nation beziehungsweise des Staates bezogen wurde, auf ein ebenso essentialisiertes »nationales Interesse«, immer wieder als »Lebensinteresse« bezeichnet. Sicherheit wurde so zum nationalen Konzept, Sicherheitspolitik war nationale Politik. Das lag zwar bereits in der Tendenz der sicherheitsbezogenen Grundlegung von Staatlichkeit seit der Frühen Neuzeit, erfuhr aber durch die Nationalisierungs- und Nationsbildungsprozesse seit dem späten 18. Jahrhundert und vor allem im 19. Jahrhundert eine letztwerthafte Steigerung, ja Überhöhung. Das Problem war, dass Historiker bis weit ins 20. Jahrhundert hinein diese werthafte, an die Idee der Nation gekoppelte Aufladung des Sicherheitsbegriffs nicht kritisch analysierten, sondern sie letztlich teilten und zur Grundannahme ihrer Forschungen und Darstellungen machten, und das nicht selten in legitimatorischer und damit politischer Absicht.

Auch als sich in den Jahrzehnten nach 1945 in der – deutschen – Geschichtswissenschaft der Wertbezug auf die Nation allmählich auflöste, blieb die Konzentration auf die Sicherheit des Staates vor äußerer und damit militärischer Bedrohung erhalten. Diese Einengung des Verständnisses von Sicherheit und Sicherheitspolitik auf die äußere Sicherheit teilte die Geschichtswissenschaft mit der sozialwissenschaftlichen Sicherheitsforschung, für deren Mainstream Sicherheitspolitik ein Teilgebiet von Außenpolitik war und deren, zum Teil selbst eingestandener »enger Sicherheitsbegriff« primär auf diejenigen Bedrohungen abzielte, denen mit militärischen Mitteln begegnet werden konnte oder sollte.[30] Sicherheitspolitik bezeichnete in diesem Verständnis »alle Maßnahmen eines Staates, die darauf abzielen, eine Bedrohung der Unversehrtheit seines Territoriums und der Stabilität seines Gesellschaftssystems zu vermeiden, einzudämmen oder zu beenden«.[31] Stärker abstrahierend wurde daraus eine Definition von Sicherheitspolitik als »all jene Maßnahmen, die von den außenpolitischen Repräsentanten eines Staates ergriffen werden, um Güter, die zugleich sichernswert, sicherungsfähig und bedroht sind, zu bewahren«.[32] Eine solche Definition führt zu der geradezu zwangsläufigen Frage, welche Güter denn als sichernswert, sicherungsfähig und bedroht bezeichnet werden, wer über die Zuschreibung dieser Attribute befindet und wie sich solche Zuschreibungen, die ja stets Bewertungen darstellen, im historischen Verlauf verändern. Und können diese Zuschreibungen auf den Bereich der Außenbeziehungen und der außenpolitischen Repräsentanten eines Staates begrenzt bleiben? Damit ist nicht nur eine genuin geschichtswissenschaftliche Fragestellung benannt, sondern zugleich die Möglichkeit einer Sicherheitspolitik jenseits der im engeren Sinne außenpolitischen Domäne eingeräumt.

Karl Rohe hat Politik ganz allgemein als die »historisch variable Antwort (…) auf die fundamentale Ordnungsproblematik sozialer Verbände« bezeichnet.[33] Für David Easton, den bedeutenden Theoretiker des politischen Systems, besitzt das politische System die Kompetenz, Werte autoritativ für eine Gesellschaft zu verteilen. Der Inhalt der Politik bestehe aus Wertzuweisungen in den funktionalen Sachbereichen Sicherheit, Wohlfahrt (im Sinne wirtschaftlichen Wohlstands) und Herrschaft. Der Rückbezug auf historische Begründungen von Staatlichkeit und die Entwicklung von Staatszwecken ist unverkennbar. Auch bei Easton war die Definition von Politik und des politischen Systems (in Abgrenzung von seinem Umfeld beziehungsweise anderen Systemen) eindeutig sicherheitsbezogen: Die Sicherheit der physischen Existenz des Einzelnen und der Gesellschaft, die materiellen und kulturellen Mittel zur Entfaltung dieser Existenz würden innerhalb der Gesellschaft und durch sie erzeugt und im Rahmen der herrschaftlichen Ordnung, die vom Einzelnen unterschiedlich mitgestaltet wird, verteilt.[34] Die jüngere politikwissenschaftliche und politikhistorische Forschung hat anschließend an solche Überlegungen und Definitionen die Frage nach dem Modus der politischen Wertallokationen gestellt und dabei einen kommunikativen Politikbegriff entwickelt, der Politik als »Summe der Kommunikationsvorgänge« bezeichnet, »welche zur Herstellung kollektiv bindender Entscheidungen führen«[35], und das Politische allgemein als einen Kommunikationsraum versteht, der sich – und damit wurde eine Forschungsagenda konstituiert – im historischen Prozess verändert.[36]

Mit solchen Ansätzen lässt sich auch Sicherheitspolitik historisch untersuchen, und sie deuten bereits die für eine Historische Sicherheitsforschung zentrale Grundannahme an, dass die Frage, was Sicherheit eigentlich ist, eine entscheidende politische und damit auch politikhistorische Frage ist. Sie impliziert die historische Wandelbarkeit von Sicherheit und Sicherheitsverständnis, bindet Sicherheit und Sicherheitsverständnis zurück an sich verändernde gesellschaftliche und kulturelle Kontexte und ermöglicht damit eine Historisierung von Sicherheit. Befördert wurde diese Entwicklung durch den »cultural turn« und insbesondere den Bedeutungsgewinn konstruktivistischer Ansätze, die einem essentialistischen Sicherheitsbegriff fundamental widersprachen. Kulturalistisch-konstruktivistische Ansätze verwiesen nicht nur auf die Veränderbarkeit von Sicherheitsvorstellungen, sondern auch auf ihre grundsätzliche Umstrittenheit, was sich wiederum gut mit einem kommunikativen Politikbegriff verbinden ließ und überdies auf die Wechselbeziehung von Sicherheitsverständnis und Sicherheitspolitik verwies. Nicht substantialistisch war Sicherheit nun zu fassen als ein historisch veränderbares Produkt und eine Wertidee, die sich immer wieder neu und immer wieder anders in konkreter Sicherheitspolitik manifestieren konnte.[37]

Äußere, innere und soziale Sicherheit

Durch die ältere sozial- und geschichtswissenschaftliche Forschung zieht sich wie ein roter Faden die Trennung von äußerer und innerer Sicherheit, aus der zum Teil eine Trias aus äußerer, innerer und sozialer Sicherheit wurde. Diese sachliche Unterscheidung trug ihrerseits zur Entwicklung unterschiedlicher und mitunter kaum verbundener Forschungsbereiche bei. Umgekehrt versperrte die Existenz voneinander getrennter Forschungsbereiche den Blick auf den konstitutiven Zusammenhang der drei Felder, der, so trivial dies klingen mag, in der Verwendung des Begriffs Sicherheit und in ihrem gemeinsamen Sicherheitsbezug begründet liegt. Die Trennung von äußerer und innerer Sicherheit wird in der Literatur, vor allem der deutschen, verschiedentlich auf Leibniz' »Sekuritätsgutachten« von 1670 zurückgeführt, in der von »securitas publica interna et externa« die Rede war; auch Pufendorf, der mit seinem Verständnis von Sicherheit als Staatszweck an Hobbes anschloss, behandelte in seinem Werk innere und äußere Sicherheit getrennt.[38] Sowohl Leibniz als auch Pufendorf sahen aber einen Wirkungszusammenhang zwischen den beiden Bereichen, der insbesondere aus dem klaren Staatsbezug resultierte sowie, damit zusammenhängend, aus dem historischen Hintergrund der Herausbildung des europäischen Territorialstaats, vor dem beide Autoren zu sehen sind. Die Differenzierung zwischen innen und außen ergab sich aus der Territorialität der entstehenden Staatenwelt, die freilich vorerst auf Europa beschränkt blieb. Mit der Nationalisierung dieser Staatenwelt und der Entwicklung der Idee des autonomen nationalen Machtstaates im 19. Jahrhundert wurde die scharfe Trennung zwischen außen und innen ein definierendes Element von Staatlichkeit.

Die Wechselwirkungen zwischen außen und innen, die von Leibniz noch klar gesehen wurden, gerieten dadurch zunehmend aus dem Blick. Auch wissenschaftlich waren sie kein Thema; in der Geschichtsschreibung wurden Außen- und Innenpolitik klar voneinander getrennt oder allenfalls, in der deutschen Historiographie, in ein hierarchisches Verhältnis von Über- und Unterordnung gebracht. Die Abgrenzung von innen und außen oder die Denkfigur vom Primat der Außenpolitik, verstanden als Primat der äußeren Sicherheit, wurde zum Teil sogar in die Frühe Neuzeit rückprojiziert. Man erhob die moderne, europäisch geprägte Territorialstaatlichkeit mit ihrer Grenzziehung zwischen innen und außen ahistorisch zum überzeitlichen Prinzip, statt sie als Ergebnis einer historischen Entwicklung zu betrachten und ihr trotz ihrer bis in die Gegenwart reichenden Bedeutung und globalen Wirksamkeit eine spezifische Geschichtlichkeit und damit Zeitgebundenheit zu attestieren. In der Literatur hat das bis zum Ende des 20. Jahrhunderts seine Spuren hinterlassen. Erst in jüngster Zeit wird die Epoche des modernen Territorial- und vor allem Nationalstaates und damit die Trennung von Außen- und Innenpolitik mehr und mehr als eine, womöglich sogar exzeptionelle Phase der Weltgeschichte beziehungsweise als zeitlich und räumlich begrenzte Ausformung politischer und sozialer Ordnung angesehen und nicht länger als universales Prinzip oder als Ziel historischer Entwicklung, als *finalité d'histoire.* Und daraus ergibt sich dann auch die Einsicht in den Ausnahmecharakter der Trennung von äußerer und innerer Sicherheitspolitik, die als analytische Grundlage, wenn überhaupt, nur für das 19. und die ersten beiden Drittel des 20. Jahrhunderts Sinn ergibt.[39]

Äußere und innere Sicherheit zielten – und zielen – auf den Bestand des Staates. Der Bedrohung durch Krieg, Aggression und Gewalt von außen entsprach im Inneren die Gefährdung der staatlichen Verfasstheit und politischer Herrschaft durch politische Unruhen, Aufstände und Revolution, aber auch die Bedrohung durch Bürgerkrieg und Staatszerfall. Dieser Bedrohung zu begegnen, wurde durch den Aufstieg des modernen Nationalismus, die Nationalisierung des Staates und den daraus abgeleiteten Imperativ gesellschaftlicher Kohäsion als Ziel staatlicher Sicherheitspolitik immer wichtiger. Die Rolle von Feindbildern, innerhalb des Staates beziehungsweise der Gesellschaft, aber auch außerhalb, gehört in diesen Kontext, und erkennbar wird hier auch der Zusammenhang von Sicherheitsdynamiken und Identitätsbildung. Hinzu traten die Bekämpfung von und der Schutz vor Kriminalität, wobei die Grenzen zwischen diesen Bereichen fließend waren und es genügend Beispiele gibt für die Kriminalisierung politischen Aufbegehrens oder die Politisierung von Kriminalität. Innere Sicherheit zielte damit zum einen auf die Sicherheit des Staates selbst, zum anderen auf die individuellen Angehörigen eines Staates. Gerade in dieser Perspektive kann sich die Sicherheitsgeschichte auf die reiche Forschung zur Geschichte der Kriminalität beziehen, in der Vorstellungen von Sicherheit respektive Unsicherheit eine wichtige Rolle spielen.[40]

In bürgerlich-liberaler Perspektive ging die Vorstellung individueller Sicherheit seit dem 18. Jahrhundert über den Schutz vor Kriminalität hinaus und bezog sich auf die Sicherung der Möglichkeit individueller Selbstentfaltung. Sicherheit konnte einerseits negativ gedacht werden als Schutz vor Gefahr (von innen oder von außen); Sicherheit konnte andererseits positiv gedacht werden, als Schaffung eines vor allem rechtlichen Rahmens, der dem Einzelnen in der Formulierung Kants die Möglichkeit gab und erhielt, »seine Glückseligkeit auf jedem Wege, welcher ihm der beste dünkt, zu suchen, wenn er nur nicht jener allgemeinen gesetzmäßigen Freiheit, mithin dem Rechte anderer Mituntertanen, Abbruch tut«.[41] Beide Handlungsziele waren mit dem Begriff der Sicherheit belegt. Im Allgemeinen Preußischen Landrecht von 1794 beispielsweise hieß es: »Die nöthigen Anstalten zur Erhaltung der öffentlichen Ruhe, Sicherheit und Ordnung und zur Abwendung der dem Publico, oder einzelnen Mitgliedern desselben, bevorstehenden Gefahr zu treffen, ist das Amt der Polizey.«[42] In der preußischen beziehungsweise preußisch-deutschen Entwicklung wurde aus der Trias »Ruhe, Sicherheit und Ordnung« das Begriffspaar »Ruhe und Ordnung«, das im weiteren Verlauf und *avant la lettre* viel stärker den Politikbereich der »inneren Sicherheit« markierte als der Begriff der Sicherheit selbst.[43] Der Sicherheitsbegriff begegnet uns in Deutschland im 19. Jahrhundert am ehesten in der Sphäre des Rechts als Rechtssicherheit und im Zusammenhang mit der Entwicklung von Rechtsstaatlichkeit. Rechtssicherheit meinte in diesem Kontext die Verlässlichkeit und Stabilität des Rechts beziehungsweise einer Rechtsordnung als Voraussetzung berechenbarer Beziehungen zwischen den Bürgern als freien Rechtssubjekten.[44]

Während zur »guten Policey« des 17./18. Jahrhunderts sowohl die öffentliche Sicherheit gehörte als auch die soziale Sicherheit (Wohlfahrt), differenzierten sich diese Bereiche seit etwa 1800 nicht nur immer weiter aus, sondern begannen, zwei unterschiedliche Politikfelder zu konstituieren.[45] Wohlfahrtszwecke des Staates wurden in Deutschland bis weit ins 20. Jahrhundert hinein nicht unter der Überschrift »Sicherheit« verhandelt, sondern seit dem 19. Jahrhundert unter dem begrifflichen Dach »Sozialreform« oder »Sozialpolitik«.[46] Gleichwohl gehört zu den klassischen Untersuchungsfeldern der älteren Sicherheitsforschung, die freilich kaum je unter diesem Label stattfand, als dritte Säule die soziale Sicherheit, seit der Zwischenkriegszeit ein Leitbegriff wohlfahrtsstaatlicher Entwicklung.[47] Es ist kaum überraschend, dass die Problematik sozialer Sicherheit und die Entwicklung sozialer Sicherung angesichts der zentralen und stetig wachsenden Bedeutung dieses Politikfeldes in der Moderne auch in der Geschichtswissenschaft große Aufmerksamkeit erfahren hat, die angesichts der gegenwärtigen Herausforderungen von Sozialstaatlichkeit und sozialen Sicherungssystemen nicht nachgelassen hat. Die Geschichte sozialer Sicherheit bildete indes ein eigenes, von anderen Bereichen sicherheitsbezogener Forschung abgetrenntes Untersuchungsfeld. Sie ist zwar historisch aus den Dynamiken innerer, innerstaatlicher Sicherheit hervorgegangen, bildete aber doch seit dem 19. Jahrhundert ein eigenes Politikfeld, das im Kern auf die Gewährleistung elementarer Lebenschancen gerichtet war.[48] Ganz so getrennt waren die Sphären freilich nicht. Das hat auch die Forschung erkannt und darauf hingewiesen, allerdings nicht unter der Überschrift einer Sicherheitsgeschichte. Aber man kann durchaus die staatliche Genese moderner Sozialpolitik als ein Mittel ansehen, um wie im deutschen Falle in der Zeit des Kaiserreichs in der Arbeiterschaft Unruhepotentiale zu reduzieren, Staatsloyalität zu erreichen, dadurch politische Stabilität zu schaffen und Herrschaft zu sichern. In einer solchen Perspektive lassen sich Entstehung und Entwicklung moderner Sozialstaatlichkeit als Dimensionen oder Ausformungen einer Politik der inneren Sicherheit fassen. Der französische Historiker und Philosoph François Ewald hat in seiner Geschichte des

»Vorsorgestaates« die Entstehung der modernen Sozialversicherung als Versicherung gegen Revolutionen charakterisiert.[49]

Das letztgenannte Beispiel verweist deutlich auf die fließenden Grenzen zwischen einzelnen Bereichen von Sicherheit und Sicherheitspolitik. Das gilt nicht nur für das Verhältnis von innerer und sozialer Sicherheit und die Interdependenzen zwischen diesen beiden Feldern, sondern auch für die Wechselwirkungen zwischen innerer und äußerer Sicherheit, die sich selbst für die Phase der voll ausgeformten europäischen Nationalstaaten feststellen lassen. Erneut zeigt ein Blick auf die Geschichte des deutschen Kaiserreichs, wie beispielsweise der innere Zusammenhalt einer Gesellschaft zur Voraussetzung für die äußere Sicherheit des Staates erhoben wurde. Zentrumspartei und Sozialdemokratie wurden als Reichsfeinde oder Vaterlandsverräter stigmatisiert, nicht nur weil sie die innere Ordnung des Kaiserreichs ablehnten, sondern weil sie, so warf man ihnen vor, durch diese Opposition den deutschen Nationalstaat, seine Geschlossenheit und Stärke, gerade auch nach außen, schwächten. In der historisch-politischen Publizistik des Kaiserreichs entwickelte sich daraus sogar die wissenschaftlich vorgetragene These vom Zusammenhang zwischen dem Ausmaß äußerer Bedrohung eines Staates und der Möglichkeit innerstaatlicher, verfassungspolitischer Liberalität. Historiker erklärten die politische Liberalität Großbritanniens mit der Insellage des Königreichs und der daraus resultierenden Abwesenheit von äußerer Bedrohung. Zugleich rechtfertigten sie das autoritäre System des Kaiserreichs unter Hinweis auf die geradezu strukturelle äußere Bedrohung angesichts seiner europäischen Mittellage und der machtpolitischen Gegensätze zu Russland und insbesondere Frankreich. Wer vor solchem Hintergrund die autoritären Strukturen des politischen Systems kritisierte, nicht zuletzt den mangelnden Parlamentarismus, der gefährdete nicht nur die innere, sondern auch die äußere Sicherheit. Dass man dieser Opposition nicht nur repressiv begegnete, beispielsweise durch die Sozialistengesetze, sondern auch durch Zähmungs- und Integrationskonzepte, nicht zuletzt in Gestalt der Bismarck'schen Sozialpolitik, verweist wiederum auf die Verbindung von innerer und sozialer Sicherheit, die auf diese Weise beide auch auf die äußere Sicherheit bezogen waren.

Man muss nicht von völliger Verschmelzung der Politikfelder sprechen, kann aber feststellen, dass Dynamiken der Sicherheit, dass Wahrnehmungen von Unsicherheit, Bedrohung und Gefahr dazu beitrugen, die Trennung der Sphären von innen und außen, von Innen- und Außenpolitik, von äußerer, innerer und sozialer Sicherheit zumindest zu relativieren. Wenn soziale Kohäsion, Sozial- und Wohlfahrtspolitik in diesem Sinne als sicherheitsrelevant betrachtet wurden, dann lässt sich das auch auf andere Politikbereiche beziehungsweise Themenfelder übertragen, denen in bestimmten Konstellationen eine Sicherheitsbedeutung zugeschrieben wurde. Ob sich diese Bedeutung primär auf die äußere oder auf die innere Sicherheit bezog, ist in diesem Zusammenhang kaum klar zu sagen und analytisch auch nicht entscheidend. In jedem Fall wird hier eine Dynamik »erweiterter Sicherheit« erkennbar, und das ist als Befund mindestens ebenso bedeutsam wie die Konsequenzen, die sich konzeptionell für eine Historische Sicherheitsforschung, gerade mit Blick auf die Zeit seit dem 19. Jahrhundert, daraus ergeben. Der Gedanke der »erweiterten Sicherheit« gehört, wie noch darzulegen sein wird, nicht ohne Grund zu den wichtigsten Ausgangsvoraussetzungen und Perspektiven der jüngeren Sicherheitsforschung.

Versicherungsgeschichte

Aufbauend auf seinem Buch über die Versicherungen in der Schweiz veröffentlichte der Historiker Jean Halpérin 1952 einen Aufsatz über den Begriff der Sicherheit in der Wirtschafts- und Sozialgeschichte, in dem er darauf hinwies, dass eine veränderte Vorstellung von Sicherheit im Übergang vom Mittelalter zur Neuzeit, eine Säkularisierung des Sicherheitsdenkens, entscheidend zur Entstehung des modernen Versicherungswesens beigetragen habe. Halpérins Artikel regte damals den französischen Historiker Lucien Febvre zu einem programmatischen Aufsatz an, in dem er als Teil einer größeren Geschichte der Gefühle für eine historische Untersuchung des menschlichen Strebens nach Sicherheit plädierte.[50] Als Teil der Wirtschafts- und Unternehmensgeschichte ist die Geschichte des Versicherungswesens ein etabliertes Forschungsthema, doch

Halpérins und Febvres Anregungen hat sie lange Zeit kaum aufgegriffen. Es existieren insbesondere, national wie international, zahlreiche Studien zu einzelnen Versicherungsunternehmen, die, nicht selten entstanden zu Jubiläumsanlässen und im Auftrag einzelner Unternehmen, zum Teil Festschriftcharakter haben und solide die Entwicklung eines Unternehmens nachzeichnen, sich jedoch nicht im Kontext einer Sicherheitsforschung verorten. Sie stellen in der Regel weder die Frage nach dem Sicherheitsbegriff und dem Sicherheitsverständnis im Versicherungswesen, noch lösen sie sich von einer im engeren Sinne wirtschafts- und unternehmenshistorischen Perspektive. Eine Ausnahme bildet die Forschung zu den in der Regel staatsbezogenen, wenn nicht staatlichen Sozialversicherungen, die weniger unternehmensgeschichtlich, sondern im Zusammenhang mit der Geschichte von Sozialpolitik und sozialer Sicherheit behandelt wurden. Verschiedentlich wird auch das moderne, privatwirtschaftlich organisierte Versicherungsgeschäft, so wie es sich seit dem 19. Jahrhundert entfaltete, in bis in die Antike zurückreichende Kontinuitäten gestellt, insbesondere durch Verweis auf frühe Formen von See- und Feuerversicherung (Seedarlehen und Brandgilden). Dies ist indes nur bei oberflächlicher Betrachtung möglich und wenn man die Genese des heutigen Versicherungswesens als Reaktion auf die neuen und ganz »andersartigen Ungewissheiten der Moderne« und zur »Abmilderung der sich mit der Industrialisierung geradezu inflationär entwickelnden Risiken« außer Acht lässt.[51] Von einer »Durchdringung der Gesellschaft mit den Produkten der Versicherungswirtschaft« kann man erst seit der zweiten Hälfte des 19. Jahrhunderts reden.[52]

Wie lässt sich versicherungshistorische Forschung mit der Sicherheitsforschung verbinden? Ein Zentralbegriff des Versicherungswesens und damit der Versicherungsforschung ist der Begriff des Risikos. Denn Versicherung bedeutet die »Übernahme von Verlustrisiken gegen vorherige Prämienzahlung«.[53] Der Risikobegriff impliziert im Gegensatz zum Begriff der Unsicherheit oder der Gefahr Berechenbarkeit. Denn versichert werden nicht unkalkulierbare Gefahren oder Unsicherheiten, sondern kalkulierbare Risiken. Diese Transformation von Unsicherheit und Gefahr in Risiko ist der Kern des Versicherungsgeschäfts. In dieser

Prämisse spiegelt sich – und daher ist der Aufstieg des modernen Versicherungswesens eine Dimension der Entfaltung der Moderne – die mit der okzidentalen Moderne engstens verbundene Überzeugung von der Berechenbarkeit der Welt, ihre Entzauberung und Rationalisierung, wie sie Max Weber beschrieben hat.[54] »Es ist der Glaube an die Berechenbarkeit der Welt, der es erlaubt, Unsicherheiten vom Typ ›Risiko‹ einzugehen«, hat der Soziologe Wolfgang Bonß formuliert.[55] Bonß hat zudem darauf hingewiesen, dass ein integrales Element der Überzeugung von der Berechenbarkeit der Welt die Entdeckung der Zukunft als eines berechenbaren und damit gestaltbaren Zeitraums gewesen sei. Von der »Freisetzung der Zeitlichkeit der Zukunft« hat der Soziologe Franz-Xaver Kaufmann in diesem Zusammenhang gesprochen.[56] Unsicherheiten, die zukünftiges Handeln betreffen, lassen sich planen, lassen sich kalkulieren und so zu Risiken transformieren. Diese zu Risiken umgewandelten Restunsicherheiten, die eben nie völlig ausgeschlossen werden können, aber kann man versichern. Das erklärt, warum der Risikobegriff seit dem späten Mittelalter zunächst im Fern- und Seehandel Verwendung fand und sich frühe Versicherungsformen in kaufmännischen und Handelszusammenhängen entwickelten.[57] Die Brücke zur weiteren Sicherheitsforschung liegt also zum einen in der Entstehung des Risikobegriffs aus dem Versuch der Bewältigung von Unsicherheit(en) und damit letztlich von Kontingenz; zum anderen liegt sie in der Zukunftsgerichtetheit von Versicherungen, die sich stets auf zukünftige Ereignisse oder Entwicklung – Schadensfälle – beziehen. Seit dem 19. Jahrhundert expandierte die Versicherungswirtschaft, was man vor diesem Hintergrund nicht nur mit den enorm zunehmenden Risiken in Zeiten beschleunigten ökonomischen und sozialen Wandels erklären kann, sondern auch mit dem wachsenden Fortschrittsglauben und der nicht zuletzt wissenschaftlich genährten Überzeugung, die zunehmenden Unsicherheiten und Risiken ließen sich immer besser und präziser berechnen – und dadurch minimieren.

Solche Überlegungen und Befunde haben allmählich zur Integration der Versicherungsgeschichte in eine breitere Geschichte der Sicherheit, des Sicherheitsdenkens und von Sicherheitspraktiken geführt. Darüber hinaus hat die jüngere Versicherungsforschung, als Teil einer weiter verstandenen Sicherheitsforschung, in allgemeiner Perspektive darauf hingewiesen, dass das Auftreten von Versicherung als Institution gerade im Hinblick auf das Zeit- und Zukunftsverständnis als Epochenindikator für den Übergang zur – westlichen – Moderne dienen kann. Sie hat freilich auch, zum Teil im Anschluss an Ulrich Beck und sein Buch »Risikogesellschaft« (1986), über »Grenzen der Versicherbarkeit als Epochenindikatoren« nachzudenken begonnen und nicht zuletzt das Ende der Hochmoderne im letzten Drittel des 20. Jahrhunderts oder den Übergang von der »Ersten Moderne« zur »Zweiten Moderne« versicherungsgeschichtlich zu bestimmen beziehungsweise nachzuvollziehen versucht.[58] In einer jüngeren Studie hat beispielsweise Christoph J. Wehner die Frage nach den »Grenzen der Versicherbarkeit« am Beispiel der Versicherung von Kernkraftwerken gestellt, die in besonderer Weise für technisch-industrielle Modernität stehen und für die Komplexität von Risikokalkulationen und Risikopolitik nicht nur der Versicherungswirtschaft, sondern moderner Gesellschaften insgesamt.[59] Man muss Versicherungsgeschichte nicht ins Zentrum einer Historischen Sicherheitsforschung stellen, in deren Kontext sie jedoch zweifellos gehört, um die Einschätzung teilen zu können, dass Versicherungen und Versicherbarkeit einen, wie es Cornel Zwierlein formuliert hat, »sehr gut historisierbaren und dann fruchtbaren Gegenstand der Analyse [darstellen], mit dessen Hilfe man viel über die jeweilige Gesellschaft und ihre Sicherheitsregime aussagen kann«.[60]

3 Erweiterte Sicherheit

In den 1970er Jahren hielt ein Begriff Einzug in die politische Sprache, der rasch auch auf wissenschaftliches Interesse stieß und die Entwicklung vor allem der sozialwissenschaftlichen Sicherheitsforschung markant beeinflusste. Die Rede ist vom Begriff der »erweiterten Sicherheit«, der sich offenkundig auf kollektive Krisenerfahrungen und Unsicherheitswahrnehmungen der 1970er Jahre bezog, die von der klassischen Sicherheitstrias aus äußerer, innerer und sozialer Sicherheit nicht abgedeckt wurden. In der Bundesrepublik Deutschland verbindet sich der Aufstieg des Begriffs »erweiterte Sicherheit« mit der Kanzlerschaft Helmut Schmidts. Das wirkt auf den ersten Blick paradox, denn zu Beginn seiner Amtszeit sprach Schmidt beispielsweise in einer Sitzung des SPD-Parteivorstands gerade nicht von »erweiterter Sicherheit«, sondern von der dringend gebotenen Konzentration staatlichen Handelns auf die »klassischen Funktionen eines modernen Staates«, auf seine Sicherheitsfunktionen: »wirtschaftliche und soziale Sicherheit, (…) innere Sicherheit, innere öffentliche Sicherheit und (…) als drittes: äußere Sicherheit«.[1] Vor dem Horizont der Zeit war das dennoch eine Erweiterung, weil Schmidt unter Sicherheit nicht nur die äußere, primär militärisch definierte Sicherheit verstand, die vor dem Hintergrund des Kalten Kriegs den Sicherheitsdiskurs dominierte. Das betonte der Kanzler drei Jahre später noch einmal, als er im Londoner Institut für strategische Studien (IISS) im Oktober 1977 eine Grundsatzrede hielt, die in Erinnerung und Geschichtsschreibung zwar in erster Linie mit Fragen der nuklearen Rüstung in Verbindung gebracht und als Schritt auf dem Weg zum NATO-Doppelbeschluss von 1979 betrachtet wird, die aber doch insgesamt darauf abzielte, Sicherheit und Sicherheitspolitik aus der militär- und verteidigungspolitischen Engführung zu lösen und als eine wesentlich breitere staatliche Aufgabe und Verantwortung darzustellen.[2]

Der Bundeskanzler hielt seine Rede auf dem Höhepunkt des Terrorismus der RAF, die 1977 bereits Generalbundesanwalt Siegfried Buback und Jürgen Ponto, den Sprecher der Dresdner Bank, ermordet und wenige Tage vor Schmidts Londoner Vortrag den Arbeitgeberpräsidenten Hanns Martin Schleyer entführt hatte. Deswegen durfte das Thema der »inneren Sicherheit« in der Rede nicht fehlen, aber Schmidt berührte auch Fragen der ökonomischen Sicherheit, insbesondere der Energiesicherheit, wenn er im Lichte der Ölpreiskrise von 1973/74 auf die Abhängigkeit der westlichen Industriegesellschaften und ihres Wohlstands vom Erdöl hinwies, eine Einschätzung, die dazu beitrug, dass der Bundeskanzler und seine Regierung verstärkt auf die Nutzung der Kernenergie setzten. So wurde Energiepolitik zur Sicherheitspolitik. Für Kernenergie und den Bau von Atomkraftwerken sprachen aber auch noch andere Gründe: Waren nicht Kernkraftwerke viel sauberer als Kraftwerke, in denen fossile Brennstoffe zur Energiegewinnung erzeugt wurden? Halfen sie nicht, die Umwelt und die natürlichen Lebensgrundlagen des Menschen zu schützen, und leisteten sie nicht in diesem Sinne einen Beitrag zur ökologischen Sicherheit? Das Wahlprogramm der SPD von 1980 spiegelte diese Erweiterung und Ausdifferenzierung des Verständnisses von Sicherheit. Zum Thema innere Sicherheit hieß es dort: »Nicht nur Kriminalität und Terror, auch die Verweigerung sozialer Gerechtigkeit, die Einschränkung der Lebensqualität durch Umweltschädigung und der Missbrauch wirtschaftlicher Macht unter dem Schein des Rechts gefährden die innere Sicherheit.«[3]

Die Erweiterung des Verständnisses von Sicherheit und die politische Diskussion darüber waren nicht nur deutsche, sondern internationale Phänomene, die wir etwa zeitgleich überall in den Gesellschaften der westlich-industriellen Welt identifizieren können. Das ist insofern nicht überraschend, als die Debatte über erweiterte Sicherheit ursächlich zusammenhängt mit der internationalen Krisenerfahrung der mittleren 1970er Jahre, welche auch das Ende des ökonomischen Booms der Nachkriegsjahrzehnte bedeuteten. Die Debatte begann in der Folge des Nahost-Kriegs von 1973 und dem vor diesem Hintergrund politisch intendierten Anstieg der Ölpreise, erfasste zunächst die Bereiche der Energiesicherheit und, damit zusammenhängend, der Sicherheit von wirtschaftlichem Wohlstand und sozialer Stabilität. Dass solche Fragen im öffentlichen Diskurs immer häufiger als Sicherheitsfragen verhandelt wurden, verweist auf einen Bedeutungsgewinn des Wertbegriffs »Sicherheit« vor dem Hintergrund eines sich verändernden gesellschaftlichen Sicherheitsbewusstseins. Beide Entwicklungen – Erweiterung des Sicherheitsverständnisses und Veränderung des Sicherheitsbewusstseins – waren aufeinander bezogen und verstärkten sich gegenseitig.

Was Helmut Schmidt 1974 oder 1977 noch eher deklaratorisch zu den Sicherheitsaufgaben des Staates äußerte, floss 1980 mit dem »Inoki-Bericht« in Japan in ein konkretes politisches Dokument ein (»Report on Comprehensive National Security«). Der von der japanischen Regierung in Auftrag gegebene Bericht versuchte, alle Dimensionen einer möglichen Gefährdung der japanischen Bevölkerung in einem umfassenden Sicherheitskonzept zu integrieren, das von der militärischen Sicherheit über die Ernährungssicherheit bis hin zur Sicherheit vor Naturkatastrophen reichte. Das japanische Papier sprach allerdings nicht primär von »erweiterter Sicherheit« (»extended security«), sondern von »umfassender Sicherheit« (»comprehensive security«).[4] Doch auch in dieser Diktion kam der Grundgedanke zum Ausdruck, dass Sicherheit und Sicherheitspolitik nicht länger auf ein Feld oder auf einzelne, voneinander getrennte Felder zu reduzieren waren, sondern umfassend, also in ihren Wechselwirkungen und Zusammenhängen, zu betrachten und politisch zu behandeln waren. Zugleich wurde durch das Konzept der »comprehensive security« der Handlungs- und Steuerungsanspruch des Staates unterstrichen, der sich selbst – und dies durchaus auch in legitimierender Absicht – die umfassende Zuständigkeit für »Sicherheit« und für politische Maßnahmen zur Bekämpfung von Unsicherheit oder Gefahr zuschrieb. Darüber hinaus ebnete die Rede von der »comprehensive security« einer Verschmelzung bislang politisch und funktional voneinander getrennter Sicherheitsbereiche den Weg. Grenzen nicht nur zwischen Politikbereichen, sondern auch zwischen Sicherheitsakteuren wie insbesondere Militär und Polizei wurden fließend; Zuständigkeiten konnten ineinander übergehen.

Der Begriff der »erweiterten Sicherheit« ist seit den 1970er Jahren – und das nicht nur in Deutschland – aus dem politischen Vokabular nicht mehr verschwunden. Paradoxerweise trug das Ende des Kalten Kriegs zu neuen Unsicherheitswahrnehmungen bei; an die Stelle klarer, politisch-ideologisch und militärisch bestimmter Konfliktstrukturen traten neue, unübersichtliche Konstellationen. Hinzu kamen dann, spätestens mit dem 11. September 2001, neue Verunsicherungen angesichts des internationalen Terrorismus. Politische Programme und politische Rhetorik spiegeln das wider. Die erste Regierungserklärung des wiedergewählten Bundeskanzlers Gerhard Schröder (SPD) hatte 2002 zwar den Titel »Gerechtigkeit im Zeitalter der Globalisierung«, doch im Kern des von Schröder vorgestellten Regierungsprogramms ging es um Sicherheit. Seine Regierung verstehe »Sicherheit als ein elementares Bürgerrecht«, lautete ein zentraler Satz der Rede, und der Bundeskanzler vertrat sodann einen, wie er es nannte, »erweiterten Sicherheitsbegriff«, der deutlich über die Sicherheit von Leib und Leben vor Krieg und Kriminalität« hinausgehe.[5] Als die CDU im Jahr 2007 ein neues Grundsatzprogramm verabschiedete, stand dieses unter der Überschrift »Freiheit und Sicherheit«. Die CDU stehe, so hieß es dort, für eine Gesellschaft, in der angesichts der Herausforderungen des 21. Jahrhunderts ein neues Verständnis von Sicherheit notwendig sei. Dieses umfasse »gleichermaßen die innere und äußere Sicherheit in einer Welt mit immer neuen Bedrohungen. Es umfasst aber auch die soziale Sicherheit unter den Bedingungen einer globalisierten Wirtschaft und der demografischen Veränderungen sowie des Zusammenhalts in unserer Gesellschaft und die Sicherheit, auch in Zukunft in einer lebenswerten Umwelt leben zu können, die jede Generation für die nächste bewahrt«.[6] Das ist eine Dynamik, die bis in die Gegenwart nicht nachgelassen hat. Die politischen Programme aller Parteien, nicht nur in Deutschland, strotzen vor Sicherheitsversprechen. Zu Beginn des Bundestagswahlkampfs 2017 veröffentlichte die CDU-nahe Konrad-Adenauer-Stiftung ein Papier unter der Überschrift »Freiheit und Sicherheit durch einen starken Staat«. Da schwang die Legitimation staatlichen Handelns wieder mit. Bundesinnenminister Thomas de Maizière (CDU) publizierte in der FAZ »Leitlinien für einen starken Staat in schwierigen Zeiten«. Ebenfalls in der FAZ reagierte darauf der damalige SPD-Vorsitzende Sigmar Gabriel mit seiner Vorstellung von innerer Sicherheit als »sozialem Bürgerrecht«.[7]

Die hier beschriebenen politischen Entwicklungen, die keineswegs auf Deutschland beschränkt waren, stießen schon früh auch auf wissenschaftliches Interesse, insbesondere in der sozialwissenschaftlichen Sicherheitsforschung, den *Security Studies*. Aber die Forschung griff die Dynamiken »erweiterter Sicherheit« nicht nur nachvollziehend auf, um sie zu analysieren, sondern sie beförderte die Debatte über »erweiterte Sicherheit«, indem sie »erweiterte Sicherheit« als Forschungskonzept etablierte. In seinem grundlegenden Werk »People, States, and Fear«, erstmals 1983 veröffentlicht, plädierte der anglo-kanadische Politikwissenschaftler Barry Buzan dafür, die verengende Reduktion der akademischen *Security Studies* auf den Bereich der militärischen Sicherheit zu überwinden und Fragen der wirtschaftlichen, der ökologischen und einer breiter verstandenen politischen Sicherheit in die Analyse einzubeziehen. Sein Hauptargument dafür war, dass militärische Sicherheitsinteressen in der Regel abhängig seien von Entwicklungen in anderen Bereichen.[8] Mit anderen politikwissenschaftlichen Versuchen der 1980er Jahre, Konzepte von »extended security« oder »comprehensive security« zu entwickeln, teilte Buzan zunächst einen eher additiven Ansatz. Sicherheit, so postulierten auch Richard Ullman, Jessica Tuchmann Matthews oder Helga Haftendorn, müsse neu definiert und als Forschungsperspektive auch auf Politikfelder jenseits des militärischen Bereichs angewandt werden. Es war freilich in der Regel ein eher traditionelles Sicherheitsverständnis, staats- und interessenzentriert und eher antagonistisch, das nun auf andere Felder übertragen wurde.[9]

Barry Buzan war jedoch bei der Forderung nach einer sektoralen Erweiterung der Sicherheitsforschung nicht stehen geblieben, sondern er identifizierte auch unterschiedliche Bezüge staatlichen Sicherheitshandelns: die individuelle, die nationale und die internationale Sicherheit. Buzans Sicherheitskonzept war dennoch nach wie vor staatszentriert; die Herstellung von Sicherheit war für ihn eine primär staatliche Aufgabe, und die Sicherheit des

Staates blieb die entscheidende Zielsetzung von Sicherheitspolitik. Buzan betonte die Wirkungen, die von individueller, subnationaler und internationaler Ebene auf das Verständnis von nationaler Sicherheit ausgingen, fragte aber nicht nach den Unterschieden zwischen individueller, subnationaler, nationaler und internationaler *Sicherheit*. Nationale, staatliche Sicherheit blieb der entscheidende Referenzpunkt.

In der Geschichtswissenschaft wies die englische Historikerin Emma Rothschild schon 1995 auf die Erweiterung des Sicherheitsbegriffs hin und benannte vier Ebenen dieser Erweiterung: erstens eine Erweiterung von der Sicherheit der Staaten zur Sicherheit von Gruppen und Individuen; zweitens eine Erweiterung von der Sicherheit der Staaten zur Sicherheit des internationalen Systems oder zur Sicherheit der supranationalen Umwelt, der Biosphäre; drittens eine Erweiterung in neue Bereiche hinein: Umweltsicherheit oder Versorgungssicherheit, bezogen beispielsweise auf Rohstoffe oder auf Energie; und viertens schließlich eine Erweiterung der politischen Zuständigkeit zur Herstellung von Sicherheit: vom Staat hin zu internationalen, aber auch hin zu regionalen oder lokalen Institutionen sowie zu Nichtregierungsorganisationen.[10]

In der deutschen politikwissenschaftlichen Forschung hat in der Folge vor allem Christopher Daase den erweiterten Sicherheitsbegriff konzeptionell zu fassen und präziser zu bestimmen versucht. Aus der Perspektive der internationalen Beziehungen und der internationalen Politik, das gilt es zu betonen, hat er verschiedene Teildimensionen »erweiterter« Sicherheit identifiziert und systematisiert. Die Erweiterung vollziehe sich in der Sachdimension von der militärischen zur humanitären Sicherheit, in der Raumdimension von der nationalen zur globalen Sicherheit, in der Gefahrendimension von der Bedrohung zum Risiko und in der Referenzdimension vom Staat zum Individuum.[11] Daases Überlegungen bieten wichtige Anschlussmöglichkeiten für historische Analysen, zumal sie zumindest partiell auch wie ein historisches Narrativ, eine Art Verlaufsgeschichte, präsentiert werden. Deshalb seien sie hier noch einmal zusammengefasst.[12]

In der Referenzdimension, also im Hinblick auf die Frage, auf wessen Sicherheit sich sicherheitspolitisches Handeln bezieht, sieht Daase den Ausgangspunkt bei der Sicherheit des Staates, so wie dieser sich als Territorialstaat in der Frühen Neuzeit entwickelte. Um Sicherheits- und Schutzfunktionen nach innen übernehmen zu können, musste der Staat in seiner Existenz gesichert sein und seine Souveränität, verstanden als politische Handlungsautonomie, gegenüber anderen Staaten bewahren. Im Grunde ist in dieser doppelten Lesart – Sicherheit durch den Staat und Sicherheit des Staates – die Sicherheit der Gesellschaft, die nächste Referenzdimension von Sicherheitspolitik, bereits angelegt. Der Staat, so betonte es schon die frühe liberale Theorie beginnend mit John Locke, sei vor allem ein Instrument, um die Sicherheit seiner Bürger zu gewährleisten, um dem Kollektiv der Bürger, der Gesellschaft, ein Leben in Frieden, Freiheit und Wohlstand zu ermöglichen. Nicht mehr auf das Kollektiv der Gesellschaft, sondern auf die Sicherheit des einzelnen Menschen richtet sich schließlich das Konzept der »menschlichen Sicherheit« (»Human Security«), das philosophisch im Individualismus der Aufklärung, nicht zuletzt bei Kant, und im Gedanken individueller Freiheit und Menschenwürde wurzelt.

Mit der Erweiterung der Referenzdimensionen vom Staat über die Gesellschaft hin zum Individuum geht auch eine Erweiterung der Sachbereiche einher, in denen Sicherheit hergestellt werden soll und die daher einer politischen Sicherheitslogik unterworfen werden. Stand hier zunächst die äußere, militärische Sicherheit im Zentrum, eine militärische Bedrohung oder die Gefahr einer militärischen Aggression, so erweiterte sich das seit den 1970er Jahren, so Daase, um die ökonomische Sicherheit nicht zuletzt in Gestalt der Energiesicherheit. Hinzu trat wenig später der Gedanke, dass auch die Zerstörung der Umwelt die Sicherheit im globalen Maßstab bedrohe, wie es 1987 der Brundtland-Report der Vereinten Nationen betonte, der als Hinweis auf den Aufstieg der ökologischen Sicherheit *(environmental security)* gelten kann. Die Übergänge zum Konzept der humanitären Sicherheit *(humanitarian security)*, wie es sich nach dem Ende des Kalten Kriegs entwickelte, waren fließend, und die Verbindung mit der Idee der »Human Security« (als Referenzdimension) sind evident. Jenseits von Katastrophenhilfe oder Schutz vor kriegerischer Gewalt wurde nunmehr die Wahrung individueller Menschenrechte als sicherheitspolitische Aufgabe des Staates definiert. Sollte ein Staat diese Aufgabe nicht erfüllen können oder wollen, ergebe sich daraus eine Verantwortung der Weltgemeinschaft, die alsbald in die schillernde und viel diskutierte Formel der Schutzverantwortung (»Responsibility to Protect«) gekleidet wurde.[13]

Spätestens mit der Denkfigur der ökologischen Sicherheit, erst recht aber mit derjenigen der humanitären Sicherheit hatte sich Sicherheitspolitik globalisiert.[14] War der Raumbezug von Sicherheitspolitik zunächst national-einzelstaatlich gewesen, so gewann im weiteren Verlauf die Vorstellung regionaler Sicherheit an Bedeutung, verstanden als die nicht nur territoriale Sicherheit gegenüber einer äußeren Bedrohung. Ist das Konzept regionaler Sicherheit im Kern noch konfrontativ, zumindest aber antagonistisch gedacht, so erweitert der Begriff der internationalen Sicherheit den Sicherheitsraum nicht nur geographisch, sondern dehnt ihn auch über politische Machtkonflikte und ideologische Gegensätze hinaus aus (zum Beispiel im Ost-West-Verhältnis in der Phase der Entspannung). Darüber geht das Konzept der globalen Sicherheit *(global security)* noch hinaus, das sich, so wird argumentiert, nicht mehr auf das Staatensystem oder die Staatenwelt beziehe, sondern auf die Menschheit in der Perspektive einer Weltgesellschaft freier Individuen. Die Bezüge zu den Vorstellungen von menschlicher (Referenzdimension) und humanitärer Sicherheit (Sachdimension) sind klar zu erkennen.

Daases Modell »erweiterter Sicherheit« enthält aber noch eine vierte Erweiterungsdimension, die der Politikwissenschaftler als die »vielleicht folgenreichste Dimension der Ausdehnung des Sicherheitsbegriffs« bezeichnet. Diese betreffe »die Art und Weise, wie Gefahren verstanden und Unsicherheit konzeptionalisiert wird«.[15] Daase erkennt hier zunächst – sein zeitlicher Bezugsrahmen ist die zweite Hälfte des 20. Jahrhunderts – eine Entwicklung von Bedrohung beziehungsweise Bedrohungswahrnehmungen und Bedrohungsvorstellungen und, entsprechend, von Sicherheitspolitik als Politik der Bedrohungsabwehr (beispielsweise in den ersten Jahrzehnten des Kalten Kriegs) hin zur Denkfigur der Verwundbarkeit. Diese hebe nicht nur auf die in der Regel militärische Bedrohung durch einen klar identifizierten Gegner ab, sondern stelle die mögliche eigene Schwäche gegenüber einer Vielzahl denkbarer externer Effekte ins Zentrum.[16] Vulnerabilität, ein zunächst in der ökologischen Forschung verwandter Begriff, ist in den letzten Jahren immer stärker zum Ausgangspunkt von Sicherheitsstrategien geworden.[17] Sicherheitspolitik zielte vor diesem Hintergrund nicht mehr ausschließlich auf die Abwehr von – primär militärischer – Bedrohung und die Bekämpfung von Stärken eines Gegners, sondern eben auf die Identifikation und Reduzierung eigener Schwächen und die Schaffung von Resilienz, wie es immer häufiger hieß.[18] Als eine weitere Ausdehnung des Gefahren- und mithin des Sicherheitsbegriffs wird schließlich die Benennung – und Behandlung – von Sicherheitsproblemen als Risiken betrachtet, als mögliche Gefahren also, als Gefahren, die in Zukunft erst noch entstehen könnten. Unsicherheit *(insecurity)* wird hier als Ungewissheit *(uncertainty)* gedeutet, dadurch entkonkretisiert und zum Gegenstand nicht mehr reaktiver, sondern »proaktiver Sicherheitspolitik« (Christopher Daase) gemacht.[19]

Daases Modell einer mehrdimensionalen Erweiterung von Sicherheitsbegriff und Sicherheitsverständnis ist auch in historischer Perspektive weiterführend, weil es auf den permanenten Wandel und die prinzipielle Veränderbarkeit von Sicherheitsvorstellungen, Sicherheitskonzepten und daraus sich entwickelnden Sicherheitspolitiken hinweist. Man wird allerdings vorsichtig sein müssen, in der modellhaft vorgenommenen Systematisierung der Dynamiken erweiterter Sicherheit ein lineares geschichtliches Verlaufsmodell oder gar ein historisches Narrativ zu erkennen, welches der Historiker lediglich noch empirisch füllen müsse. Vielmehr werden in dem Modell unterschiedliche Zeitebenen und Zeitverläufe zusammengeführt, zum Teil bezogen auf die gesamte Neuzeit, zum Teil – und überwiegend – auf die Zeit nach 1945 und die allerjüngste Zeitgeschichte. Wichtig ist überdies zu betonen, dass in dem Modell die einzelnen Sicherheitsbezüge innerhalb der vier Dimensionen sich nicht zwingend wechselseitig ausschließen oder einander ablösen, sondern sich auch überlagern und miteinander verbinden können. Das Modell ist ferner primär auf die Dynamiken internationaler Politik und internationaler Sicherheit orientiert. Sachdimension von Sicherheit wie der gesamte Bereich der inneren Sicherheit, aber auch die soziale Sicherheit werden ausgeblendet, internationale und innerstaatliche, innergesellschaftliche Entwicklung bleiben weitgehend voneinander getrennt.[20]

Dabei ließe sich doch fragen, ob nicht gerade die Dynamiken von Sicherheit auch konzeptionell die Überwindung dieser Trennung erfordern, ob nicht die Erweiterung von Sicherheit in Verbindung mit Entterritorialisierungseffekten dazu führt, dass die Übergänge zwischen innen und außen, zwischen innerer und äußerer Sicherheit fließend werden. Für die Vorstellung von »Human Security« oder auch für das, was neuerdings als »zivile Sicherheit« bezeichnet wird, ist der Staatsbezug mit seiner Unterscheidung von innen und außen allenfalls von sekundärer Bedeutung. Denn nicht mehr (nur) der äußere Feind wird als existentielle Bedrohung der Sicherheit wahrgenommen, sondern es werden ganz heterogene Gefährdungen aufgerufen und sowohl auf dem Feld der äußeren als auch auf dem Feld der inneren Sicherheit verortet, wodurch diese Unterscheidung zunehmend an Bedeutung verliert.[21] Nicht nur in historischer Perspektive könnte man schließlich auch fragen – und das wäre eine weitere Dimension der Erweiterung –, ob nicht die Erweiterung von Sicherheit auch zur Entstehung neuer Sicherheitsakteure jenseits der klassischen staatlichen Akteure wie Militär und Polizei führt. Welche Rolle spielen nicht nur im Entwicklungszusammenhang Nichtregierungsorganisationen? Wer übernimmt in einem sich immer weiter ausdifferenzierenden Feld von Sicherheit und Sicherheitspolitik Sicherheitsfunktionen? Wie verändern sich in diesen Dynamiken Sicherheitslandschaften? Wie verhalten sich Bedeutungsgewinn und Rückzug des Staates zueinander? Was bedeutet es, wenn metaphorisch von »security assemblage, security patchworks, security quilts, security bubbles, security corridors, security mosaics, security webs, security networks, security nodes« die Rede ist?[22] Ist das mit einem Begriff wie »Neo-Feudalismus«, der auf vormoderne Strukturen und die fließenden Übergänge von öffentlich (staatlich) und privat anspielt, historisch angemessen charakterisiert?[23] Gehört zur Erweiterung von Sicherheit auch ihre zumindest segmentäre Privatisierung, bezogen auf Sicherheitsakteure und ihre Zuständigkeiten? Und wie hat man solche Privatisierungstendenzen, verstanden als Entstaatlichungstendenzen, aber auch als Tendenzen, Sicherheit Marktmechanismen zu unterwerfen, zu bewerten? Darüber wird kontrovers diskutiert, weil man starke staatliche Institutionen gerade im Sicherheitszusammenhang entweder als hoch problematisch und tendenziell demokratiegefährdend betrachten kann oder aber, im Gegenteil, als Voraussetzung für eine stabile Demokratie, die nicht privaten Interessen ausgeliefert ist.[24]

Den Wert des Modells »Erweiterte Sicherheit« mindern solche Überlegungen aber in keiner Weise. Vielmehr stellt es einen Ausgangspunkt für historische Untersuchungen dar, die danach fragen, mit welchen historischen Prozessen die Dynamiken erweiterter Sicherheit sich verbinden, durch welche historischen Entwicklungen sie bewirkt werden und wie diese umgekehrt in historischer Perspektive, weit über die zweite Hälfte des 20. Jahrhunderts hinaus, auf Politik, Gesellschaft, Wirtschaft und Kultur zurückwirken. Erweiterte Sicherheit gehört fraglos zu den Rekonfigurationen von Sicherheit und Sicherheitspolitik, die man in unterschiedlichen zeitlichen Kontexten als einen historischen Prozess nachzeichnen und ursachen- und wirkungsbezogen analysieren kann.

Denn obwohl der Befund und die Systematisierung der erweiterten Sicherheit vergleichsweise gegenwartsnah und gegenwartsbezogen sind, lässt er sich nicht nur auf die allerjüngste Zeitgeschichte beziehen. Vielmehr legen die jüngeren Dynamiken der Sicherheit nahe, dass sich das Verständnis von Sicherheit im Laufe der Geschichte permanent verändert hat und dass Sicherheit keinesfalls ein statisches Konzept beziehungsweise eine statische Vorstellung gewesen ist, deren nähere inhaltliche Bestimmung über lange Zeit unverändert blieb. Ohne Frage lässt sich für die Zeit seit dem 17. Jahrhundert ein dominierender Staatsbezug von Sicherheit und Sicherheitsdenken erkennen, und der Primat der Sicherheit des Staates führte zu einer Betonung äußerer und vor allem militärischer Sicherheit im Gesamtkontext staatlicher Sicherheitspolitik sowie im Bereich der inneren Sicherheit zur Priorisierung jener Gefahren, die – tatsächlich oder vermeintlich – für den Bestand des Staates und seiner politischen Ordnung existierten. Doch selbst ein solches, vergleichsweise enges Verständnis von Sicherheit hat sich im historischen Prozess permanent verändert und immer wieder neu ausgeformt: mit Blick auf die Identifikation von Gefahren oder Bedrohungen; mit Blick auf die räumlichen Bezüge von Sicherheits- oder Unsicherheitswahrnehmungen; mit Blick aber auch auf die unterschiedlichen Möglichkeiten und Wege, mit denen soziale Kollektive, insbesondere, wenngleich nicht ausschließlich Staaten, auf Unsicherheitswahrnehmungen oder Unsicherheitspotentiale reagierten beziehungsweise reagieren konnten, also auf ihre Sicherheitspolitik.

In einer kritischen Perspektive hat der britische Politologe Marc Neocleous nicht nur auf die Omnipräsenz von Sicherheit und Sicherheitslogiken in Politik und Gesellschaft hingewiesen, sondern auch auf den mit ihr verbundenen, zugleich ausgelösten und kontinuierlich vorangetriebenen Aufstieg und die Ausbreitung des Sicherheitsparadigmas in der Wissenschaft.[25] Neocleous hat davor gewarnt, ganz unterschiedliche gesellschaftliche und politische Themen und Probleme nicht nur politisch, sondern als Folge von Konzepten »erweiterter Sicherheit« auch wissenschaftlich in zunehmendem Maße als Sicherheitsfragen und damit durch die »Linse der Unsicherheit« zu behandeln. Das präformiere Analyse und Urteilsbildung. Seien nicht Sicherheitslogiken darauf ausgerichtet, Gesellschaften nach einer bestimmten Ordnungsidee zu formen? Und ziele nicht die Verwendung des Begriffs »Sicherheit« darauf ab, politisches Handeln zu neutralisieren und eine Kapitulation vor dem Staat herbeizuführen?[26] Was Neocleous hier thesenhaft entwickelt, konstituiert eine im Kern historische Forschungsagenda, die um die Frage kreist, was es politisch und gesellschaftlich bedeutet, wenn und dass ein Thema als Sicherheitsthema dargestellt und behandelt wird, und welche politischen und gesellschaftlichen Konsequenzen es hat, wenn immer mehr Themen als Sicherheitsthemen dargestellt und behandelt werden. Das ermöglicht in der Tat nicht nur einen kritischen Blick auf Dynamiken erweiterter oder umfassender Sicherheit in der jüngsten Vergangenheit, sondern eröffnet Perspektiven auf zeitlich weiter zurückliegende Entwicklungen.

In den USA der 1930er Jahre erfuhr die Vorstellung nationaler Sicherheit, aufgekommen um 1900 in der Ära des Präsidenten Theodore Roosevelt und zunächst primär militärisch definiert, eine erhebliche Ausweitung durch ihre Verbindung mit sozialer Sicherheit.[27] Das geschah zunächst vor dem Hintergrund der Weltwirtschaftskrise mit ihren Folgen Massenarbeitslosigkeit und Verarmung. Schon in seiner Inaugurationsrede bereitete Präsident Franklin D. Roosevelt am 4. März 1933 die Integration seiner

Sozial- und Wirtschaftspolitik in eine nationale Sicherheitspolitik vor, als er die Überwindung der Arbeitslosigkeit als wichtigstes Ziel seiner Regierung darstellte, das dann erreicht werden könnte, wenn man Politik wie im Kriegszustand betreibe, nämlich mit exekutiven Maßnahmen. Ganz in der Konsequenz dieser frühen Ankündigung trug ein Regierungsdekret Roosevelts aus dem Juni 1934 (*Executive Order 6757*) die Überschrift »A Program of National Social and Economic Security«. Die gesamte Politik des *New Deal,* wie sie sich in der frühen Präsidentschaft Roosevelts entwickelte, wurde rhetorisch und argumentativ als Politik der Sicherheit dargestellt und gerechtfertigt. Das rekurrierte auf einen breiten Sicherheitsdiskurs, den eine Reihe wissenschaftlicher Berater des Präsidenten zum Teil schon vor 1933 vorgeformt hatten und in dem Sicherheit, insbesondere wirtschaftliche beziehungsweise soziale Sicherheit, zur Bedingung individueller Freiheit im Sinne der amerikanischen Verfassung erklärt wurde.

Bereits 1930 hatte Harold Laski, der britische Ökonom, Sozialwissenschaftler und Berater Roosevelts, in seinem Werk »Liberty in the Modern State« geschrieben: »If a man is deprived of security … he becomes the prey of a mental and physical servitude incompatible with the very essence of liberty. Nevertheless, economic security is not liberty, though it is a condition, without which liberty is never effective […] Without economic security, liberty is not worth having.«[28] In einem Bericht der Rockefeller-Stiftung hieß es 1933, dass die gegenwärtige Unsicherheit (in Folge von Wirtschaftskrise und Arbeitslosigkeit) eine ernste Bedrohung des bestehenden politischen Systems darstelle. Auch Roosevelt selbst verwandte den Begriff »Sicherheit« immer häufiger im Hinblick auf die Ziele seiner Wirtschafts- und Sozialpolitik und machte sich den Gedanken von Sicherheit als Vorbedingung von Freiheit zu eigen. Die Sprache des *New Deal* und seiner Gesetzgebung war eine Sprache der Sicherheit, die nicht nur rhetorisch der Logik militärischer Sicherheit folgte: »Our nation's program of social and economic reform is therefore part of our defense, as basic as armaments themselves«, betonte der Präsident 1939 bei der Vorlage der *Economic Security Bill.*[29] Diese Entwicklungen waren zum einen eine Erweiterung nicht nur von Sicherheitsrhetorik, sondern auch von Sicherheitspolitik; durch sie wurden aber zum anderen die Grenzen zwischen Innen- und Außenpolitik relativiert. Als Mittel zur Stärkung der amerikanischen Freiheit angesichts totalitärer Herausforderungen hatte die Sozial- und Wirtschaftspolitik eine ideologisch bestimmte außenpolitische Funktion. Und zugleich trug die internationale Situation begründend und legitimierend zur Durchsetzung innen- und sozialpolitischer Maßnahmen bei.

In der Schlussphase des Zweiten Weltkriegs flossen zentrale Argumente des *New Deal,* darunter der Gedanke einer durch ökonomische Sicherheit – Wohlstand – begründeten freiheitlichen und friedlichen Ordnung in die amerikanischen Überlegungen für die internationale Nachkriegsordnung ein. Roosevelts »One World« atmete den Geist des sicherheitsgeprägten *New Deal,* der Verbindung von Freiheit und Sicherheit, wie sie auch in Roosevelts Rede von den »Four Freedoms« in seinem Bericht zur Lage der Nation im Januar 1941 zum Ausdruck gekommen und in die Atlantik-Charta vom August 1941 eingeflossen war. Die Freiheitsrhetorik war zugleich eine Sicherheitsrhetorik: »Freedom from Want« und »Freedom from Fear« waren Sicherheitsziele im Sinne des *New Deal,* die im weiteren Verlauf als Kernelemente amerikanischer Nachkriegsplanungen außenpolitisch wirksam wurden und die Entstehung der Vereinten Nationen und der globalen, von den USA dominierten Finanzinstitutionen des Bretton-Woods-Systems ebenso mitbestimmten wie die amerikanische Politik gegenüber der Sowjetunion im Übergang zum Kalten Krieg. In seiner State-of-the-Union-Rede 1944 machte Roosevelt die Verbindung von innergesellschaftlichen und internationalen Ordnungsvorstellungen im Zeichen der Sicherheit – erweiterter Sicherheit – deutlich:

> »The one supreme objective for the future, which we discussed for each Nation individually, and for all the United Nations, can be summed up in one word: security. And that means not only physical security, which provides safety from attacks by aggressors. It means also economic security, social security, moral security – in a family of Nations.«[30]

Je stärker die liberal-kapitalistisch geprägten gesellschaftlichen, politischen und ökonomischen Ordnungsvorstellungen der USA als Sicherheitsziele mit globalem Anspruch artikuliert wurden, desto stärker gerieten sie nach 1945 in Konflikt mit den ideologisch entgegengesetzten Ordnungsvorstellungen der Sowjetunion. Aus dem ideologischen Konflikt wurde auch deswegen binnen weniger Jahre ein sicherheitspolitisch aufgeladener Machtkonflikt: der Kalte Krieg, in dem unterschiedliche Gesellschaftsvorstellungen als divergierende Sicherheitsinteressen konfliktverschärfend wirkten. Im Hinblick auf die Politik der USA im beginnenden Kalten Krieg atmeten nicht nur Truman-Doktrin und Marshall-Plan 1947 diesen Geist, sondern alle westlichen Institutionen, die nach 1945 entstanden, verklammerten die unterschiedlichen, inneren und äußeren Dimensionen von Sicherheit. Äußere, militärische Sicherheit im Zeichen von Militärallianzen und nuklearer Waffen dienten dem Zweck, die westliche, liberal-kapitalistische Gesellschaftsordnung angesichts der östlich-kommunistischen Bedrohung zu sichern; doch genauso sollten Wohlstand und soziale Sicherheit im Inneren die westlichen Gesellschaften stabilisieren und gegen östliche Durchdringungsversuche immunisieren. Das Konzept der »National Security«, das nach 1945 in der amerikanischen politischen Rhetorik immer stärker präsent war und zu einem zentralen politischen Referenzbegriff wurde (institutionell abgebildet in der Schaffung des Nationalen Sicherheitsrats und des Postens des Nationalen Sicherheitsberaters), umfasste diese Dimensionen. Die »nationale Sicherheit« des »National Security State«, wie er in den Jahren nach dem Zweiten Weltkrieg und vor dem Hintergrund des sich verschärfenden Kalten Kriegs Gestalt annahm, und die »nationale Sicherheit« des »National Security Act« von 1947 waren daher nie nur militärische Sicherheit im engeren Sinne, sondern stets bezogen auf die Vorstellung erweiterter und zugleich miteinander verflochtener Sicherheiten.[31] Jahrzehnte bevor politisch und wissenschaftlich von »erweiterter Sicherheit« die Rede war, lassen sich in der amerikanischen Geschichte der Ära Roosevelt und der Genese des Kalten Kriegs Dynamiken und Wirkungen »erweiterter Sicherheit« sowie, damit zusammenhängend, der Verschmelzung unterschiedlicher sicherheitspolitischer Handlungsfelder erkennen.

Das Modell des »Nationalen Sicherheitsstaates« blieb nicht auf die USA beschränkt, sondern verbreitete sich nach 1945 in der westlichen Welt. Das hing mit der amerikanischen Hegemonie über den Westen zusammen, aber es gab auch überall Anknüpfungspunkte, die dem Modell zur Durchsetzung verhalfen. Die Idee des »Nationalen Sicherheitsstaates« basierte auf den Erfahrungen der Zwischenkriegszeit mit ihren politischen und wirtschaftlichen Krisen, der totalitären Herausforderung durch Faschismus und Nationalsozialismus, die immer stärker mit der kommunistischen Bedrohung parallelisiert wurde, sowie des Zweiten Weltkriegs und verband sich nun mit der Gegenwartswahrnehmung des Kalten Kriegs. Das galt nicht für die USA. Der »Westen«, wie er sich in der Nachkriegszeit entwickelte, war auch eine Sicherheitsgemeinschaft, die allerdings nicht nur durch Militärallianzen, insbesondere die NATO, begründet wurde, sondern in der Sicherheit auch durch wirtschaftlichen Wohlstand und Sozialstaatlichkeit geschaffen werden sollte. Sicherheit meinte hier gesellschaftliche Stabilität, die aber angesichts des ost-westlichen Systemgegensatzes zugleich eine internationale Dimension und Funktion hatte. In der Bundesrepublik Deutschland beispielsweise lassen sich zwei zentrale Pfeiler einer Politik der Sicherheit erkennen: zum einen die außen- und bündnispolitische Westintegration einschließlich der Aufstellung der Bundeswehr; zum anderen der Auf- und Ausbau der Systeme sozialer Sicherung. Beide zielten auf den Abbau der großen, auch gesellschaftlich wahrgenommenen und miteinander verknüpften Unsicherheitspotentiale der Nachkriegszeit. In der Perspektive »erweiterter Sicherheit« sind diese Entwicklungen nicht nur von Belang, weil es hier um Sicherheit jenseits einer militärisch definierten Sicherheit ging, sondern auch weil Sicherheitspolitik neben dem Staat die Gesellschaft und eine bestimmte gesellschaftliche Ordnung als Referenzobjekt hatte. Gesellschaftliche Fragen wurden – auch – als Sicherheitsfragen verhandelt; gesellschaftliche Entwicklungen vollzogen sich vor einem Sicherheits- beziehungsweise Unsicherheitshorizont und wurden entsprechend gedeutet. Gesellschaften wurden nach Sicherheitskriterien formiert, und gesellschaftliche Ordnungsvorstellungen beeinflussten die Vorstellungen von Sicherheit, Unsicherheit und Bedrohung.[32]

Diese Dynamiken setzten sich in den folgenden Jahrzehnten fort, auch wenn die Bedeutung des Kalten Kriegs als Referenzrahmen nachließ, ohne freilich bis 1989/90 völlig zu verschwinden. Vielmehr folgte der Einfluss des Kalten Kriegs auf Sicherheitsdiskurse und Sicherheitspolitik in der Bundesrepublik und anderswo den Konjunkturen von Konfrontation und Entspannung im Ost-West-Verhältnis. Doch die Sicherheits- und Unsicherheitsdiskurse seit den 1970er Jahren bezogen sich viel weniger als in den 1950er Jahren auf die Sicherheit des Staates, sondern es ging immer häufiger um Bedrohungen oder Gefährdungen der Sicherheit der Gesellschaft. Das war anfangs noch stark national ausgerichtet, Gesellschaft wurde in den Grenzen eines Staates gedacht, und es gab auch Bereiche, in denen die Diskurse stärker national beziehungsweise nationalgesellschaftlich blieben, beispielsweise hinsichtlich der demographischen Entwicklung oder auch im wirtschaftlichen Bereich, in dem es um die Sicherung des »Standorts Deutschland« ging. Doch in zunehmendem Maße war nicht mehr beziehungsweise nicht mehr ausschließlich die nationale, nationalstaatliche Gesellschaft das primäre Referenzobjekt von Sicherheitsdiskursen. Das gilt vor allem für die ökologische Sicherheit, wo Gefahren einerseits subnational, regional oder gar lokal identifiziert wurden und sich daraus entsprechend kleinräumigere Diskurse, nicht selten in Gestalt von Protestbewegungen, entwickelten; wo es aber andererseits auch zur Transnationalisierung von Diskursen kam, weil gerade die Bedrohung der Umwelt und der natürlichen Lebensgrundlagen des Menschen nicht national, sondern jenseits des einzelnen Staates transnational und global zu fassen waren. Es ging um die Sicherheit der Gesellschaft als subnationale, lokale oder regionale Gesellschaft, als – nach wie vor – nationale Gesellschaft und als transnationale Gesellschaft, als Weltgesellschaft (ein von Niklas Luhmann Mitte der 1970er Jahre geprägter Begriff), als Menschheit. Der bereits erwähnte »Brundtland-Bericht« der Vereinten Nationen von 1987 stellte etwa fest, dass die Zerstörung der Umwelt dazu führe, »die Sicherheit in globalem Maßstab zu bedrohen«.[33] Die Sicherheitsdiskurse, die sich auf diesen unterschiedlichen Ebenen, von der globalen zur lokalen, entwickelten, waren vielfach miteinander verflochten und aufeinander bezogen, und allein diese Wechselbezüge stellen schon ein wichtiges Untersuchungsfeld dar, zumal sich in ihnen und durch sie auch Staatlichkeit veränderte und die Rolle des Staates beziehungsweise staatlicher Akteure sich wandelte, weil beispielsweise ihre Letztzuständigkeit in Sicherheitsbelangen hinterfragt und relativiert wurde.

In der Frage der ökologischen Sicherheit und angesichts der hier erkennbaren Entnationalisierung deutet sich bereits eine weitere Veränderung des Sicherheitsverständnisses an, nämlich die Erweiterung von der Sicherheit des Staates über die Sicherheit der Gesellschaft (auch sub- oder transnational) hin zur Sicherheit des Individuums als Referenzobjekt von Sicherheitsdiskursen und Sicherheitspolitik. Der in den 1990er Jahren, nach dem Ende des Ost-West-Konflikts entstandene Begriff der »Human Security« trug dem Rechnung. Er ist hier nicht nur zu erwähnen, weil diese Entwicklung in gewisser Weise einen historischen Prozess darstellt, sondern auch weil die Denkfigur der »Human Security« für die Entstehung und Konzeptionalisierung einer Historischen Sicherheitsforschung eine wichtige Rolle gespielt hat.

Der Begriff der »Human Security« wurde in den 1990er Jahren in den Vereinten Nationen geprägt, die nach dem Ende des Kalten Kriegs neue politische Handlungsfähigkeit erlangt hatten und nicht zuletzt vor diesem Hintergrund eine zugleich menschenrechts- und entwicklungspolitisch bestimmte Agenda entwickelte und umzusetzen versuchten. Im Zentrum dieser Konzeption stand der Schutz des menschlichen Individuums und seiner Rechte. Der *UN Development Report* von 1994 war das erste offizielle Dokument der Vereinten Nationen, in denen das Konzept der »Human Security« entfaltet wurde:

> »The world can never be at peace unless people have security in their daily lives. … For most people, a feeling of insecurity arises more from worries about their daily life than from the dread of a cataclysmic world event. Will they and their families have enough to eat? Will they lose their jobs? Will their streets and neighbourhoods be safe from crime? Will they be tortured by a repressive state? Will they become the victim of violence because of their gender? Will their religion or ethnic origin target them for persecution?«[34]

Der Bericht von 1994 verortete »Human Security« eindeutig im Entwicklungszusammenhang:

> »It will not be possible for the community of nations to achieve any of its major goals – not peace, environmental protection, not human rights, not democratization, not fertility reduction, not social integration – except in the context of sustainable development that leads to human security.«[35]

Eine *Commission on Human Security* der Vereinten Nationen beschäftigte sich in den folgenden Jahren weiter mit dem Konzept und stellte es dabei in einen bis ins 17. Jahrhundert zurückreichenden Prozess der Entwicklung und Erweiterung des Sicherheitsverständnisses:

»The international community urgently needs a new paradigm of security. Why? Because the security debate has changed dramatically since the inception of state security advocated in the 17th century. According to that traditional idea, the state would monopolize the rights and means to protect its citizens. State power and state security would be established and expanded to sustain order and peace. But in the 21st century, both the challenges to security and its protectors have become more complex. The state … often fails to fulfil its security obligations – and at times has even become a source of threat to its own people. That is why attention must now shift from the security of the state to the security of the people – to human security.«[36]

Schon in seiner Genese war das Konzept der »Human Security« hoch politisch und von politischen Interessen bestimmt. Die Forschung hat beispielsweise darauf hingewiesen, dass eine Reihe mittlerer Mächte, darunter Kanada, Norwegen oder Japan, ihre Bedeutung in der internationalen Gemeinschaft steigern wollten, indem sie sich das Konzept zu eigen machten.[37] Doch darüber hinaus ebnete »Human Security«, verstanden als normativer Anspruch der Weltgemeinschaft, auch den Weg zu einer globalen Interventionspolitik im Auftrag und im Namen der Weltgemeinschaft, mit der ein Grundprinzip der internationalen und insbesondere völkerrechtlichen Ordnung, der staatliche Souveränitätsanspruch und das daraus resultierende Nichteinmischungsprinzip, zumindest relativiert wurden. Sollte nicht mit der Berufung auf Sicherheitsinteressen im Sinne der »Human Security« eine globale Interventionspolitik gerechtfertigt werden, fragten kritische Beobachter. War es ein Zufall, dass 2001 die kanadische Regierung unter Berufung auf »Human Security« die Einsetzung eines Ad-hoc-Ausschusses der Vereinten Nationen, der *Commission on Intervention and State Sovereignty,* beantragte, die noch im gleichen Jahr zwar die Abkehr von einer Politik der »humanitären Intervention« vorschlug, zugleich das Konzept der Schutzverantwortung, der »Responsibility to Protect«, oft als »R2P« abgekürzt, entwickelte? Der Kern der den Staaten zugeschriebenen »Responsibility to Protect« war ein veränderter Souveränitätsbegriff, der staatliche Souveränität in erster Linie als Verantwortung für die Sicherheit, die »Human Security« der Bürger eines Staates verstand. Sollte ein Staat dieser Verantwortung nicht gerecht werden – gedacht war an »failing states« oder an Diktaturen – dann habe gleichsam subsidiär die internationale Gemeinschaft ein Recht zur Intervention. Die Schutzverantwortung wurde also nicht nur in Sicherheitsterminologie gekleidet, sondern unmittelbar auf das Konzept der »Human Security« bezogen, welches die UN-Kommission für ihre Zwecke noch einmal definierte: »Human security means the security of the people – their physical safety, their economic and social well-being, respect for their dignity and worth as human beings, and the protection of their human rights and fundamental freedoms.«[38]

Das Konzept der »Human Security« und die aus ihm abgeleitete »Responsibility to Protect« sind vielfach kritisiert worden: nicht nur als Grundlegung einer neuen Interventionspolitik unter dem Dach der Vereinten Nationen, sondern auch wegen der mit ihr einhergehenden Erweiterung des Sicherheitsbegriffs, die durch die Individualisierung der Sicherheitsadressaten und der zu sichernden Güter die Weltgemeinschaft und ihre Institutionen überbürde. Hinzu trat schon bald die Kritik, dass sich in »Human Security« und »R2P« westliche Wertvorstellungen und ein westliches Menschenrechtsverständnis spiegelten und damit ein globaler Dominanzanspruch des Westens. In der Tat lässt sich der Gedanke der »Human Security« in liberale und in diesem Sinne westliche Denktraditionen einordnen, in denen Sicherheit beispielsweise bei Kant als die Schaffung beziehungsweise Erhaltung der Möglichkeit für jeden Einzelnen verstanden wurde, seine »Glückseligkeit« zu suchen. Von der »Suche nach dem Glück« (»pursuit of happiness«) spricht auch die Präambel der amerikanischen Unabhängigkeitserklärung von 1776. Hingewiesen wurde in diesem Zusammenhang jenseits der politischen Ideengeschichte darauf, dass bereits seit dem Ende des 17. Jahrhunderts neben dem Staat der einzelne Mensch als Adressat sicherheitspolitischen Handelns auftauchte. Von »personaler Sicherheit« als Element »guter Policey« ist in diesem Zusammenhang gesprochen worden.[39] Allerdings war dabei gerade der Staatsbezug konstitutiv; auch in der Gewährleistung »personaler Sicherheit« bildete sich der moderne Staat aus, dessen Souveränität und Souveränitätsanspruch die Vorstellung der »Human Security« mehr als zwei Jahrhunderte später indes nicht bekräftigte, sondern eher relativierte, ja tendenziell unterhöhlte.

Für eine Historische Sicherheitsforschung ist das Konzept der »Human Security« nicht nur von Belang, weil in seiner Genese und Wirkung politische Dynamiken erweiterter Sicherheit sichtbar werden. Die Vorstellung der »Human Security« hat dazu beigetragen, Sicherheitsgeschichte aus ihrer engen Bindung an den Staat und staatliches Handeln zu lösen und damit auch ihren starken Epochenbezug auf die Moderne infrage zu stellen. Das meint nicht eine schlichte Übertragung des Konzepts »Human Security« auf vormoderne Epochen oder Zusammenhänge. Denn »Human Security« setzt ein bestimmtes Menschenbild voraus, geprägt von der Idee individueller Menschenwürde und individueller Menschenrechte, die wir zwar im Denken der Antike und der christlich-jüdischen Tradition angelegt finden, die aber als politische Vorstellungen erst in der Neuzeit virulent wurden. Der Mediävist Steffen Patzold hat vor solchen Verkürzungen oder gar Gleichsetzungen gewarnt. Nur weil es heute den »modernen Staat« mit voller Souveränität und Gewaltmonopol nicht mehr gebe, sei gegenwärtige Staatlichkeit nicht schon als »vormodern« zu bezeichnen oder gar als ein Rückfall in eine wie auch immer geartete »Vormoderne«. Nur weil »vormoderne« Epochen keine souveräne Staatlichkeit kannten, bedeute die Relativierung staatlicher Souveränität, wie sie beispielsweise in der Denkfigur der »Human Security« zum Ausdruck kommt, noch keine Rückkehr in ein »vormodernes«, »vor-westfälisches« System oder einen »new medievalism«.[40]

Eher stellen für den Mittelalterhistoriker die in der jüngeren Vergangenheit und Gegenwart beobachtbaren Veränderungen von Staatlichkeit, der Gestaltwandel politischer Ordnung und das Ende des von Georg Jellinek und Max Weber wirkmächtig definierten »modernen« Staates,[41] basierend auf der Trias von Staatsvolk, Staatsgebiet und Staatsgewalt, der beinahe schon wie ein irreversibler Schlusspunkt des historischen Prozesses erschien, eine Möglichkeit dar, konzeptionell und analytisch über die auch heuristisch so wirkmächtige »Dichotomie von »modern«-staatlich versus »vormodern«-nichtstaatlich hinwegzukommen, sie zumindest zu relativieren und damit Epochengrenzen zu verflüssigen.[42] Dass der aufsteigende europäische Territorialstaat seit dem 17. Jahrhundert sich selbst und seine politische Herrschaftsordnung durch seine Sicherheit schaffende Funktion legitimierte und stabilisierte und dass dieser Prozess von der politischen Philosophie unterstützt und vorangetrieben wurde, widerspricht dem nicht, wenn man diesen Staat und seine spezifische Staatlichkeit als *eine* historische Möglichkeit zur Herstellung von Sicherheit begreift.

Man kann also die »Erweiterung« von Sicherheit selbst als eine historische Entwicklung verstehen und in entsprechender Rückbindung an die Geschichte politischer Ordnung und politischer Ordnungsvorstellungen als Prozess der Transformation von Sicherheitsregimen – staatlich oder nichtstaatlich – untersuchen. Das impliziert eine Reihe weiterer Fragestellungen: Worauf ist die »Erweiterung« von Sicherheit und Sicherheitsvorstellungen zurückzuführen? Was bedeutet sie für den politischen Prozess, für politische Institutionen und politische Akteure sowie für Macht und Herrschaft? Sind Dynamiken »erweiterter Sicherheit« lediglich Indikatoren historischen Wandels oder treiben sie diesen Wandel mit voran? Und jede einzelne Erweiterungsdimension – Sachdimension, Raumdimension, Referenzdimension und Gefahrendimension – eröffnet einer Historischen Sicherheitsforschung weitere Frageperspektiven.

4 Neuere Ansätze für eine Historische Sicherheitsforschung

Obwohl Sicherheit durchaus in unterschiedlichen Perspektiven und Zusammenhängen, am stärksten fraglos in der Geschichte der internationalen Politik, ein Thema der historischen Forschung ist, hat sich eine Historische Sicherheitsforschung als spezifisches und distinktes Forschungsfeld erst in den letzten Jahren herauszubilden begonnen. Die Geschichtswissenschaft unterscheidet sich darin nicht von anderen Disziplinen, zuvorderst den Sozialwissenschaften, aber auch den Rechtswissenschaften und der Kriminologie, die sich seit einiger Zeit verstärkt einer sicherheitsbezogenen Forschung zugewandt haben, die auch den Begriff der Sicherheit selbst reflektiert und zum Gegenstand der Analyse macht. Dass sich diese thematische Orientierung und die mit ihr verbundenen sowohl disziplinären als auch interdisziplinären Forschungsprozesse nicht im luftleeren Raum vollzogen, dass sie keine rein wissenschaftsimmanenten beziehungsweise wissenschaftsgenerierten waren, sondern auch durch politische Ereignisse und Entwicklungen angestoßen und dynamisiert wurden, durch welche Sicherheit mehr denn je zur zentralen Zielvorstellung politischen Handelns, zum »Goldstandard der Politik« (Christopher Daase) aufgestiegen ist, hat dieses Buch bereits gezeigt.

Vorangetrieben und zugleich begünstigt wurde diese jüngere Sicherheitsforschung, gerade auch in den Sozialwissenschaften und in der Geschichte, durch den »cultural turn« mit seinem Interesse an Ideen, Diskursen und Praktiken, mit seinem Verständnis von Kultur als all diejenigen »impliziten, in der Regel nicht bewussten symbolischen Ordnungen, kulturellen Codes und Sinnhorizonte (...), die in unterschiedlichsten menschlichen Praktiken verschiedener Zeiten und Räume zum Ausdruck kommen und diese ermöglichen«, als ein Bedeutungssystem also, »in dem Handlungen überhaupt erst Sinn und Bedeutung erfahren«.[1] Teil und Voraussetzung des »cultural turn« war der Aufstieg des Konstruktivismus, der zunächst und insbesondere in den *International Security Studies* den Abschied von einem substantialistischen beziehungsweise objektiven Sicherheitsbegriff einläutete:[2] »Was Sicherheit ist oder nicht ist, kann wissenschaftlich nicht begründet, bewiesen oder definiert werden. Sicherheit sei ein politischer Begriff, der kulturell umstritten bleibe und als soziale Konstruktion seine politische Wirkung entfalte.«[3] Sicherheit ist damit auch nicht ahistorisch und weder ein überzeitlich gültiger und definierbarer Begriff noch eine räumlich universelle und transkulturelle Kategorie (wenn man nicht extrem anthropologisch argumentiert). Sicherheit beziehungsweise die Wahrnehmung von Sicherheit (und Unsicherheit) ist stets gesellschaftlich und kulturell bestimmt und damit im historischen Prozess variabel. Unterschiedliche Gesellschaften, aber auch unterschiedliche Gruppen in einer Gesellschaft weisen – synchron und diachron – unterschiedliche Vorstellungen von Sicherheit – respektive Unsicherheit – auf. Die Wahrnehmung von Sicherheit beziehungsweise Unsicherheit – und damit auch jede Veränderung des Sicherheitsbegriffs, jeder Wandel von Sicherheitsvorstellungen – ist das Ergebnis einer Deutung von Realität.[4]

Das Konzept der »Sicherheitskultur« oder Überlegungen zu »Sicherheit als Kultur« ruhen auf diesen Grundlagen und Prämissen. Aber es gibt in der jüngeren, kulturwissenschaftlich orientierten Sicherheitsforschung noch weitere Ansätze, die in der Analyse von Sicherheitsdynamiken unterschiedliche Akzente setzen und auch von unterschiedlichen Erkenntnisinteressen geleitet sind. Um solche Ansätze, wie sie sich in den letzten Jahren entwickelt haben und wie sie als Zugänge zur Sicherheitsforschung vorgeschlagen worden sind, soll es im Folgenden gehen. Im Mittelpunkt stehen drei Konzepte, die historisch perspektiviert und damit einer Historischen Sicherheitsforschung zugrunde gelegt werden können: das Konzept der Sicherheitskultur, der Ansatz der Versicherheitlichung *(securitization)* und jene Überlegungen, die Sicherheitsforschung aus einer Perspektive der Gouvernementalität heraus entwickeln. Alle drei Konzepte, in ihren vielgestaltigen Ausformungen und Ausdifferenzierungen, teilen eine kulturwissenschaftliche Fundierung. Deshalb gibt es vielfältige Verbindungen, Überschneidungen und Gemeinsamkeiten zwischen ihnen. Gerade für historische Untersuchungen liegen ihr Nutzen und ihr Reiz auch darin, dass man sie miteinander verknüpfen kann, dass sie sich nicht wechselseitig ausschließen. Allesamt erfordern, erlauben und ermöglichen sie eine breite historische Kontextualisierung von Sicherheitsfragen und damit eine Sicherheitsforschung, die in ihrem übergreifenden Erkenntnisinteresse auf allgemeinere politische, gesellschaftliche und kulturelle Dynamiken und damit auf historischen Wandel zielt.

Sicherheitskultur

Der Begriff der Sicherheitskultur hat erst in den letzten Jahren Eingang in die sozialwissenschaftliche und die historische Sicherheitsforschung gefunden. Aber auch außerhalb wissenschaftlicher Kontexte ist der Begriff vergleichsweise jung.[5] Im deutschen Sprachraum tauchte er erstmals 1986 auf, als sich die Zeitung *taz* mit Störfällen in den Kernkraftwerken von Cattenom (Frankreich) und Tschernobyl (Sowjetunion) beschäftigte. Seither wurde der Begriff politisch verschiedentlich aufgegriffen, so beispielsweise, als Bundesumweltminister Klaus Töpfer 1989 für eine neue »Sicherheitskultur in der Industriegesellschaft« plädierte, deren Ziel es sein müsse, den »Umweltschutz nicht zu einem Hemmschuh für den technologischen Fortschritt werden zu lassen«.[6] Jenseits solcher politischer Verwendungen gewann der Begriff jedoch vor allem im Bereich der Sicherheit von Atomkraftwerken an Bedeutung, und zwar insbesondere seit der Reaktorkatastrophe von Tschernobyl. Die *International Nuclear Safety Advisory Group* (INSAG), eine Expertengruppe der Internationalen Atomenergiebehörde (IAEA), definierte für den Kernkraftbereich Sicherheitskultur als »that assembly of characteristics and attitudes in organizations and individuals which establishes that, as an overriding priority, nuclear safety issues receive the intention warranted by their significance«.[7] Der technik-, organisations- und arbeitswissenschaftliche Bezug dieses Verständnisses von Sicherheitskultur tritt hier deutlich zutage und äußert sich auch in der Verwendung des Wortes »safety«, das in seinem englischen Sprachgebrauch anders als »security« primär als technische Sicherheit verstanden wird.[8] Die Arbeitspsychologie definiert Sicherheitskultur in diesem Zusammenhang als »Gesamtheit der von der Mehrheit der Mitglieder einer Organisation geteilten, sicherheitsbezogenen Grundannahmen und Normen, (…) die ihren Ausdruck im konkreten Umgang mit Sicherheit in allen Bereichen der Organisation finden«.[9] Anschlussfähig für eine Sicherheitsforschung in anderen Disziplinen beziehungsweise für einen Begriff von Sicherheitskultur jenseits des Bereichs der Techniksicherheit ist in einer solchen Definition vor allem der Hinweis auf die geteilten sicherheitsbezogenen Grundannahmen und Normen.[10] Denn dass diese Grundannahmen und Normen sich verändern können, macht die Entwicklung von Sicherheitskultur erstens zu einem Thema sozial- und, wenn man längere zeitliche Entwicklungen in den Blick nimmt, geschichtswissenschaftlicher Forschung. Zweitens lässt sich der Bezug über Organisationen hinaus weiten auf Gesellschaften insgesamt beziehungsweise soziale Gruppen.[11]

Gesellschafts- und zeitdiagnostisch hat der Philosoph Hermann Lübbe 1989 von Sicherheitskultur gesprochen. Auch für ihn waren, wenn auch in ganz anderer Weise, die Reaktorkatastrophe von Tschernobyl und die durch sie intensivierten Sicherheits- und Risikodiskurse ein wichtiger Bezugspunkt. Der Begriff der Sicherheitskultur wird von Lübbe nicht präzise definiert, aber er begreift vor allem die zunehmende Thematisierung von Sicherheit sowie ein wachsendes Sicherheitsverlangen in modernen Industriegesellschaften als Hinweise auf die Entstehung einer Sicherheitskultur. Dass sich in diesem zunehmenden Sicherheitsverlangen allerdings objektiv wachsende Lebensrisiken der Bevölkerung dieser Gesellschaften spiegelten, bestreitet er.[12] Aber er behauptet, »dass die Intensität unseres Sicherheitsverlangens in modernen Gesellschaften steigen muss«, und dies unabhängig von objektiven Lebensrisiken. Die Gründe, die Lübbe für die Herausbildung einer Sicherheitskultur benennt, resultieren für ihn in erster Linie aus der Moderne und den mit ihr verbundenen Unsicherheitserfahrungen. Sein Kulturbegriff ist mithin primär erfahrungsbezogen.

Systematisch hat Lübbe folgende Punkte benannt: 1. Die Zunahme des relativen Anteils derjenigen Lebensvoraussetzungen, die zugleich eigene menschliche Hervorbringungen seien, senke die Bereitschaft zur klaglosen Hinnahme von Lebensrisiken. 2. Risikoerfahrungen intensivierten sich mit der Zunahme der naturalen und sozialen Eindringtiefe technisch instrumentierten Handelns sowie der Zunahme des Wissens über die Folgen zunehmender Techniknutzung. 3. Unsicherheitserfahrungen nähmen zu mit der Größenordnung zivilisationsspezifischer Erfahrungsverluste. 4. Unsicherheitserfahrungen wüchsen mit einer zivilisationsspezifisch abnehmenden Vorhersehbarkeit der Zukunft. 5. Unsicherheitserfahrungen intensivierten sich in dem Maße, in welchem der medial zugängliche Informationsraum sich über den möglichen eigenen Handlungsraum hinaus erstrecke. 6. Unsicherheitserfahrungen intensivierten sich mit nachlassender sozialer Kontrolle. 7. Das Sicherheitsverlangen wachse mit der Höhe des erreichten technischen und sozialen Sicherheitsniveaus.[13] Mit letzterem Punkt wies Lübbe gleichsam auf ein spezifisches Sicherheitsdilemma der Moderne hin: Führt objektiv größere (Lebens-) Sicherheit zu subjektiv höherer Unsicherheit beziehungsweise stärkerer Unsicherheitswahrnehmung? Ist Unsicherheit die »Kehrseite einer Gesellschaft, die ganz auf Sicherheit setzt«?[14] Sicherheitskultur sei notwendig, sowohl Sicherheitskommunikation als auch Unsicherheitskommunikation, konstatieren die Rechtshistoriker Christoph Gusy und Annika Kapitza.[15] Die Begrifflichkeit konstituiere das, worüber gesprochen werde, stellte schon Niklas Luhmann fest. Ohne Unsicherheit und Risiko sei Sicherheit nicht zu denken und daher eine »soziale Fiktion«.[16] Gerade wegen ihres klaren Modernebezugs und der Betonung der Kategorie Erfahrung sind Lübbes Überlegungen für eine insbesondere zeithistorische Sicherheitsforschung anschlussfähig und weiterführend, auch wenn sie heute zunächst selbst einzuordnen und zu historisieren sind, um den Kurzschluss von Zeitdiagnostik zu geschichtswissenschaftlicher Analyse zu vermeiden.[17] Deutlich werden jedoch bereits an dieser Stelle Ort und Stellenwert einer Historischen Sicherheitsforschung im weiteren Kontext der Auseinandersetzung mit Moderne und Modernisierung. Darauf wird noch einzugehen sein.

Über derartige Zeitdiagnosen sind sozialwissenschaftliche Ansätze seit den 1990er Jahren deutlich hinausgegangen. Als einer der ersten führte der amerikanische Politikwissenschaftler Peter J. Katzenstein 1996 den Kulturbegriff in die Analyse von – äußerer – Sicherheitspolitik ein. Durch den konstruktivistischen Rückgriff auf Kultur könne man Sicherheitspolitik besser erklären: »Culture refers both to a set of evaluative standards, such as norms or values, and to cognitive standards, such as rules or models defining what entities and actors exist in a system and how they operate and interrelate.«[18] Der belgische Politologe Jef Huysmans forderte, den weiteren kulturellen Rahmen, in dem der Begriff Sicherheit mit Bedeutung ausgestattet werde, stärker in die Sicherheitsforschung einzubeziehen.[19] In der deutschen Forschung hat vor allem der bereits erwähnte Politikwissenschaftler Christopher Daase das Konzept der Sicherheitskultur aufgegriffen und es mit dem aus dem Bereich *International Relations* und vor allem den *International Security Studies* stammenden und dort seit den 1970er Jahren etablierten Begriff der »strategischen Kultur« verknüpft und konstruktivistisch, also unter Betonung kultureller und normativer Aspekte von Politik, konzeptionalisiert. Unter Sicherheitskultur versteht Daase in dieser Perspektive »die Summe der Überzeugungen, Werte und Praktiken von Institutionen und Individuen, die darüber entscheiden, was als eine Gefahr anzusehen ist und wie und mit welchen Mitteln dieser Gefahr begegnet werden soll«.[20] Die niederländische Politikwissenschaftlerin Marieke de Goede versteht unter »security culture« in ähnlicher Weise »the dual concern with threat imagineries and security practice«.[21] Ein auch praxisorientierter Kulturbegriff vermeide es dabei, so Christopher Daase, Sicherheit einerseits als objektive Größe zu reifizieren oder aber andererseits in die Beliebigkeit sprachlicher Konstruktion zu verfallen. Vielmehr werde die Beziehung von sprachlichen und symbolischen Repräsentationen und materialen und aktualen Dimensionen der Sicherheit im Medium kultureller Praktiken erfasst.[22]

Stärker im Anschluss an soziologische Überlegungen,[23] aber in der Zielrichtung durchaus verwandt, hat der Autor des vorliegenden Buches zwar nicht von Sicherheitskultur gesprochen, aber ein Verständnis von »Sicherheit als Kultur« für die historische und vor allem die zeithistorische Forschung nutzbar zu machen versucht.[24] Er versteht Sicherheit nicht nur als Grund- und Wertbegriff der politisch-sozialen Sprache, der wie vergleichbare Begriffe, Freiheit oder Gerechtigkeit beispielsweise, soziales Handeln beeinflusse, sondern er verweist auch auf den permanenten Wandel von individuellen und vor allem kollektiven Sicherheits- und Unsicherheitsvorstellungen, Sicherheits- und Unsicherheitswahrnehmungen oder Sicherheits- und Unsicherheitsgefühlen und damit von Sicherheitskultur.[25] Sicherheitskultur, verstanden als Sicherheits- beziehungsweise Unsicherheitsbewusstsein sowie als sich veränderndes Verständnis von Sicherheit, ist abhängig von gesellschaftlichen Strukturen, von sozialer Realität in ihrer historischen Beschaffenheit. Wenn man das Bewusstsein von Sicherheit oder Unsicherheit als Ergebnis eines subjektiven Verarbeitungsprozesses von sozialer Wirklichkeit deutet, als Deutung von Realität,[26] impliziert das für das Individuum wie für unterschiedliche Kollektive einen Abgleich von Vorstellungen über den Ist- und über den Soll-Zustand einer Gesellschaft. Genau daraus erwachsen soziales und politisches Handeln, sozialer und politischer Wandel und damit genuine Gegenstandsbereiche der Geschichtswissenschaft.

Wie entstehen und wie verändern sich Sicherheitskulturen? Wenn sie historischem Wandel unterliegen, dann ist zu fragen, was diesen Wandel bestimmt, welche Faktoren auf den Wandel einer Sicherheitskultur einwirken. Welche Akteure sind daran beteiligt? Von welchen Interessen sind diese Akteure geleitet? Wie gelangen Vorstellungen von Sicherheit unter unterschiedlichen historischen Bedingungen in den politischen Prozess (verstanden als kommunikativer, auf kollektive Verbindlichkeit zielender Prozess), um sich dort zu institutionalisieren und wirksam zu werden? Man muss sich dabei zunächst von der Annahme lösen, dass objektive Bedrohungen für diese Institutionalisierung verantwortlich sein müssen. Das ist zwar durchaus möglich, aber selbst das widerspricht nicht der Feststellung, dass die Entstehung und Veränderung einer Sicherheitskultur sowie die politische Konzeptionalisierung und Institutionalisierung von Sicherheit das Ergebnis historischer Dynamiken sind, von Auseinandersetzungen innerhalb von Gesellschaften, von Konflikten und Spannungen zwischen unterschiedlichen Gruppen mit divergierenden Interessen und unterschiedlichen Wahrnehmungen oder Vorstellungen von Sicherheit und Unsicherheit.[27]

Solche Fragen und Perspektiven öffnen die Sicherheitsforschung nicht zuletzt für – auch historisch – vergleichende Untersuchungen. Das Konzept der Sicherheitskultur kann als *tertium comparationis* eine Funktion im historischen Vergleich gewinnen;[28] soziale Gruppen lassen sich mit Blick auf ihre Sicherheitskultur in Relation zu anderen Gruppen setzen.[29] Das gilt auch für die Ebene der (National-)Gesellschaft. Jede Gesellschaft, so der Soziologe Wolfgang Bonß, verfüge über eigene Ungewissheitsprofile und Ungewissheitskonstellationen, die sich nicht vollständig ineinander übersetzen ließen. Das lässt sich auf Sicherheitskulturen übertragen, die man zum einen synchron und diachron miteinander vergleichen und deren unterschiedlich ausgeformte Sicherheitskulturen man zum anderen historisch zu erklären und zu deuten versuchen kann. Nicht nur von unterschiedlichen Sicherheitskulturen, sondern von »unterschiedlichen Sicherheiten« (»different securities«) hat Jef Huysmans gesprochen und damit eine auch historisch zu beantwortende Frage auf die Forschungsagenda gesetzt, die das Potential hat, den Eurozentrismus der Sicherheitsforschung zu überwinden. Selbst innerhalb der europäisch-atlantischen Welt sollten oberflächliche, nicht zuletzt sprachliche Ähnlichkeiten – security, sécurité, sicurezza, Sicherheit – nicht über ganz unterschiedliche Verwendungen und Sinngebungen der Begriffe hinwegtäuschen, die sich historisch, sozialstrukturell, durch unterschiedliche Rechts- und politische Kulturen erklären lassen und die man nicht nur durch den Wortgebrauch feststellen kann, sondern auch durch die Institutionen und Praktiken, die von den jeweiligen Verständnissen von »Sicherheit« abgeleitet werden.[30] Der Politikwissenschaftler Peter Burgess hat daraus sowie aus der kulturell bestimmten Wertbesetzung der Begriffe Sicherheit und Unsicherheit die Schwierigkeiten der Europäischen Union, eine gemeinsame Sicherheitspolitik zu entwickeln, erklärt. Gerade die permanenten Versuche, Sicherheitspolitik zu harmonisieren und zu standardisieren, enthüllten kein gemeinsames Sicherheitsverständnis, sondern »multiple Sicherheiten« (»multiple securities«).[31]

Ansätze einer historisch vergleichenden Erforschung von Sicherheitskultur(en) existieren. Dieser müsse es darum gehen, so

Arnd Bauerkämper, Konzepte und Sinngebungen von Sicherheit und damit Sicherheitskulturen zu rekonstruieren und zu analysieren, die sich in sozialen Praktiken niedergeschlagen haben. Eine solchermaßen historisch vergleichende Forschung ziele durch die Frage nach Sicherheit und Sicherheitskulturen auf Legitimationsbedürfnisse und -ressourcen von Staaten (und Regierungen), darüber hinaus aber auch, auf Sicherheit bezogen und an Sicherheitsthemen festgemacht, auf Diskurse über politisch-soziale Ordnungen und die symbolische Integration von Gesellschaften und Gemeinschaften, nicht zuletzt von Nationalstaaten und nationalen Gesellschaften.[32] In einem deutsch-russischen Vergleich ist in diesem Zusammenhang beispielsweise auf in beiden Gesellschaften bis heute wirksame etatistische, zum Teil sogar autoritäre sicherheitskulturelle Traditionen hingewiesen worden, auf einen schon seit dem 19. Jahrhundert sehr hohen Stellenwert staatlicher Institutionen bei der Gefahrenabwehr.[33] Solche Feststellungen verlangen angesichts der gemeineuropäischen Legitimation von Staat und Staatlichkeit durch Sicherheitsgewähr unmittelbar nach weiteren Vergleichsstudien.

Auch in der Geschichte der internationalen Beziehungen ist das Konzept der Sicherheitskultur in den letzten Jahren aufgegriffen worden, nicht zuletzt mit der Absicht, die in der historischen Forschung, nicht nur der deutschen, lange etablierte analytische Trennung von internationalen Entwicklungen einerseits und innerstaatlichen, innergesellschaftlichen Entwicklungen andererseits zu überwinden oder zumindest zu relativieren. Wenn die Dimensionen »innen« und »außen« überhaupt aufeinander bezogen wurden, so geschah dies insbesondere in der deutschen Geschichtsschreibung lange durch das Postulat einseitiger Abhängigkeits- beziehungsweise Dominanzverhältnisse. In der sogenannten »Primatsdebatte« – Primat der Außenpolitik versus Primat der Innenpolitik – die über weite Strecken keine Debatte war, sondern ein dialogfreies Gegenüber von Positionen, kam das deutlich zum Ausdruck.[34] Lässt sich bereits der Begriff der Sicherheit nicht ausschließlich auf innergesellschaftliche oder internationale Themen oder Entwicklungen beziehen und ist die Trennung von innen und außen zusätzlich gebunden an die Vorstellung eines autonomen National- beziehungsweise Territorialstaates, so eignet sich das Konzept der Sicherheitskultur dafür, Vorstellungen innerstaatlicher und internationaler Sicherheit und deren wechselseitige Durchdringung aufzunehmen und zum Gegenstand der Analyse zu machen.

Mit dem Konzept der Sicherheitskultur lassen sich vor diesem Hintergrund als gut erforscht geltende Themen neu in den Blick nehmen. Jüngere Forschungen haben zum Beispiel frische Perspektiven auf die Geschichte internationaler Beziehungen und des internationalen Systems im 19. Jahrhundert entwickelt und das auf dem Wiener Kongress 1814/15 entstandene Europäische Konzert neu interpretiert. Die Historikerin Beatrice de Graaf spricht von der Entstehung einer europäischen Sicherheitskultur in den Jahren nach 1814/15 als einem Amalgam vorrevolutionärer, napoleonischer und postnapoleonischer Vorstellungen von Krieg, Frieden und Stabilität.[35] Unter Bezugnahme auf Überlegungen der Politikwissenschaftlerin Marieke de Goede versteht de Graaf unter europäischer Sicherheitskultur, bezogen auf die Zeit nach 1815, aber übertragbar auch auf andere Konstellationen, »the sum of mutually shared, and often conflicting, perceptions of vital interests and threats, as well as the institutions and practices through which different agents acted together upon these ideas and expectations«.[36] Es geht dabei aber nicht um die einfache Anwendung einer sozialwissenschaftlichen Theorie auf historische Konstellationen, sondern um die theoretisch reflektierte Historisierung einer zentralen Kategorie wie Sicherheit. Was haben handelnde Akteure in einem bestimmten historischen Kontext unter Sicherheit verstanden? Wie wollten sie Sicherheit herstellen, wovor sollte Sicherheit schützen, auf welche Bedrohungen oder Unsicherheiten war sie also bezogen? Wie war das Verhältnis von Sicherheit zu anderen gesellschaftlichen Wertvorstellungen, und wie konnte Sicherheit in ihrem zeitgenössischen Verständnis als Ziel politischen Handelns gerechtfertigt werden?

Die europäische Sicherheitskultur, die sich auf dem Wiener Kongress zu entwickeln begann, zielte auf die Verhinderung von Revolution und Krieg, denn in der Erfahrung der in Wien versammelten Angehörigen der »Generation Bonaparte« oder »Generation Metternich« war Revolution – das lehrte die Geschichte seit 1789 – gleichbedeutend mit Krieg. Auf dieser Grundlage etablierten die europäischen Mächte unter Führung der vier Großmächte Großbritannien, Russland, Preußen und Österreich – Frankreich kam später hinzu – eine kollektive, kontinuierliche und institutionalisierte Zusammenarbeit unter dem Imperativ der Sicherheit, aus der auf einer Reihe von Gebieten spezifische und neuartige Sicherheitsregime hervorgingen, von denen einige nur wenige Jahre Bestand hatten, andere aber, beispielsweise im Bereich der Schifffahrt (Donau und Rhein) das gesamte 19. Jahrhundert überdauerten. Die Sicherheitsinteressen, die diesen Sicherheitsregimen zugrunde lagen, wurden als europäische Sicherheitsinteressen verstanden und definiert und führten auch zur Weiterentwicklung beziehungsweise Neubildung europäischer Normen. Sicherheitskulturen, so auch in den Jahren nach 1814/15, entstehen nicht von einem Tag auf den anderen, sondern sie bilden sich allmählich heraus; sie sind nicht umfassend und flächendeckend, sondern ungleichmäßig und sektoral.[37]

Was zeichnet eine Sicherheitskultur wie die der Zeit nach dem Wiener Kongress aus?[38] Erstens sind es die Akteure, die in unterschiedlichen Kontexten Anteil an ihrer Entstehung und Entwicklung haben. Das bezieht sich nicht nur auf die handelnden Politiker – und im 19. Jahrhundert schließt das Monarchen und Fürsten mit ein –, sondern auch auf andere professionelle Akteure auf dem Feld transnationaler Sicherheit: Diplomaten, Regierungsbeamte, Angehörige des Polizei- und Geheimdienstapparats, Juristen, Offiziere, aber auch Kaufleute und Unternehmer, Wissenschaftler und Publizisten, deren Zusammenwirken zur Herausbildung von transnationalen, europäischen Sicherheitsnetzwerken und einer transnationalen Sicherheitselite führte. Transnationale Vernetzung und transnationaler Austausch setzten Prozesse sozialen Lernens in Gang, die zur Herausbildung beziehungsweise Verstärkung kollektiver sicherheitsbezogener Wissensbestände, Weltsichten und normativer Grundannahmen beitrugen. Diese wurden nicht zuletzt in Bedrohungsvorstellungen und Bedrohungsdiskursen sichtbar, die das Handeln in Situationen tatsächlicher oder vermeintlicher Bedrohung beeinflussten und in Konflikt- oder Spannungslagen zur Bestimmung gemeinsamer Interessen führten. Mit der Identifikation und Konstruktion von Bedrohungen ist, so de Graaf, das zweite bestimmende Element der europäischen Sicherheitskultur nach 1815 benannt, das sich in dieser konkreten historischen Situation vor allem auf transnationale Bedrohungen bezog. Dazu gehörten, gerade in den Jahren unmittelbar nach dem Zeitalter von Revolution und napoleonischer Herrschaft, nationale und liberale Bewegungen mit ihrem – tatsächlich oder vermeintlich – revolutionären Potential. In diesen Bedrohungsdiskursen konstituierte sich Sicherheitskultur durch Aus- und Abgrenzungen, durch Inklusion und Exklusion und die Unterscheidung von Freund und, vor allem, Feind. Hinzu treten, drittens, Dynamiken von Regulierung und Verrechtlichung, von Normbildung und Normanwendung. Viertens schließlich betont de Graaf die Rolle von Technologie beziehungsweise technologischer Möglichkeiten im Hinblick auf die Art und das Ausmaß sicherheitsbezogener Politik und Praktiken. So wirkten im 19. Jahrhundert Beschleunigung und Verdichtung von Transport und Verkehr unmittelbar auf Bedrohungsvorstellungen, aber eben auch auf Sicherheitsmaßnahmen ein. Neue Möglichkeiten der Antizipation und Projektion von Bedrohung oder Unsicherheit, der Kontrolle und Überwachung wurden entwickelt und angewandt und führten zur Entstehung neuer Sicherheitslogiken, geprägt beispielsweise durch den Gedanken der Vorbeugung. Der vorbeugende und präventive Charakter dieser Sicherheitslogiken ließ wiederum, so die Argumentation, die Trennung zwischen Frieden und Krieg verschwimmen.

Als ein Beispiel für die sich seit 1814/15 herausbildende europäische Sicherheitskultur hat de Graaf die in Paris 1815 etablierte Alliierte Botschafterkonferenz untersucht, deren Handeln zwar nur auf wenige Jahre beschränkt blieb, an der aber dennoch die Voraussetzung, die Institutionalisierung und die Wirkung einer Sicherheitskultur erkennbar wird.[39] Deutlich wird daran zugleich aber auch die Dynamik von Sicherheitskulturen, die man nicht als statisch begreifen darf. Gerade auf der politischen Ebene traten schon wenige Jahre nach dem Wiener Kongress die Vorstellungen über die Voraussetzungen europäischer Sicherheit und die Maßnahmen zu ihrer Herstellung weit auseinander. Zwar wurde Revolution weiterhin von den europäischen Großmächten als Bedrohung wahrgenommen, aber an der Frage, wie Revolution zu verhindern sei, durch eine Politik der Repression und eventuell sogar militärischer Intervention oder durch moderate Reform und behutsame Liberalisierung, schieden sich die Geister. Der europäische Sicherheitskonsens begann in diesem Bereich zu erodieren. Unterschiedliche Akteure, zu denen nicht nur Staaten beziehungsweise ihre Regierungen oder politische Eliten gehörten, sondern auch gesellschaftliche Gruppen und Kräfte, entwickelten und vertraten unterschiedliche Vorstellungen von Sicherheit. Die europäische Sicherheitskultur veränderte sich.[40]

Mit dem Begriff der Sicherheitskultur verwandt ist der Begriff der Friedenskultur, den Matthias Schulz in seiner Untersuchung des Europäischen Konzerts in der ersten Hälfte des 19. Jahrhunderts in die Diskussion geworfen hat. Schulz versteht unter Friedenskultur, angelehnt an Max Weber, ein durch Normen und deren Wandel bestimmtes Wertesystem, bezogen auf den gesamten Bereich der »Deutungszuweisungen, Praktiken, Interaktionsformen und Einrichtungen, die eine friedliche Gestaltung der internationalen Beziehungen ermöglichen«. Schulz versteht Friedenskultur als Gegenbegriff zu Militarismus oder Bellizismus und schlägt vor, die Friedenskultur einer Epoche »aus der Summe und Stärke der friedensorientierten gesellschaftlichen Präferenzen und Werte, der Intensität und Wirkung der Verflechtungen, der Summe der staatlichen Handlungen und Interaktionen, insbesondere der kommunikativen Handlungen, den im internationalen System obwaltenden Regeln und ausgehandelten Normen, den die Interaktionen regulierenden Verfahren sowie der Gestalt und den Handlungsrepertoires internationaler Institutionen« zu rekonstruieren.[41] Die europäische Ordnung des frühen 19. Jahrhunderts untersucht er auf der Basis dieses Verständnisses unter den Aspekten Institutionenbildung und Vergesellschaftung des Staatensystems, internationale Regeln und Normen sowie Friedensmanagement und Konfliktregulierung und attestiert dem Europäischen Konzert des 19. Jahrhunderts unter diesen Prämissen, in der internationalen Ordnung der Zeit die Imperative von Stabilität und friedlichem Wandel weitgehend erfolgreich umgesetzt zu haben.[42] Wichtig im Unterschied zur Sicherheitskultur ist die dem Konzept der Friedenskultur innewohnende normative Orientierung an der Maxime der Gewaltlosigkeit, die auf die Provenienz des Konzepts aus einer pazifistisch grundierten Friedensforschung verweist.

Versicherheitlichung

Mitte der 1990er Jahre tauchte in der sozialwissenschaftlichen Sicherheitsforschung erstmals der Begriff der »Versicherheitlichung« auf. Das deutsche Wort ist sprachlich genauso fürchterlich wie das englische »securitization«. Nicht mit dem im Finanzsektor seit etwa 1970 gebrauchten Terminus »securitization« (auf Deutsch: Verbriefung) zu verwechseln,[43] gehen Ansatz und Konzept der »Versicherheitlichung«– um eine Theorie handelt es sich eher nicht[44] – in den Sozialwissenschaften zurück auf die Kopenhagener Schule *(Copenhagen School)* der Internationalen Beziehungen, für die prägend der dänische Politikwissenschaftler Ole Wæver und sein britisch-kanadischer Kollege Barry Buzan stehen, die beide in den 1990er Jahren an der Universität Kopenhagen lehrten und dort eng kooperierten.[45] Die *Copenhagen School* wird in der Literatur den *Critical Security Studies* (Kritische Sicherheitsforschung) zugeordnet, einer heterogenen und ausdifferenzierten Forschungsrichtung, die sich jedoch insbesondere in ihrer Entstehungsphase in den 1990er Jahren von der traditionellen Sicherheitsforschung und ihrem engen Verständnis von Sicherheit absetzte.[46] Für die Kritische Sicherheitsforschung war der Staat nicht das einzige Referenzobjekt von Sicherheit; die Ausweitung des Referenzfeldes von Sicherheit erforderte einen weiteren, nicht nur staatsbezogenen Blick auf die Quellen von Unsicherheit und Sicherheit; und dies wiederum implizierte epistemologisch eine Überwindung der traditionellen Sicherheitsforschung, nicht zuletzt im Sinne der Kritischen Theorie. So formulierte Johan Erikkson 1999: »Critical security studies consider not only threats as construction, but the objects of security as well. (…) Critical security studies (…) have an emancipatory goal.«[47] Zusammen mit ihrem niederländischen Kollegen Jaap de Wilde stellten Barry Buzan und Ole Wæver die *Critical Security Studies* in einen konstruktivistischen Kontext, was freilich einen gesellschaftskritischen und gesellschaftsverändernden Anspruch nicht ausschloss:

»An emerging school of ›critical security studies‹ (CSS) wants to challenge conventional security by applying postpositivist perspectives, such as critical theory and poststructuralism. Much of this work (…)

deals with the social construction of security, but CSS mostly has the intent (known from poststructuralism as well as from constructivism in international relations) of showing that change is possible because things are socially constituted.«[48]

Mit dem Konzept der Versicherheitlichung versuchte die *Copenhagen School* zunächst, Antworten zu finden auf die ebenso einfache wie grundlegende Frage: Wie wird etwas zu einem Sicherheitsproblem?[49] Hinter dieser Frage steht die – begründete – Annahme, dass mit dem Sicherheitsbegriff beziehungsweise mit der Bezeichnung einer bestimmten Thematik als sicherheitsrelevant oder als Sicherheitsproblem über die Priorität, präziser: über die Priorisierung politischer Ziele entschieden wird. Das reicht bis hin zu politischen Forderungen, welche Handlungen jenseits der jeweils geltenden, normativen, also insbesondere gesetzlichen oder verfassungsrechtlichen Grenzen und Beschränkungen politischen Handelns implizieren und legitimieren. Aber es geht auch um die Allokation insbesondere finanzieller Ressourcen. Sicherheit hat auch in dieser Beziehung ihren Preis. Davon können politische Handlungsfelder, die mit dem Label »Sicherheit« versehen werden, und Akteure auf diesen Handlungsfeldern profitieren. Versicherheitlichung lässt sich über politische Diskurse und Praktiken untersuchen und korrespondiert daher mit einem zwar handlungsorientierten, aber zugleich kommunikativ verstandenen Politikbegriff.[50] Damit wird Versicherheitlichung als ein akteursgesteuerter kommunikativer Prozess gefasst, und als solcher lässt er sich auch historisieren und historisch analysieren.

Seitdem er 1995 in die Debatte eingeführt worden ist, wurde der Ansatz der »securitization« nicht nur auf ganz unterschiedliche Gegenstandsbereiche in der sozialwissenschaftlichen und damit gegenwartsbezogenen Sicherheitsforschung angewandt, sondern er hat sich in kritischer Auseinandersetzung mit dem ursprünglichen Kopenhagener Konzept auch ausdifferenziert und in unterschiedliche Richtungen weiterentwickelt. Die verschiedenen Ansätze verbindet das Interesse daran, zu verstehen, wie Sicherheitsdefinitionen oder Sicherheitsdiskurse die Linse werden, mit der unterschiedliche politische Gemeinschaften bestimmte Fragen adressieren und konzeptionalisieren.[51] Der Ausgangspunkt der *Copenhagen School* war, Sicherheit unter Bezug auf die Theorien John Austins als einen Sprechakt zu begreifen: »The process of securitization is what in language theory is called a speech act. It is not interesting as a sign referring to something more real; it is the utterance itself that is the act. By saying the words, something is done.«[52] Ole Wæver formuliert dann in der Konsequenz: »In naming a certain development a security problem the ›state‹ can claim a special right.«[53]

Das verweist auf die Genese des Ansatzes der Versicherheitlichung vor dem Hintergrund eines seit den 1980er Jahren breit konstatierten Bedeutungsverlusts des (National-)Staates und von Prozessen der Entnationalisierung und Entterritorialisierung. In dem Moment, in dem ein Problem als Sicherheitsproblem wahrgenommen und sprachlich so dargestellt werde, ergebe sich daraus, so das Argument, eine spezifische Zuständigkeit des Staates. Staaten und ihre politischen Eliten müssten, um sich zu legitimieren, um ihre fortgesetzte Daseinsberechtigung zu demonstrieren, ein Interesse daran haben, Entwicklungen zu versicherheitlichen. Zugespitzt heißt es: »The language game of security is (…) a *jus necessitatis* for threatened elites.«[54] Durch Versicherheitlichung, also den Sprechakt, eine bestimmte Thematik mit dem Begriff »Sicherheit« zu verbinden, erfahre diese Thematik entweder eine extreme Politisierung oder aber eine Entpolitisierung:

»›Security‹ is the move that takes politics beyond the established rule of the game and frames the issue either as a special kind of politics or as above politics. Security can thus be seen as a more extreme version of politicization. In theory, any public issue can be located on the spectrum ranging from non-politicized (meaning the state does not deal with it and it is not in any other way made an issue of public debate and decision) through politicized (meaning the issue is part of public policy, requiring government decision and resource allocations or, more rarely, some other form of communal governance) to securitized (meaning the issue is presented as an existential threat, requiring emergency measures and justifying actions outside the normal bounds of political procedure).«[55]

Auf die Bezüge des Kopenhagener Konzepts der Versicherheitlichung zu Carl Schmitts Begriff des Politischen und seiner Betonung des Ausnahmezustands hat die Forschung verschiedentlich aufmerksam gemacht.[56] »Souverän ist, wer über den Ausnahmezustand entscheidet.«[57] Doch der Hinweis auf den häufig zitierten ersten Satz in Schmitts »Politischer Theologie« von 1922 reicht in unserem Zusammenhang nicht aus. Aber wenige Abschnitte später spricht Schmitt vom Ausnahmezustand als dem »Fall äußerster Not, Gefährdung der Existenz des Staates«.[58] Das zielt auf die Außerkraftsetzung von Normen durch staatliches Handeln, das durch den Verweis auf eine geradezu existentielle Bedrohung beziehungsweise Unsicherheit, ja deren Beschwörung, gerechtfertigt wird. Bei Schmitt ist das Referenzobjekt dieser Bedrohung eindeutig der Staat selbst, nicht die Sicherheit der Bürger oder anderer Referenzobjekte. Dennoch eröffnet sich durch den Hinweis auf Schmitt eine in der Kritischen Sicherheitsforschung angelegte und auch historisch zu wendende Fragestellung, die in doppelter Weise auf den Zusammenhang von Sicherheit, der Denkfigur des Ausnahmezustands und Praktiken des Notstands zielt: zum einen im Hinblick auf die Legitimation situativer Normüberschreitungen, zum anderen aber im Hinblick auf die Verstetigung solcher Normüberschreitungen, ihre andauernde Außerkraftsetzung und damit die Normalisierung des Exzeptionellen. Ole Wæver und andere Angehörige der Kopenhagener Schule sehen den Vorzug des Securitization-Ansatzes darin, dass er es ermögliche, sich von der Vorstellung eines permanenten Ausnahmezustands zu lösen und spezifische Exzeptionalismen in ihrer Entstehung im politischen Prozess und in der Dynamik konfliktiver politischer Kommunikation in den Blick zu nehmen.[59] Andere Stimmen betonen, dass Dynamiken der Versicherheitlichung, wenn man sie nicht punktuell und isoliert betrachtet, neue Normalitäten erzeugen, deren ursprüngliche Exzeptionalität, auch im Sinne der Normüberschreitung, im Laufe der Zeit nicht mehr wahrgenommen werde. Für sie wirkt Versicherheitlichung vor diesem Hintergrund, orientiert an einem Modell des Notstands oder des Ausnahmezustands, sozial ordnend, rekonfigurierend und strukturbildend.[60]

Die Spannung zwischen Exzeptionalismus und Routinisierung in der sozialwissenschaftlichen Sicherheitsforschung bedarf keiner Auflösung; sie lässt sich gerade auch für die historische Forschung produktiv machen, die »Sicherheitspraktiken des Normalisierens« (Sebastian Haus/Steffen Henne) ebenso untersuchen könnte wie Diskurse und Praktiken des Exzeptionalismus. Das korrespondiert mit einem alltags- und handlungsbezogenen Verständnis von Ausnahmezustand, jenseits der staatsrechtlich geprägten Konstruktion, das betont, dass stets in konkreten Situationen und auf ganz unterschiedlichen Ebenen entschieden werde, was zur Beibehaltung oder Herstellung von Sicherheit »notwendig« sei. Norm und Ausnahme, Recht und Gewalt bilden in einer solchen Perspektive keine abstrakt-staatstheoretischen Kategorien, sondern bezeichnen vielmehr alltägliche Praktiken.[61] Wie wird eine Ausnahmesituation zur Ausnahmesituation, wer entscheidet – hier treten die Schmitt-Bezüge wieder zutage – darüber, was als Ausnahme und was als Regel, was als normal angesehen wird? Wie werden Praktiken des Exzeptionalismus und Forderungen nach Ausnahmen autorisiert, welche institutionellen, sozialen, kommunikativen und politischen Prozesse spielen eine Rolle? Und was sind die politischen Folgen?[62]

Achim Landwehr hat schließlich darauf hingewiesen, dass die Denkfigur des Ausnahmezustands nicht ohne eine Folie auskomme, einen Idealzustand, in unserem Zusammenhang ein Zustand verlorener beziehungsweise nicht vorhandener Sicherheit, vor dessen Hintergrund der Ausnahmezustand konstatiert werden könne. Er hat daran die Frage angeschlossen, ob diese Folie auf der Zeitschiene in der Vergangenheit vermutet, in der unmittelbaren Gegenwart als »greifbare Realität« konzipiert oder in die Zukunft transponiert werde. Für den Idealzustand der »guten Policey« in der Frühen Neuzeit hat Landwehr eine Verschiebung aus der Vergangenheit in die Zukunft festgestellt. Während ein in der Vergangenheit angesiedelter Ideal- oder Normalzustand in gewisser Weise noch überprüfbar sei, gelte das für einen in die Zukunft verlegten Idealzustand nicht. Damit aber »droht sich der Ausnahmezustand *ad infinitum* zu perpetuieren, da schließlich nur diejenigen die Definitionshoheit darüber besitzen, ob dieses Ideal bereits erreicht wurde oder nicht, die schon die Ausnahme als Abweichung von der gewünschten Ordnung konstatiert haben«. Landwehr charakterisiert das als »den Ausnahmezustand in seiner modernen Variante«.[63]

Bedarf Versicherheitlichung im Kopenhagener Sinne stets der offenen Sprache extremer Bedrohung oder Sicherheitsgefährdung sowie der Denk- und Rechtfertigungsfigur der Ausnahme beziehungsweise des Ausnahmezustands? Michael C. Williams hat in diesem Zusammenhang auf die kritische Auseinandersetzung des deutsch-amerikanischen Politikwissenschaftlers Hans Morgenthau (1904–1980) mit Carl Schmitt und seine Theorie der Intensivierung aufmerksam gemacht, die nicht von einer binären Gegenüberstellung von Normalität und Ausnahmezustand ausgeht, sondern von Dynamiken der Intensivierung des Politischen, eine Überlegung, die dazu beitragen kann, Dynamiken der Sicherheit und Prozesse der Versicherheitlichung von der Voraussetzung der Dramatisierung und der Identifikation einer existentiellen Bedrohung zu lösen und sie stattdessen aus einem Kontinuum von Sicherheits- beziehungsweise Unsicherheitskommunikation, Sicherheits- beziehungsweise Unsicherheitswahrnehmungen heraus zu entwickeln, das von diffusem Unbehagen bis zu extremer Bedrohung reicht.[64]

Unabhängig davon ist der Zusammenhang beziehungsweise die Wechselbeziehung von politischer Dramatisierung und Notstands- oder Ausnahmezustandsrhetorik einerseits und sicherheitsbezogenem politischen Handeln andererseits ein wichtiges Untersuchungsfeld. Mark Neocleous spricht von einer kreisförmigen ideologischen Verschaltung von Sicherheit und Notstand (»ideological circuit between security and emergency«)[65] und betont dabei auch die fließenden Grenzen zwischen Notstands- und Kriegszustandsrhetorik, beispielsweise unter Hinweis auf eine Rede des amerikanischen Präsidenten Roosevelt im März 1933 vor dem Hintergrund von Wirtschaftskrise und hoher Arbeitslosigkeit:

»Our great primary task is to put people to work. (…) It can be accomplished in part by (…) treating the task as we would treat the emergency of war. (…) I shall use the one remaining instrument to meet the crisis – broad Executive power to wage a war against the emergency, as great as the power that would be given to me if we were in fact invaded by a foreign foe.«[66]

Drei weitere Aspekte sind für den Kopenhagener Versicherheitlichungsansatz wichtig. Erstens die Feststellung, der Sicherheitsakt werde zwischen »Versicherheitlicher« (»securitizer«), in der Regel also politischen Eliten, und einem »Publikum« (»audience«) ausgehandelt.[67] Der Sprechakt »Sicherheit« reklamiere also für eine bestimmte Problematik eine existentielle Bedeutung und auf dieser Basis besondere politische Maßnahmen, über den Erfolg des Sprechakts und damit der Versicherheitlichung entscheide jedoch ein Aushandlungsprozess mit dem Publikum, der Bevölkerung, der politischen Öffentlichkeit, der Wählerschaft oder einem Parlament. Zweitens: Versicherheitlichung werde von »versicherheitlichenden Akteuren« (»securitizing actors«) unternommen. Das sind für die Kopenhagener Schule diejenigen Personen oder Gruppen, die den Sprechakt »Sicherheit« ausführen, insbesondere politische Führer, Regierungen, Bürokratien, Lobbyisten oder Interessengruppen. In der Regel geht es dabei nicht um die Sicherheit dieser Akteure selbst, sondern vielmehr um ihr Argument, dass es aus bestimmten Gründen notwendig sei, die Sicherheit des Staates, der Nation, der Zivilisation, einer größeren Gemeinschaft, eines bestimmten Prinzips oder eines Systems zu verteidigen.[68] Drittens schließlich haben Versicherheitlichungsprozesse Referenzobjekte. Das seien, so der Kopenhagener Ansatz, in der Regel der Staat oder die Nation. Doch auch andere Referenzobjekte seien denkbar. Prinzipiell könnten versicherheitlichende Akteure sich auf ganz unterschiedliche Referenzobjekte beziehen: »The reference object is that which you can point to and say: ›It has to survive, therefore it is necessary to …‹.« Auf welche Referenzobjekte eine Versicherheitlichung sich bezieht, hängt mit den Handlungsfeldern zusammen, um die es jeweils geht. Im politischen und militärischen Bereich ist der Staat das primäre Referenzobjekt, im gesellschaftlichen Bereich können es Religion(en) oder gruppenbezogene Identitäten sein, im Umweltbereich der Planet Erde, eine bestimmte, bedrohte Tier- oder Pflanzenart oder ein Habitat.[69]

Das Kopenhagener Versicherheitlichungskonzept ist zeitgebunden und gegenwartsbezogen. Auch wenn es andere Zielrichtungen und Referenzobjekte andeutet, konzentriert es sich deutlich auf den Staat und auf staatliches Handeln (als Regierungshandeln): »In naming a certain development a security problem, the ›state‹ can claim a special right.« Selbstverständlich lässt sich vor diesem Hintergrund Versicherheitlichung in historischer Perspektive auf den Aufstieg des Territorialstaates und die bis heute zentrale Bedeutung des Staates als Sicherheitsakteur beziehen. Das muss aber nicht auf ein Verständnis von Versicherheitlichung in einseitigem oder gar ausschließlichem Staatsbezug hinauslaufen. Zu fragen wäre vielmehr nach Dimensionen von Versicherheitlichung in staatsfernen Kontexten und ihrer möglichen Funktion in Politisierungsprozessen beziehungsweise Prozessen politischer Identitäts- und Gemeinschaftsbildung. Versicherheitlichung meint gerade in einem solchen Verständnis nicht eine lineare historische Entwicklung, die sich in erster Linie in der Entstehung und Entwicklung des modernen (Territorial-)Staates verfolgen lässt. Wenn man mit der *Copenhagen School* davon ausgeht, dass Versicherheitlichung ein wichtiger und folgenreicher Modus politischer Kommunikation ist – mit je unterschiedlichen Ausformungen (Akteure, Referenzobjekte, Konsequenzen) in unterschiedlichen Bereichen –, dann lässt sich das auch auf unterschiedliche historische Kontexte übertragen. Zu fragen wäre dann: Unter welchen Bedingungen, aus welchen Gründen und auf welche Weise werden bestimmte Entwicklungen zu Sicherheitsfragen, werden sie also versicherheitlicht? Welche Akteure haben beziehungsweise hatten ein Interesse an solchen Versicherheitlichungen? Unter welchen Bedingungen sind solche Entwicklungen erfolgreich gewesen und mit welchen Folgen und Wirkungen, unter welchen Bedingungen scheiterten sie?

»Whose security counts?« – »Wessen Sicherheit zählt eigentlich?« – ist eine wichtige Frage, die daran unmittelbar anschließt.[70] Je stärker man Prozesse der Versicherheitlichung gesellschaftlich, politisch und historisch kontextualisiert, desto deutlicher wird, dass der Akzent der konzeptionellen Überlegungen auf jenen Akteuren liegt, die überhaupt über die Möglichkeiten verfügen und das gesellschaftliche Gewicht oder die politische Macht haben, ihre Stimme zu erheben, um eine Bedrohung oder eine Gefahr zu benennen oder Unsicherheitspotentiale zu artikulieren. Aber gibt es nicht Akteure, deren Sicherheitsinteressen oder Unsicherheitswahrnehmungen marginalisiert sind oder marginalisiert werden und die daher oder aufgrund ihrer gesellschaftlichen Position zum Schweigen verurteilt und damit überhaupt nicht sprechaktfähig sind?[71] Die dänische Politikwissenschaftlerin Lene Hansen hat nicht zuletzt in einer Gender-Perspektive darauf hingewiesen, dass es Situationen geben kann, in denen Unsicherheit beziehungsweise

Unsicherheitswahrnehmungen nicht artikuliert werden können, weil die betroffenen Menschen dazu nicht die Möglichkeit hätten oder weil sie sich durch die Artikulation einer Bedrohung selbst in Gefahr brächten.[72] Kritiker des Kopenhagener Ansatzes haben in diesem Zusammenhang die Reduktion von Versicherheitlichung auf den reinen Sprechakt und die mangelnde Berücksichtigung des »Publikums« (»audience«) problematisiert, dass doch im Sinne einer Ermächtigung *(empowerment)* erst darüber entscheide, ob eine bestimmte Frage, eine bestimmte Thematik eine Bedrohung von Sicherheit darstelle und damit versicherheitlicht werden könne.[73] Doch selbst das unterstellt dem Publikum noch immer eine gewisse Homogenität und eine gleiche Ermächtigungsfähigkeit. Historisch wäre vor diesem Hintergrund nicht nur zu untersuchen, wer denn in unterschiedlichen Kontexten ein Publikum konstituierte, wer also dem ermächtigenden Publikum angehörte und wer nicht, und wie sich das mit sozialen Strukturen, politischen Herrschaftsverhältnissen und kulturellen Hegemonien verband, sondern auch, welche Dynamiken innerhalb eines Publikums eine Versicherheitlichung bestimmter Themen ermöglichte beziehungsweise verhinderte.

Zum Kopenhagener Konzept der Versicherheitlichung gehört konstitutiv und als analytischer Korrespondenzbegriff die »Entsicherheitlichung« (»de-securitization«). Schon in seinem grundlegenden Aufsatz von 1995 erwähnte Ole Wæver nicht nur die Möglichkeit von Bemühungen, bestimmte Fragen gerade nicht zu Sicherheitsfragen zu machen beziehungsweise werden zu lassen (mit allen politischen Folgen), sondern auch die Möglichkeit, bestimmte Themen, die versicherheitlicht worden waren, wieder zu entsicherheitlichen, damit zu repolitisieren beziehungsweise ihre extreme Politisierung rückgängig zu machen und sie dadurch in den »normalen« politischen Prozess im Rahmen geltender Regeln und Normen zurückzuführen. »Less security, more politics!«, hat Wæver pointiert formuliert.[74] Wenn Versicherheitlichung meint, dass bestimmte Problemlagen oder Konstellationen im politischen Raum als existentielle Gefährdungen wahrgenommen beziehungsweise dargestellt werden, um politisches Handeln auf diese Weise von den etablierten Bedingungen und insbesondere den normativen Rahmungen des normalen politischen Kommunikations- und Entscheidungsprozesses befreien zu können, dann ist mit Entsicherheitlichung eine umgekehrte Entwicklung beschrieben: also die Rückkehr zu normbestimmter und regelhafter politischer Kommunikation und Entscheidung angesichts einer nicht mehr als existenzgefährdend wahrgenommenen oder dargestellten Situation. Das bezieht sich im Kopenhagener Sinne primär, wenn nicht ausschließlich, auf liberal-demokratische Ordnungen mit demokratisch legitimierten und rechtlich eingehegten Regierungen.[75]

Für eine historische Analyse trägt ein solches stark gegenwartsbezogenes und geradezu normativ an liberal-demokratische Ordnungen gebundenes Verständnis nur bedingt. Dennoch ist die Frage nach Entsicherheitlichung wichtig und notwendig und auch als geschichtswissenschaftliche Analyseperspektive fruchtbar, wenn man Ver- und Entsicherheitlichung nicht nur rein diskursiv, sprechaktbezogen und textualistisch versteht, sondern auch handlungs- und akteursbezogen, und wenn man die durch Versicherheitlichung intendierte und bewirkte Außerkraftsetzung von normalerweise existierenden Grenzen und Beschränkungen politischen Handelns nicht ausschließlich auf demokratische Ordnungen bezieht, sondern auf politische Systeme und Ordnungen allgemein. Das Konzept von Versicherheitlichung und Entsicherheitlichung kann so den Blick auf verschiedene Gegenstandsbereiche öffnen: auf die Legitimation des Staates und staatlichen Handelns, auf das Handeln unterschiedlicher Akteure im politischen Prozess, die ihre Interessen durch sicherheitsbezogene Argumentationen durchzusetzen versuchen, auf Prozesse und Mechanismen sozialer Integration, der Vergemeinschaftung und Identitätsbildung, aber auch auf Dynamiken gesellschaftlicher Fragmentierung, der Ausgrenzung und Gegensatzkonstruktion.

Das ermöglicht auch neue Perspektiven auf Untersuchungsfelder, die als gründlich erforscht gelten. Das zeigen jüngere, sicherheitshistorisch argumentierende Beiträge zur Geschichte des Deutschen Kaiserreichs, einem Gegenstandsbereich, in dem lange Zeit innovative Ansätze erprobt und konzeptionelle Überlegungen entwickelt wurden, die weit über die Kaiserreichsgeschichte hinauswirkten, der aber von der sicherheitsgeschichtlichen Forschung, die sich aus der Zeitgeschichte und der Frühneuzeitforschung heraus entwickelte, bislang vernachlässigt worden ist (so wie, zumindest in Deutschland, das 19. Jahrhundert insgesamt). Dabei könne gerade die Forschung zum Kaiserreich, so ist kürzlich formuliert worden, von den Ansätzen der Sicherheitsgeschichte profitieren und neue Sichtweisen auf etablierte Forschungsfelder gewinnen.[76]

In einer Auseinandersetzung mit der sogenannten »Inneren Reichsgründung« der Jahre 1878/79, jener vielfach beschriebenen »konservativen Wende« der Ära Bismarck, einem in der Forschung intensiv und durchaus kontrovers behandelten Thema, hat Tobias Bruns den Versuch unternommen, diese politische Entwicklung mit ihren weitreichenden Folgen (Koalitionsbildung, Sozialistengesetze, Übergang vom Freihandel zum Protektionismus) als eine »sicherheitskulturelle Wende« zu deuten. Er führt dabei das Konzept der Sicherheitskultur unter Rückgriff insbesondere auf Arbeiten von Christopher Daase und den Ansatz der Versicherheitlichung, so wie ihn vor allem die Kopenhagener Schule entwickelt hat, zusammen. Entscheidender Ansatzpunkt sind für ihn die beiden Attentatsversuche auf Kaiser Wilhelm I. im Jahr 1878. In deren Folge habe sich nicht nur das Sicherheitsgefühl der politischen Akteure schlagartig geändert, sondern eine umfassende Bedrohungskommunikation, die sich auf unterschiedliche, wenn auch miteinander verbundene Politikfelder bezog und diese versicherheitlichte – vom Umgang mit der Arbeiterbewegung, der nun stärker als je zuvor vom Ziel der Bekämpfung der angeblich von der Arbeiterschaft ausgehenden revolutionären Gefahr geprägt war, bis hin zur Außenhandels- und Zollpolitik –, habe die »diskursive Vorherrschaft« der Liberalen beendet und zur Etablierung einer konservativen Diskurshegemonie beigetragen.[77] Nicht zuletzt an Redebeiträgen in den Debatten des Reichstags macht Bruns Bedrohungskommunikation und Versicherheitlichung fest. Die Stenographischen Berichte des Reichstags dokumentierten die im Parlament vertretene Position Bismarcks, der »in den sozialdemokratischen Elementen einen Feind [wahrgenommen habe], gegen den der Staat, die Gesellschaft, sich in Notwehr befindet«.[78] Das war nichts anderes als die rhetorische Vorbereitung von Ausnahmebestimmungen im Sinne des Sprichworts »Not kennt kein Gebot«, wie sie der nach einem ebenso antisozialistischen wie antiliberalen Wahlkampf neu zusammengesetzte Reichstag im

Oktober 1878 mit den Sozialistengesetzen beschloss, nachdem das Parlament im Mai des gleichen Jahres einen viel milderen Gesetzesentwurf abgelehnt hatte und deshalb aufgelöst worden war. Für den deutschkonservativen Abgeordnete Hans Hugo v. Kleist-Retzow, Befürworter massiver Maßnahmen gegen Arbeiterbewegung und Sozialdemokratie, waren die Angriffe auf den Kaiser Teil einer revolutionären Verschwörung:

»Sind denn die beiden Attentate gegen den Kaiser noch nicht starke Tatsachen genug, um das zu beweisen? (…) Es ist nichts anderes, meine Herren, als wie der Krieg, ein Angriffskrieg gegen denjenigen Feind, von dem wir gewiss sind, dass er uns angreifen wird, wenn ihm die Zeit dafür günstig scheint.«[79]

Wurde in der Frühphase des Kaiserreichs, der »liberalen Ära«, die Einheit des Reiches primär als von außen bedroht angesehen, so trugen die Ereignisse von 1878 und ihre Folgen dazu bei, viel stärker als vorher die innere Einheit als bedroht wahrzunehmen – eine sicherheitskulturelle Wende mit weitreichenden Folgen in der Innenpolitik, dem Ende des Kulturkampfs und den Sozialistengesetzen, in der Wirtschaftspolitik, dem Übergang zum Protektionismus, aber auch in der Außenpolitik, die nun noch stärker als vordem vom Imperativ der »Saturiertheit« gekennzeichnet war, was dem Deutschen Reich beziehungsweise seinem Kanzler die Möglichkeit gab, auf dem kurz nach den beiden Attentaten auf den Kaiser eröffneten Berliner Kongress die Rolle des »ehrlichen Maklers« zu übernehmen.

Dass der Begriff »Sicherheit« in der politischen Sprache des Kaiserreichs – und das gilt auch für andere Gesellschaften – kein besonders prominenter war (in den Reichstagsprotokollen der Jahre 1867 bis 1918 finden sich nur 82 Nennungen und damit vermutlich ungefähr so viele wie in einer Bundestagsdebatte des Jahres 2017), ist weder ein Argument gegen die Verwendung von Forschungskonzepten wie »Sicherheitskultur« oder »Versicherheitlichung«, noch ist es ein Beleg dafür, dass Sicherheit beziehungsweise Vorstellungen von Sicherheit und, korrespondierend, Unsicherheit im politischen Diskurs keine oder eine nachrangige Rolle gespielt hätten. So ist beispielsweise auf die Bedeutung des Ordnungsbegriffs hingewiesen worden, nicht zuletzt in der Ausformung »Ruhe und Ordnung«, unter dem zentrale Sicherheitsfragen verhandelt wurden. Das Kaiserreich war in diesem Sinne eine Zeit »bedrohter Ordnung«. Das ist für die Forschung freilich nur ein Ausgangspunkt, die auf dieser Grundlage die Frage nach den spezifischen, zeit-, kultur- und sozialspezifischen Aufladungen und Konnotationen des Ordnungsbegriffs behandeln könnte. Für eine sicherheitshistorische Forschung weist das in Richtung der Exploration des semantischen Feldes von »Sicherheit«.[80]

Zunächst gar nicht in kritischer Auseinandersetzung mit der *Copenhagen School,* sondern in einer zeitlich etwa parallelen Entwicklung hat sich mit einem starken Zentrum in Paris (deswegen oftmals die Bezeichnung *Paris School*) stärker aus der politischen Soziologie als aus den *International Relations* heraus ein weiterer Strang Kritischer Sicherheitsforschung entwickelt, der den Begriff der Versicherheitlichung aufgenommen und weiterentwickelt hat. Grundlegende Beiträge, die der *Paris School* zugerechnet werden, stammen von dem französischen Soziologen Didier Bigo. Aber auch die belgischen Politikwissenschaftler Thierry Balzacq und Jef Huysmans mit ihrem Interesse an Fragen internationaler politischer Soziologie haben für die konzeptionelle Entwicklung der *Paris School* wichtige Beiträge geleistet. Theoretische Bezüge werden insbesondere zu Pierre Bourdieu und, bis zu einem gewissen Grade, zu Michel Foucault hergestellt. Vor allem aber ist das Sicherheits- und Versicherheitlichungsverständnis der *Paris School,* die sich längst wie auch die *Copenhagen School* über ihren geographischen Ursprungsort hinaus ausgeweitet hat, praxistheoretisch informiert, in starkem Maße handlungs- und praxisbezogen und an Sicherheitstechniken interessiert.[81]

Der Ausgangspunkt des Pariser Ansatzes ist nicht so sehr der öffentliche sicherheitsbezogene Diskurs, sondern vielmehr der Gedanke der Entwicklung – und Erzeugung – von Sicherheitsfeldern (»fields of security«), die aus Machtdynamiken entstehen. Anders als Wæver und Buzan sieht Bigo Versicherheitlichung nicht als Sprechakt, sondern als Ergebnis des Zusammenwirkens diskursiver und nicht-diskursiver Praktiken sowie, damit zusammenhängend, als Resultat von Konflikt- und Konkurrenzdynamiken innerhalb des professionellen Feldes der Sicherheit, in denen es um

Prioritätensetzungen, Ressourcenzuweisungen und Einfluss gehe. Versicherheitlichung ziele auch nicht auf exzeptionelle Maßnahmen, sondern, eher im Gegenteil, auf die Normalisierung sicherheitsbezogener Praktiken und Routinen:

»Securitization works through everyday technologies, through the effects of power that are continuous rather than exceptional, through political struggles, and especially through institutional competition within the professional security field in which the most trivial interests are at stake.«[82]

Den Begriff der Versicherheitlichung hat die Pariser Schule aufgenommen, man begegnet ihm aber gerade in den Schriften Didier Bigos als Prozess der »(in)securitization«. »Securitization« und »insecuritization« werden dabei jedoch nicht als Gegenbegriffe verstanden, sie werden vielmehr zusammengedacht, weil die Erzeugung von Unsicherheit eine Voraussetzung darstelle für Maßnahmen zur – tatsächlichen oder vermeintlichen – Herstellung von Sicherheit. Bigo schlägt daher auch vor, Versicherheitlichung als das Management von Unbehagen zu betrachten, was wiederum die Brücke schlägt zum professionellen Feld der Sicherheit, den professionellen Akteuren auf diesem Feld und ihren Praktiken: »Security is what the professionals of unease make of it.«[83] Jef Huysmans spricht in diesem Zusammenhang von »managers of Angst«.[84]

Während der Kopenhagener Versicherheitlichungsansatz disziplinär und gegenstandsbezogen aus den *International Relations* beziehungsweise den *International Security Studies* heraus entwickelt wurde, was seine Anwendung in anderen sicherheitspolitischen Bereichen weder verhindern sollte noch verhindert hat, kommt der Pariser Ansatz eher aus gesellschaftsbezogenen analytischen Kontexten, zielt aber programmatisch gerade in seinem Interesse für (Un-)Sicherheitspraktiken auf die Überwindung der Gegenüberstellung – und die analytische Trennung – von Individuum und Gesellschaft, von Gesellschaften, Staaten und internationalem Kontext. Daraus resultiert auch die disziplinäre Selbstverortung als »Internationale politische Soziologie«.[85]

Für die konzeptionelle Entwicklung des Pariser Verständnisses von Sicherheit und Versicherheitlichung waren insbesondere

Untersuchungen im Themenbereich Einwanderung und Einwanderungspolitik in Europa (seit den 1990er Jahren) wichtig. Einwanderung wurde hier zum einen als ein Sicherheitsfeld konzeptionalisiert, gebildet aus verschiedenen Gruppen und Institutionen auf lokaler, nationaler und europäischer Ebene mit ihren unterschiedlichen und zum Teil konkurrierenden Vorstellungen von Sicherheit beziehungsweise Unsicherheit sowie von den notwendigen Maßnahmen, um Unsicherheit zu reduzieren. Die Versicherheitlichung beziehungsweise im Pariser Sprachgebrauch die »Verunsicherheitlichung« (»insecuritisation«) von Migration und Zuwanderung mit ihren gesellschaftlichen und politischen Folgen gehe nicht auf einen einzelnen Akteur und seinen Sprechakt zurück, sondern darauf, dass Einwanderung oder, präziser, Migranten von einer Vielzahl von Akteuren im Sicherheitsfeld aus ganz verschiedenen professionellen Logiken heraus als Sicherheitsproblem beziehungsweise eine Quelle von Unsicherheit und Gefahr wahrgenommen und entsprechend dargestellt würden:

> »If the immigrant has a tendency to become the common enemy, it is not because he is defined globally by everyone in a consensual manner as this enemy, but rather because different insecuritisations converge on him: the police with crime, terrorism, drugs; the military with subversion, grey zones, the Fifth Column; the economic actors with the crisis, unemployment; the demographic actors with natality and the fear of racial mixing, of interbreeding.«

Das Ergebnis sei, so Bigo, dabei einen Begriff von Deleuze aufnehmend, eine »(in)security assemblage«, also ein neues Ensemble von Praktiken, aus dem wiederum ein neuer Handlungsraum entstehe.[86]

Vor diesem Hintergrund und angesichts von Dynamiken der Transnationalisierung und Europäisierung verliere die Unterscheidung zwischen innerer und äußerer Sicherheit an Bedeutung. Insbesondere seit dem Ende des Kalten Kriegs und dem Ende der weltpolitischen Bipolarität im Zeichen des Ost-West-Konflikts seien innere und äußere Sicherheit immer stärker verschmolzen, ja hätten sich entdifferenziert. Agenturen äußerer Sicherheit wie Militär und Auslandsgeheimdienste richteten ihren Blick zunehmend ins Innere der Staaten, um dort äußere Feinde oder von außen kommende Bedrohungen zu identifizieren. Umgekehrt machten Agenturen innerer Sicherheit wie Polizei, Grenzschutz oder Zoll innere Feinde immer häufiger jenseits der staatlichen Grenzen aus, nicht zuletzt durch die Rede von kriminellen Netzwerken (aus Migranten, Asylsuchenden, Diasporagemeinden und nicht zuletzt aus Moslems mit angeblichen Verbindungen zu Terrorismus, Drogenhandel und transnational organisierter Kriminalität). So entstünden »transversale Bedrohungen« und eine Konvergenzdynamik, in der gerade innerhalb der Europäischen Union, die Grenze zwischen innen und außen immer fließender werde.[87] In den verteidigungspolitischen Richtlinien des Bundesverteidigungsministeriums war beispielsweise 2003 davon die Rede,

»dass sich ethnische, religiöse, wirtschaftliche und gesellschaftliche Konflikte (...) im Verbund mit dem internationalen Terrorismus, mit der international operierenden Organisierten Kriminalität und den zunehmenden Migrationsbewegungen unmittelbar auf die deutsche und europäische Sicherheit auswirken«.[88]

Bigo verwendet für diese Konvergenzen das Bild des Möbius-Bandes, einer nicht orientierbaren Fläche, bei der man nicht zwischen unten und oben, innen und außen unterscheiden kann. Für ihn schafft die Transnationalisierung von Sicherheit eine Situation, in der keiner weiß, ob er sich innen oder außen befindet: »Inside and outside no longer have clear meanings for the professionals of threat management. A Möbius ribbon has replaced the traditional certainty of boundaries. It destabilizes the figures of threat as well as the borders of activities between the institutions.«[89]

Für die Pariser Sicherheitsforschung ist die Transnationalisierung des Sicherheitsfeldes und in deren Folge die zunehmende Interaktion unterschiedlicher Sicherheitsakteure *(security professionals)* ein Prozess, der im Grunde erst 1990 einsetzte, also mit dem Ende des Ost-West-Konflikts. Dass sich dieser Prozess seit 1990 dynamisierte, ist kaum zu bestreiten, aber in geschichtswissenschaftlicher Perspektive werden hier gegenwärtige Entwicklungen zu stark von längeren historischen Entwicklungslinien abgetrennt. Prozesse der Entterritorialisierung und der Relativierung des Nationalstaates beziehungsweise von Nationalstaatlichkeit mit ihrem nach außen wie nach innen gerichteten Souveränitätsanspruch setzten deutlich früher ein (ob nun im Gewande der

Europäisierung oder der Globalisierung), und die scharfe Trennung von innen und außen, die ja auch analytische Folgen hatte, ist in der historischen Forschung endlich aufgegeben worden. So lässt sich die Transnationalisierung des Sicherheitsfeldes fraglos als ein weiter zurückreichender historischer Prozess untersuchen, lassen sich Sicherheitspraktiken im Spannungsfeld von Nationalität, Internationalität und Transnationalität analysieren. Wie staats- beziehungsweise nationalstaatsbezogen war das Politik- und Handlungsfeldes innere Sicherheit in der Epoche der modernen Nationalstaaten seit etwa 1800?

Zweifelsohne dynamisierte sich die Transnationalisierung des Sicherheitsfeldes nach 1990, als mit dem Wegfall der militarisierten Ost-West-Konfrontation Sicherheitsakteure nach neuen Rollen suchten und diese neuen Rollen und Funktionen (einschließlich ihrer Ausstattung mit Ressourcen) zu legitimieren trachteten. Doch sie ist nicht notwendig an das Ende des Kalten Kriegs gekoppelt. So lassen sich schon in den 1970er Jahren vor dem Hintergrund terroristischer Herausforderungen in verschiedenen europäischen Staaten Ansätze einer Transnationalisierung der inneren Sicherheit feststellen: in der Polizeikooperation, aber auch in der Entstehung von teils formellen, teils informellen Austausch- und Abstimmungszirkeln von Vertretern einzelstaatlicher Sicherheitsbehörden. Schon die Bezeichnung der 1975 vom Europäischen Rat gegründeten, aber außerhalb des institutionellen Rahmens der Europäischen Gemeinschaften angesiedelten »TREVI-Gruppe«, einer Keimzelle des späteren Politikbereichs »Polizeiliche und justizielle Zusammenarbeit in Strafsachen« der Europäischen Union, verweist auf die Transnationalisierung und die Konvergenz von innerer und äußerer Sicherheit. Das Akronym TREVI steht für »Terrorism, Radicalism, Extrémism et Violence Internationale«.[90]

Mit einem noch weiteren zeitlichen Horizont könnte man sogar argumentieren, dass die scharfe Trennung zwischen innen und außen und die entsprechende Ausdifferenzierung von Sicherheitsinstitutionen und -akteuren, wenn sie sich in Reinform überhaupt nachweisen lässt, an die Zeit seit etwa Mitte des 19. Jahrhunderts gebunden ist, als sich insbesondere die europäischen Staaten immer stärker als autonome nationale Machtstaaten verstanden. Für diesen Autonomieanspruch, verbunden mit einem spezifischen

Verständnis von Souveränität, das in dieser Zeit auch völkerrechtlich befestigt wurde und daher bis heute Wirkung zeigt, sind einerseits die Trennung von innen und außen und andererseits ein nationalstaatliches Sicherheitsmonopol konstitutiv. Doch der Anspruch entsprach längst nicht immer der Realität, und das gilt selbst für die Hochphase europäischer Nationalstaatlichkeit in der zweiten Hälfte des 19. und der ersten Hälfte des 20. Jahrhunderts. Gerade auch im Bereich der kolonialen beziehungsweise imperialen Sicherheit (Seuchenbekämpfung, Kriminalitätsbekämpfung, Bekämpfung von Aufstandsbewegungen und subversiven Aktivitäten) kooperierten die europäischen National- und Imperialstaaten durchaus eng. Als geschichtswissenschaftliches Forschungsfeld wird das gerade erst erschlossen.[91]

Schon vor etwa 20 Jahren hat Jef Huysmans dafür plädiert, die breiteren kulturellen Kontexte zu untersuchen, innerhalb derer »Sicherheit« jeweils Bedeutung zugeschrieben wird. Damit ist wieder der Bogen geschlagen zum Konzept der Sicherheitskultur, mit dem sich auf diese Weise der Ansatz der Versicherheitlichung verbinden lässt, wenn man ihn nicht ohnehin als eine mögliche Ausformung dieses Ansatzes betrachten möchte. Versicherheitlichung, insbesondere in einem über das ursprüngliche, engere Kopenhagener Verständnis hinausgehenden Sinne, verändert die Wahrnehmung von sozialen Phänomenen. Sie verändert die Werte, Diskurse und Praktiken, die dem auf Erzeugung von Sicherheit und Reduzierung von Unsicherheit gerichteten Handeln individueller oder kollektiver Akteure Sinn und Bedeutung geben, und damit wiederum die Sicherheitskultur.[92] In unterschiedlichen Kontexten hat Sicherheit unterschiedliche Bedeutungen. Das muss man nicht nur horizontal verstehen, bezogen auf die gleiche Zeitebene, sondern man kann unterschiedliche kulturelle Kontexte und ihre – sich verändernden – Bedeutungszuschreibungen von Sicherheit auch vertikal, also als historischen Prozess erforschen. Die Bedeutungen beziehungsweise Bedeutungszuschreibungen von Sicherheit haben ihre Geschichte; sie sind abhängig von sozialen Strukturen und Beziehungen, wirken aber auch auf die Entwicklung solcher Strukturen und Beziehungen ein.[93] Aber was genau geschieht eigentlich, wenn »Sicherheit« auf die Organisation sozialer Beziehungen einwirkt, wenn soziale Beziehungen zu Sicherheitsbeziehungen werden? Auch Huysmans hat seine Überlegungen im Zusammenhang mit der Migrationsforschung entfaltet und konkretisiert und beispielsweise dazu aufgefordert, präziser zu untersuchen, was denn genau passiere, wenn eine Gesellschaft sich über Fragen der Migration, der Aus- und Einwanderung, nicht im Modus der Wirtschaft verständige, sondern im Modus der Sicherheit. Wie und unter welchen Bedingungen kann sich die Sicherheitsperspektive durchsetzen? Wer entscheidet darüber, ob eine bestimmte Frage als Sicherheitsfrage politisch behandelt wird? Und welche Wirkungen hat eine solche Versicherheitlichung? Dies sind Fragen, die man auch als historische Fragen anschließen kann.[94]

Auch Sicherheitssemantiken wären in diesem Zusammenhang und mit dieser analytischen Zielrichtung zu untersuchen. Anschließend an Überlegungen des Soziologen Stephan Lessenich zu wohlfahrtsstaatlichen Semantiken lassen sich auch Sicherheitssemantiken an Institutionen, soziale Praktiken und Politik rückbinden, lässt sich bezogen auf Institutionen, soziale Praktiken und Politik die Frage nach ihrer Wirkung stellen. Als Akte von »Begriffspolitik« (Lessenich) wären Sicherheitssemantiken in diesem Sinne an die Gesellschaftsform gekoppelte Sinnformationen beziehungsweise auf der operativen Ebene Repräsentations-, Sinngebungs- und Legitimierungstechniken der mit Kontingenz konfrontierten sicherheitsstaatlichen beziehungsweise sicherheitspolitischen Entscheidungsprozesse. Begriffe können freilich als Leitbegriffe nur dann wirken, wenn sie »die Hürde zur handlungsorientierenden, operativen Kategorie nehmen«.[95] Wie das geschieht, ist auch eine historische Fragestellung.

Vor Augen halten muss man sich allerdings, dass Sprache nur ein Mittel ist, um Bedeutung zuzuschreiben und zu kommunizieren. In diesem Zusammenhang ist nicht nur auf Formen performativer Versicherheitlichung wie körperliche Handlungen, bestimmte nonverbale bürokratische Praktiken oder die Wirkungen von technologischen Apparaten (Überwachungskameras, Körperscanner etc.) hingewiesen worden, sondern insbesondere auch auf Versicherheitlichung durch Bilder beziehungsweise die Visualisierung von Sicherheit oder Unsicherheit. Das lässt sich historisch weit zurückverfolgen, gewann aber an Bedeutung durch Fotografie und Film und hat im Zeitalter des Internets neue Dimensionen und Wirkungsmöglichkeiten gewonnen (durch die Unmittelbarkeit, die weite, letztlich globale Verbreitung und die Interaktivität des Mediums). Lene Hansen hat vor dem Hintergrund der Auseinandersetzungen in den Jahren 2005 und 2006 um die Veröffentlichung von Mohammed-Karikaturen in – zunächst – dänischen Zeitungen, die zu gewaltsamen Protesten und zu Todesdrohungen gegen den Zeichner Kurt Westergaard führte, auf das Problem der kulturell bedingt unterschiedlichen Interpretation von Bildern hingewiesen sowie auf Wirkungen von Bildern auf ein Publikum jenseits des kulturellen Kontexts, für den sie ursprünglich gedacht waren, oder auf ein Publikum mit einem anderen kulturellen Repertoire. Bilder könnten, so Hansen, nicht nur versicherheitlichend wirken, indem sie eine Gefahr oder eine Bedrohung darstellten, sondern auch dadurch, dass sie wie im Falle der Mohammed-Zeichnungen als Bedrohung einer kulturellen, nicht zuletzt religiösen Identität (durch ihre Ironisierung oder Verspottung) wahrgenommen würden.[96]

Sicherheitsdispositive und Gouvernementalität

Die sozial- und kulturwissenschaftliche Sicherheitsforschung, so wie sie sich seit den 1990er Jahren entwickelt hat, verdankt sich, das ist deutlich geworden, poststrukturalistischen Impulsen. Besondere Wirkung entfaltet hat in diesem Zusammenhang das Werk des französischen Philosophen Michel Foucault, der sich stets auch als Historiker verstanden und seine zentralen Überlegungen und Konzepte an historischen Gegenständen entwickelt hat (was seine Rezeption gerade in der deutschen Geschichtswissenschaft zunächst eher erschwert als befördert hat).[97] Gerade für eine Historische Sicherheitsforschung bietet das Oeuvre Foucaults jedoch wichtige Ansätze, weil man mit Foucault argumentieren kann, dass durch Sicherheitsdiskurse und in Sicherheitsdiskursen politische und soziale Verhältnisse verhandelt, strukturiert und machtpolitisch gestaltet werden.[98] Sicherheit begründet Machtverhältnisse, und auch staatliche Macht und Herrschaft werden durch Sicherheit begründet. Das scheint zunächst von der klassischen Sichtweise, in der Staatsbildung und Staats- beziehungsweise Herrschaftslegitimation im Rekurs auf Thomas Hobbes mit der Suche nach Sicherheit erklärt werden, nicht zu weit entfernt. »Ich biete Euch Sicherheit«, verspreche der Staat, so kann man es bei Foucault lesen.[99] Doch Foucault bezweifelt, dass es tatsächlich Sicherheit sei, was der Staat schaffen könne; vielmehr produziere der Staat Gewalt, die aber als Sicherheit dargestellt werde.[100]

In Auseinandersetzung mit Hobbes' Konzept »souveräner« Sicherheitspolitik entwickelt Foucault sein machttechnisches Sicherheitsverständnis, das um den Begriff der Gouvernementalität kreist. Für Foucaults gouvernementale Macht ist Sicherheit konstitutiv, und sein spezifisches Sicherheitsverständnis ermöglicht es, die Machtförmigkeit von Sicherheit zu denken. Gouvernementalität ist für Foucault »die aus Institutionen, den Vorgängen, Analysen und Reflexionen, den Berechnungen und Taktiken gebildete Gesamtheit, welche es erlauben, diese recht spezifische, wenn auch sehr komplexe Form der Macht auszuüben, die als Hauptzielscheibe die Bevölkerung, als wichtigste Wissensform die politische Ökonomie und als wesentliches technisches Instrument die Sicherheitsdispositive hat«.[101] Die Verknüpfung von Sicherheit und Macht ermögliche also die Beeinflussung beziehungsweise Steuerung (Regierung) von Bevölkerung(en). Ihr liegt ein in diesem Sinne erweiterter, nicht nur im engeren Sinne staatsbezogener Sicherheitsbegriff zugrunde, was die Attraktivität dieser Überlegungen Foucaults für eine Sicherheitsforschung in der Erweiterung oder die Erforschung von Dynamiken erweiterter Sicherheit erklärt und jenseits dessen auf die Potentiale einer Verknüpfung von Sicherheits- und Gouvernementalitätsforschung *(Governmentality Studies)* hindeutet.[102]

Ein zentraler Begriff in Foucaults Gouvernementalitätskonzept ist der des Dispositivs. Ein Dispositiv ist für Foucault stets machtbezogen, es ermöglicht die Ausübung von Macht. Es ist für ihn entstanden aus in einer bestimmten historischen Situation existierenden Gegebenheiten und bildet ein »entschieden heterogenes Ensemble, das Diskurse, Institutionen, architekturale Einrichtungen, reglementierende Entscheidungen, Gesetze, administrative Maßnahmen, wissenschaftliche Aussagen, philosophische, moralische oder philanthropische Lehrsätze, kurz: Gesagtes ebensowohl wie Ungesagtes umfasst«. Das Dispositiv entwickle sich als

»Netz, das zwischen diesen Elementen geknüpft werden kann«.[103] Nach Ablösung beziehungsweise in Ergänzung des Disziplinardispositivs ist die Entstehung des Sicherheitsdispositivs an die liberale Gesellschaft, den liberalen Staat und an liberale Gouvernementalität gekoppelt. Sicherheitsdispositive, so könnte man formulieren, gouvernementalisieren den Liberalismus und erzeugen eine Sicherheitsrationalität, die nicht nur das Regieren ermöglicht und die Bevölkerung für dieses Regieren formiert, sondern die darüber hinaus Ordnungsvorstellungen und Machtverhältnisse konstituiert.[104] Insofern verweisen Sicherheitsdispositive und ihre Veränderung einerseits auf die Geschichte der Regierung vor allem liberaler Gesellschaften, andererseits und in weiterer Perspektive auf politischen und gesellschaftlichen Wandel allgemein.[105]

Versteht man Gouvernementalität mit Foucault weiter als die »Art und Weise, mit der man das Verhalten der Menschen steuert«,[106] dann wird deutlich, dass er in seinem Gouvernementalitätsbegriff zwei seiner Gedankenstränge verbindet: seinen machtanalytischen Ansatz einerseits und sein Interesse für Techniken des Selbst, also für Selbstführungspraktiken der Subjekte, andererseits.[107] Der Gouvernementalitätsansatz ist damit auf die machtbezogene Analyse liberaler Gesellschaften und liberalen Regierens im Sinne des Steuerns orientiert. Sicherheit beziehungsweise Sicherheitsdispositive als Instrument von Gouvernementalität oder als Technik des Regierens – hier existieren Brücken zum Versicherheitlichungskonzept der Pariser Schule – zielt weder auf (staatliche) Souveränität und Normbildung im Sinne von Hobbes noch auf Disziplinierung durch die Einübung sozialer Praktiken, sondern als Spezifikum der liberalen Regierungsform auf die Verbindung liberaler Freiheit (des Einzelnen) mit einem fortexistierenden Koordinations- und Regulationsinteresse des Staates. Freiheit und Sicherheit bilden in diesem Sinne die beiden Pole der liberalen Gouvernementalität, die sich aber nicht in einem Spannungsverhältnis antagonistisch gegenüberstehen, sondern durch das gouvernementale Konzept der »Freiheitssicherung« (Katrin Meyer) aufeinander bezogen sind.[108] Mehr Freiheit bedeutet dann gerade nicht weniger Sicherheit, sondern mehr Sicherheit, verstanden als Sicherheitsmaßnahmen und -mechanismen. Das »Wechselspiel der Freiheit und Sicherheit« ist für Foucault das zentrale

Thema des Liberalismus und Antriebsmotor der gouvernementalen »Ökonomie der Macht«. Es ist für ihn das Merkmal der Gouvernementalität, »dass sie im Namen der Freiheit das Sicherheitsdenken aktiviert und Sicherheit dadurch zu einer dominanten Rationalitätsform werden lässt«.[109] Dispositive der Sicherheit sollen Freiheit nicht einschränken, sondern einen bestimmten Gebrauch der Freiheit gewährleisten.[110] Aus diesen Dynamiken entwickelt sich für Foucault der Sicherheitsstaat beziehungsweise die Sicherheitsgesellschaft, die mit ihren Sicherheitsdispositiven die Normbildung des RechtsStaates und die soziale Disziplinierung zunehmend »kolonisiert«.[111]

Dennoch ist auch die Frage nach der »Illiberalität der Gouvernementalität« und gouvernementaler Sicherheitspolitik gestellt worden. Eine Antwort auf diese Frage hat der Soziologe Sven Opitz in Prozessen der Versicherheitlichung und ihren illiberalen, entliberalisierenden Potentialen gefunden.[112] Er bezieht sich dabei auf den Kopenhagener Ansatz der Versicherheitlichung als eine rhetorische Struktur, welche potenziell gewaltsame Ausnahmen erwirke. Unter Bedingungen moderner Gouvernementalität und im Modus einer gouvernementalen Regierungsweise bearbeite sie exakt jenen Punkt, an dem die freiheitliche Regulation in ihrem eigenen Namen umschlage. Sie artikuliere die Schwelle, an dem eine gouvernementale Reartikulierung des klassischen Programms souveräner Macht ansetze und eröffne liberalem Regierungskalkül die »Chance der Illiberalität«.[113] Wichtig ist hier vor allem die Verbindung von Foucaults Konzept der Gouvernementalität mit dem sozialwissenschaftlichen Ansatz der Versicherheitlichung, die auch in Opitz' Vorschlag zum Ausdruck kommt, den Akt der Versicherheitlichung, also den Sprechakt im Kopenhagener Sinne, an ein Dispositiv der Sicherheit im Sinne Foucaults zurückzubinden, wobei man eben im Dispositiv der Sicherheit immer auch ein Dispositiv der Unsicherheit zu sehen habe.[114]

In direktem Bezug auf Carl Schmitt betrachtet Opitz Versicherheitlichung als die »Organisation einer gouvernementalen Praxis der rechtlichen Ausnahme«.[115] Das freilich ist eine Weiterentwicklung Foucaults, die einen zentralen Aspekt seines Sicherheitsdenkens infrage stellt, nämlich den gerade nicht exzeptionellen Charakter sicherheitsbezogener Gouvernementalität, ihre

Normalität. Während für das Konzept von Versicherheitlichung insbesondere im Sinne der Kopenhagener Schule der Gedanke zentral ist, dass durch den Rückgriff auf Sicherheit Gesellschaften für staatliche Interventionen jenseits des existierenden normativen Rahmens formiert würden, sind Foucaults Gouvernementalität und insbesondere sein Sicherheitsdispositiv nicht als Ausnahmezustand gedacht oder aus einer Logik der Ausnahme oder des Außerordentlichen entwickelt, sondern als Normalzustand einer liberalen Gesellschaft. Sicherheitspraktiken sind Praktiken des Normalisierens. Sicherheit und Sicherheitspolitik werden bei Foucault nicht auf Krieg oder das Überleben (der Gesellschaft oder des Staates) in einer existentiellen Krise bezogen sowie dadurch legitimiert, und sie sind nicht mit Zwang oder Unterdrückung verbunden.[116] Vielmehr meint Gouvernementalität oder »Regieren« durch Sicherheitsdispositive bei Foucault eine Macht beziehungsweise Machtausübung, die durch Wahrheitsproduktion und Wissen funktioniert, durch Wissen über die Bevölkerung, nicht zuletzt statistisch generiert, durch Wissen aber auch über Gefahren, Probleme und Risiken sowie über Sicherheitskonzepte, um die Bevölkerung angesichts von freiheitsgenerierten Unsicherheiten zu steuern und zu verwalten. Daraus ergibt sich gerade auch in sicherheitshistorischer Perspektive eine besondere Bedeutung der Verwaltung, deren Sammlung, Verarbeitung und Auswertung von Wissen eine machtvolle sicherheitsbezogene Regierungspraxis darstellt. Bürokratien – und das lässt sich gut mit dem Pariser Versicherheitlichungskonzept verknüpfen – dürfen damit analytisch auch nicht auf eine zuarbeitende Rolle für die politische Exekutive, die Regierung, reduziert werden, sondern sie übernehmen selbst die Funktion einer politisch gestaltenden und entscheidenden Steuerungsinstanz.[117]

5 Benachbarte Forschungsfelder

Historische Sicherheitsforschung gehört in einen weiteren Forschungskontext, der sich in den letzten Jahren vor allem in der Geschichtswissenschaft und in den Sozialwissenschaften entwickelt und ausdifferenziert hat. Risiko, Prävention, Resilienz oder Bedrohung sind Begriffe beziehungsweise Vorstellungen, die ähnlich wie Sicherheit das Interesse der Forschung verstärkt auf sich gezogen haben, die aber auch zu analytischen Kategorien gemacht worden sind. Die Grenzen zwischen diesen Forschungsfeldern sind fließend, ihre leitenden Fragestellungen und Erkenntnisinteressen überlappen sich, und auch hinsichtlich der Untersuchungsgegenstände gibt es, wenig überraschend, erkennbare Schnittmengen. Es wäre daher verkehrt, von konkurrierenden Ansätzen zu sprechen oder Hierarchisierungen, Über- und Unterordnungen vorzunehmen. Vielmehr sollte man, trotz fraglos unterschiedlicher Akzentsetzungen, die thematische und konzeptionelle Komplementarität der verschiedenen Ansätze betonen und ihre Fruchtbarkeit füreinander. Und schließlich konstituiert die Frage nach den Beziehungen und Wechselwirkungen zwischen Konzepten wie Risiko, Bedrohung oder Sicherheit, auch nach den Konjunkturen solcher Konzepte, ein eigenes Forschungsinteresse.

Risiko

Risiko oder Bedrohung sind Begriffe der Alltagssprache, und als solche tauchen sie schon seit Langem in wissenschaftlichen Arbeiten auf, ohne dabei indes systematisch reflektiert, als Analysekategorien entwickelt und geschärft oder auf ihre gesellschaftliche Wirkung hin befragt zu werden. So wurde der Risikobegriff erst in den 1980er Jahren als sozialwissenschaftliche, zum Teil zeitdiagnostische Kategorie geprägt und fand danach zunehmend Eingang nicht nur in die sozialwissenschaftliche, sondern auch die historische Forschung. In der historischen Forschung sind dabei zwei Perspektiven zu unterscheiden: einerseits eine zeithistorische, die sich für den Aufstieg der Risikothematik vor dem Hintergrund politischer, gesellschaftlicher und sozialkultureller Entwicklungen der 1970er/1980er Jahre interessiert; andererseits eine nicht auf die Zeitgeschichte beschränkte, die einen konzeptionell reflektierten Risikobegriff für die Analyse ganz unterschiedlicher historischer Entwicklungen heranzieht oder aber die Entstehung und historische Entwicklung von Risikodiskursen untersucht.

Auf den engen Zusammenhang von Risiko- und Sicherheitsbegriff verwies in den 1980er Jahren der Soziologe Ulrich Beck. Sein 1986 erschienenes Buch »Die Risikogesellschaft« war im besten Sinne zeit- und gesellschaftsdiagnostisch, es ging Beck weder darum, eine sozialwissenschaftliche Risikoforschung zu begründen, noch wollte er primär den Risikobegriff als sozialwissenschaftliche Analysekategorie etablieren. Becks Absicht war eine Auseinandersetzung mit der Moderne, insbesondere der technisch-industriellen Moderne, wie sie sich seit dem späten 19. Jahrhundert entwickelt hatte. Deshalb lautete der Untertitel seines Buches »Auf dem Weg in eine andere Moderne«.[1] Mit Blick insbesondere auf die westlichen Industriegesellschaften konstatierte Beck die »Ausdehnung von Modernisierungsrisiken« als Sicherheitsrisiken. Dabei verwies er nicht zuletzt auf technologische Entwicklungen wie beispielsweise die Gentechnologie, deren Aufstieg in den 1980er Jahren begann, sowie vor allem auf die Kernkraft. Becks Manuskript war bereits abgeschlossen, als die Reaktorkatastrophe von Tschernobyl im April 1986 seine Zeitdiagnose nicht nur zu bestätigen schien, sondern ihr ganz unmittelbare Aktualität und Relevanz verlieh.[2] Das Hauptargument des Buches war zum einen, dass neuartige, mit der Entfaltung der technisch-industriellen Moderne verbundene Sicherheitsrisiken sozial nivellierend und demokratisierend wirkten, indem sie geradezu gleichmacherisch alte Unterschiede in der Unsicherheits- oder Risikoausgesetztheit relativierten und in ihrer Bedeutung verminderten: »Not ist hierarchisch, Smog demokratisch«, spitzte Beck diesen Befund zu. Zu seiner Gesellschaftsanalyse gehörten aber zum anderen auch seine Beobachtungen zur Auflösung von sozialen Klassen, von überkommenen Ehe- und Familienstrukturen, von Geschlechterrollen oder Arbeitsbeziehungen sowie zur Erosion sozial verbindlicher Institutionen in und durch Prozesse der Individualisierung. Der Befund gewachsener Risiken und erodierender Sicherheiten – für Gesellschaften insgesamt wie für den Einzelnen – verband freilich beide Beobachtungen.

Anders als Beck entwickelte Niklas Luhmann in seinem erstmals 1991 veröffentlichten Werk »Soziologie des Risikos« theoretische Grundlagen einer sozialwissenschaftlichen Risikoforschung.[3] Er tat dies nicht zuletzt in Auseinandersetzung mit Ulrich Beck sowie angesichts der breiten gesellschaftlichen und politischen Verwendung des Risikobegriffs. Luhmanns Risikobegriff ist zwar nicht im zeitlichen Sinne an die Moderne gekoppelt, wohl aber an technologische Entwicklungen, und er bezieht menschliches, rationales Entscheidungshandeln definitorisch ein: Ein Risiko werde bewusst, durch Entscheiden, eingegangen: »Mit der Vorstellung des Risikos kann Unsicherheit in der Entscheidung reflektiert werden, und zwar so, dass die Entscheidung sich selbst als Ursache des möglichen Schadens sieht«.[4] Luhmann interessiert sich vor diesem Hintergrund nicht nur für die Unterscheidung von Risiko und Gefahr oder auch das Verhältnis von Risiko und Sicherheit beziehungsweise des Risiko- und des Sicherheitsbegriffs, sondern er stellt auch die Frage, »wer oder was darüber entscheidet, ob (und in welchen sachlichen oder zeitlichen Horizonten) ein Risiko beachtet wird oder nicht«. Für ihn ist das »keine Frage des Zufalls«, sondern sozial bestimmt, und in dieser Perspektive werden für ihn Risikokalkulation, Risikowahrnehmung, Risikoeinschätzung, Risikoakzeptanz und vor allem die »Selektion von Risiken für Beachtung oder Nichtbeachtung« zu Gegenständen soziologischer Analyse.[5] Luhmann selbst lenkt dadurch den Blick auf die Historizität von Risikobewusstsein und risikobezogenem Handeln und entwickelt nicht zuletzt vor diesem Hintergrund einen Zusammenhang von Risikobewusstsein und Zeitvorstellungen sowie die These, dass die moderne Gesellschaft Zukunft als Risiko vergegenwärtige.[6] Aber auch seine Differenzierung von »Entscheidern« und

»Betroffenen« (bezogen auf einzugehende beziehungsweise eingegangene Risiken) lässt sich geschichtswissenschaftlich fruchtbar machen. Luhmann verweist in diesem Kontext auf die Dynamiken von sozialen Bewegungen und Protestbewegungen, die er aus der Diskrepanz von »Entscheidern« und »Betroffenen« ableitet und auch mit Vorstellungen von Sicherheit korreliert.[7]

Viel stärker historisch-systematisch als Beck und Luhmann hatte sich schon 1986, also im Jahr des Erscheinens der »Risikogesellschaft«, der französische Soziologe, Philosoph und Mitarbeiter Foucaults François Ewald mit dem Risikobegriff befasst.[8] In seiner Beschäftigung mit der Genese des modernen Vorsorgestaates und der Idee der Sozialversicherung bildet für ihn die Politisierung der Kategorie des Risikos im 19. Jahrhundert den zentralen Analysestrang. Seit dem Ende des 19. Jahrhunderts diene der Risikobegriff als

»Objektivierungsprinzip sozialer Probleme, die nur dann gelöst werden können, wenn sie als Risiken aufgefasst werden. Das Leben, der Tod, die Krankheit, die Gesundheit sind Risiken; aber auch der schulische Erfolg oder Misserfolg, jede Form von Handicap, Gefahrensituationen, Kriminalität usw. Das Risiko erstreckt sich heute vom unendlich Kleinen der alltäglichen Existenz bis hin zum unendlich Großen der großtechnischen Risiken (…). Das Risiko ist der moderne Modus der Beziehung zu anderen: zugleich soziales Prinzip der Identifikation und allgemeine Form der Bewertung der Moralität der Verhaltensweisen«.[9]

In historischer Perspektive bezieht Ewald den Risikobegriff auf die Geschichte des Versicherungswesens, indem er Versicherung als »Technologie des Risikos« definiert. Er sieht Risiko nicht als Synonym für eine drohende Gefahr oder für ein drohendes Unglück, sondern – in der Logik des Versicherungswesens – als einen

»spezifischen Umgang mit bestimmten Ereignissen, die einer Gruppe von Individuen (…) widerfahren können. (…) An sich ist nichts ein Risiko, es gibt kein Risiko in der Realität. Umgekehrt kann alles ein Risiko sein, alles hängt ab von der Art und Weise, in der man die Gefahr analysiert, das Ereignis betrachtet«.

Vor diesem Hintergrund ist für Ewald der Begriff des Risikos »weniger mit den Begriffen der Gefahr und Bedrohung verknüpft als mit denen der Chance, des Zufalls, der Wahrscheinlichkeit, der Eventualität oder Zufälligkeit auf der einen, denen des Verlusts und des Schadens auf der anderen Seite (…)«.[10]

Nicht nur in den zeitlichen Kontext der Arbeiten von Beck, Luhmann und, bis zu einem gewissen Grade, Ewald gehört auch die 1995 erschienene Studie »Vom Risiko« des Soziologen Wolfgang Bonß.[11] Seine stark historisch vorgehende Untersuchung, eine »Diskursgeschichte des Risikokonzepts in systematischer Absicht«, versteht sich als eine »Analyse in gesellschaftstheoretischer Absicht« sowie, hierin Beck folgend, als einen auf das Problem von Unsicherheit und Ungewissheit, so der Untertitel, bezogenen Beitrag zu einer Theorie der Moderne.[12] Denn Risiken, so Bonß, seien ein spezifisches, für die Moderne typisches Muster der Wahrnehmung und Verarbeitung von Ungewissheit, das sich von vorausgegangenen Formen des Umgangs mit Ungewissheit und den dazugehörigen Sicherheitskonstruktionen signifikant unterscheide.[13] Um den postulierten Aufstieg des Risikodenkens in der Neuzeit zu erklären, ist für Bonß der Hinweis auf das Zusammenwirken von modernespezifischer Fortschrittserwartung mit einem neuen Sicherheitsdenken zentral. Über eine Verwissenschaftlichung von Unsicherheit, so die Argumentation, könne es gelingen, Risiken zu beherrschen und in Sicherheit zu verwandeln. Es sei kein Zufall, so Bonß im Rückgriff auf Luhmann, »dass Sicherheitsthematiken und Risikothematiken seit dem 17. Jahrhundert aneinander reifen«.[14] Wissens- und wissenschaftsgeschichtlich lässt sich in diesem Zusammenhang auf den Bedeutungsgewinn von Stochastik und Statistik verweisen, mit deren Hilfe durch Risikobewertung aus Möglichkeiten Wahrscheinlichkeiten – und damit zumindest tendenziell Sicherheiten – generiert werden sollten.[15] Die Verknüpfung von Risiko- und Sicherheitskonzepten tritt in dieser Perspektive klar zutage.[16] Martin Geyer hat in diesem Zusammenhang mit Blick auf die 1970er und 1980er Jahre, aber von der Argumentation her über diesen Zeitraum hinausgreifend, darauf hingewiesen, dass immer elaboriertere wissenschaftliche Möglichkeiten zwar einerseits die Nachfrage nach Risikoanalysen befriedigten, diese Nachfrage jedoch andererseits immer weiter verstärkten.[17] Mehr Risikoanalyse und bessere, nicht zuletzt computergestützte Analysemöglichkeiten schaffen also nicht größere Sicherheit, sondern tragen zu neuen Unsicherheitswahrnehmungen bei. Das verweist auf die Komplexität des Verhältnisses von Sicherheits- beziehungsweise Unsicherheits- und Risikodynamiken und damit auf eine wichtige Dimension des Wechselverhältnisses von Sicherheit und Risiko, das in historischer Perspektive noch präziser zu untersuchen wäre.

Dabei stellen die Versuche, Risiken zu kalkulieren, und die Auswirkungen solcher Bemühungen auf Wahrnehmungen von Sicherheit und Unsicherheit nur eine mögliche geschichtswissenschaftliche Untersuchungsrichtung dar. Zu fragen wäre auch, welche Themen und Fragen im historischen Prozess zum Gegenstand von Risikokalkülen geworden sind, wie und warum sich Risikodiskurse entwickelten und veränderten und inwiefern Risikodiskurse auch Auskunft geben über politische oder gesellschaftliche Dynamiken.[18] Was wurde in welcher Situation – und jenseits der Versicherungswirtschaft – überhaupt als ein Risiko angesehen? Inwiefern war dies sozial oder kulturell bedingt? Was waren die Ergebnisse und Wirkungen von Risikokalkulationen, sei es in Gestalt wissenschaftlicher Expertise oder politischer Bewertungen? Wie wirkten sich divergierende Risikoeinschätzungen politisch und gesellschaftlich aus? Die Debatte über die zivile Nutzung der Kernenergie kann dafür als ein Beispiel dienen. Aber selbst wenn keine unterschiedlichen Risikobewertungen vorliegen, kann die Frage, ob ein bestimmtes Risiko akzeptabel ist, zu politischen Meinungsunterschieden und gesellschaftlichen Auseinandersetzungen führen. Das zeigen Konflikte über militärische, insbesondere nukleare Rüstung. Das zeigt aber auch der historisch noch nicht gründlich untersuchte, letztlich tautologische Begriff des »Restrisikos«, der im Zusammenhang mit der Sicherheit von Kernkraftwerken Einzug in die politische Sprache hielt. Dennoch ist hier nicht nur ein zeithistorisches Forschungsfeld beschrieben, denn die Idee des Restrisikos, verstanden als das verbliebene Risiko nach der Durchführung von Schutzmaßnahmen, existierte, lange bevor der Begriff geprägt wurde.

Die historische Forschung hat sowohl Becks Risikobegriff, weniger Luhmanns, als auch Bonß' Darstellung aufgegriffen, zum Teil aber deutlich kritisiert, weil das historische Narrativ, das beispielsweise Ulrich Beck verwende, um seinen primär gegenwartsdiagnostischen Ansatz zu positionieren, zu schematisch sei und alte Epochenbestimmungen und Epochenabgrenzungen reproduziere. So werde die Geburt des Risikos zu einfach in einen linearen Säkularisierungsprozess eingeschrieben mit dem Bedeutungsverlust einer providentiellen Jenseitsorientierung und dem Aufstieg rational-planerischen, diesseitsgerichteten Handelns durch Risikokalkulationen seit Beginn der Frühen Neuzeit.[19]

Zeithistoriker haben in letzter Zeit begonnen, den Begriff des Risikos als analytische Kategorie zu schärfen. Dabei konnten sie an sozialwissenschaftliche Konzepte und Theorieansätze ebenso anschließen wie an einige geschichtswissenschaftliche Forschungsfelder, in denen der Risikobegriff, wenn auch nicht immer in konzeptionell systematischer Weise, thematisiert worden ist: neben der Versicherungsgeschichte die Umwelt- und Medizingeschichte, die Geschichte der Arbeit sowie die Wissenschafts- und Technologiegeschichte.[20] Der Risikobegriff biete, so ist betont worden, nicht nur reiche empirische Anknüpfungspunkte, sondern als eine geschichtswissenschaftliche Analysekategorie auch methodischen Nutzen. Peter Itzen, Simone Müller und eine Gruppe zumeist jüngerer Historiker sehen einen methodischen Wert des Risikobegriffs in dreifacher Hinsicht:[21] Erstens bestimmten Risiken beziehungsweise präziser: Risikowahrnehmungen oder Risikokalküle gleichzeitig sowohl die Zukunftsvorstellung eines Akteurs als auch seine Gegenwart. Was Akteure als Risiko in der Zukunft erkennen, beeinflusse ihr Handeln in der Gegenwart. Risiken seien, zweitens, notwendigerweise inhärent anthropozentrisch, weil sie von menschlichem Handeln und menschlichen Wahrnehmungen abhängen. Sie hätten aber zur gleichen Zeit eine starke materielle Qualität, welche auf Risikodebatten einwirke. Drittens schließlich ergebe sich ein geschichtswissenschaftlicher Nutzen aus der Tatsache, dass – anders als von Beck postuliert – die Konsequenzen von Risiken ungleich verteilt seien, was eine Verknüpfung der Kategorie Risiko mit anderen Analysekategorien wie Rasse, Klasse oder Gender zeige.

Diese jüngere Auseinandersetzung mit dem Risikobegriff und der Versuch, ihn geschichtswissenschaftlich, insbesondere sozialhistorisch, fruchtbar zu machen, beziehen sich in erster Linie auf das 20. Jahrhundert.[22] Zwar seien Risiken, Risikobewertungen und Risikowahrnehmungen konstitutiv für die *conditio humana,* dennoch sei seit dem 20. Jahrhundert ein quantitatives und qualitatives Wachstum von Risiken zu verzeichnen, es gebe mehr Risiken und es gebe größere Risiken, was vor allem mit der Entwicklung und dem Einsatz immer neuer und komplexerer Technologien erklärt wird. Das habe auch zu einem Bedeutungsgewinn von Risikomanagement geführt, verstanden als verantwortlichem Umgang mit – wachsenden – Risiken.[23] Diese Argumente sprechen in der Tat dafür, dass das 20. Jahrhundert ein besonders reiches und ergiebiges Feld einer geschichtswissenschaftlichen Risikoforschung ist und sich wichtige gesellschaftliche Entwicklungen durch die Verwendung des Risikobegriffs als Analysekategorie entweder noch präziser aufschlüsseln oder neu in den Blick nehmen lassen. Es wäre aber eine Entwertung der frisch gewonnenen Analysekategorie, wenn sie in ihrer Anwendung auf das 20. Jahrhundert beschränkt bliebe, denn das würde zum einen die historischen Linien, die in die Risikodiskurse des 20. Jahrhunderts führen, unterbelichtet lassen und auch die Veränderungen dieser Diskurse in früheren Epochen. Zum anderen blieben dadurch analytische Möglichkeiten verwehrt beziehungsweise eingeschränkt, die sich aus der Verknüpfung des Risikoansatzes mit anderen historischen Leitfragen oder Leitbegriffen ergeben können, die eine über das 20. Jahrhundert hinausgehende Bedeutung besitzen (von der Entwicklung von Staatlichkeit über den gesellschaftlichen Wandel in längerer Dauer bis hin zu wissenschaftlichen beziehungsweise wissensbezogenen Dynamiken, die sich nicht auf das 20. Jahrhundert begrenzen lassen). Und auch die Frage nach dem Verhältnis von Risiko und Sicherheit könnte nur unvollständig beantwortet werden, wollte man sie auf das 20. Jahrhundert reduzieren.

Vulnerabilität und Resilienz

In der Umwelt- und zum Teil auch der Entwicklungsforschung wird der Begriff des Risikos schon seit längerer Zeit mit dem Begriffspaar Vulnerabilität und Resilienz verknüpft. In einem Artikel für das Handbuch »Naturrisiken und Sozialkatastrophen« hat der Geograph Hans-Georg Bohle, ausgehend von Ulrich Becks Befund des Übergangs von der Industrie- zur Risikogesellschaft, konstatiert, dass »Wohlstand und übermäßiger Konsum in den reichen Ländern, hoch riskante Technologie sowie ein technokratischer Umgang mit wachsenden Umweltrisiken (…) in der Risikogesellschaft ganz neue Formen gesellschaftlicher Verwundbarkeit entstehen« ließen. Leben mit Risiko heiße, »aktiv mit gesellschaftlichem Wandel und sozio-ökologischen Transformationen umgehen zu lernen, um auf die Unsicherheiten, Störungen und Überraschungen in den Risikowelten von morgen eingestellt zu sein«.[24] Als Gegenbegriff zu Verwundbarkeit oder Vulnerabilität hat das Konzept der Resilienz an Bedeutung gewonnen. Resilienz meint, so eine Definition aus der Umweltgeographie,

> »die Widerstandsfähigkeit gekoppelter Mensch-Umwelt-Systeme gegenüber kritischen Bedrohungen und deren Vermögen, auch Krisensituationen weitgehend unbeschadet zu überstehen. Es geht also nicht mehr allein darum, möglichst gut gegen einzelne (bekannte) Risiken gewappnet zu sein, sondern in einem umfassenden Sinne auch gegenüber derzeit noch unbekannten Gefährdungen«.[25]

Der Resilienzbegriff (von lat. »resilire«: zurückspringen, abprallen) stammt ursprünglich aus der Psychologie, vor allem der Entwicklungspsychologie, und wurde als Antwort auf die Frage geprägt, wie Menschen es schaffen, trotz widriger Umstände nicht nur ihre Gesundheit und Integrität zu bewahren, sondern sich gut zu entwickeln und eigene Stärken herauszubilden. Die – zunächst psychologische – Resilienzforschung fragt nach den Kräften und Eigenschaften, die ein Mensch mobilisieren kann, um gegen miserable Lebenschancen oder bedrückende Lebensumstände anzukommen.[26] Über die Umwelt- und Entwicklungsforschung ist der Resilienzbegriff von der sozialwissenschaftlichen und, in ersten Ansätzen, auch von der historischen Forschung aufgegriffen worden. Die Herausforderung besteht auch hier darin, stark gegenwartsbezogene Konzepte nicht schlicht auf historische Zusammenhänge zu übertragen, sondern sie auf ihr geschichtswissenschaftliches Analysepotential hin zu befragen. Ansätze dafür lassen sich aus der ökologischen Forschung durchaus gewinnen. So haben die Umweltwissenschaftler Fikret Berkes, Johan Colding und Carl Folke die Fähigkeit von, wie sie es nennen, sozial-ökologischen Systemen zur Entwicklung von Problemlösungsstrategien und damit von Resilienz an bestimmte Voraussetzungen gekoppelt. Der langfristige Erfolg solcher Problemlösungsstrategien, als entscheidendes Element von Resilienz, hänge davon ab, ob diese in tiefere Schichten von Werten, Normen und kulturellem Gedächtnis eingebettet seien. Historisch akkumulierte und kulturell übermittelte Wissenssysteme seien die Grundvoraussetzung für Resilienz, und diese Wissenssysteme wiederum würden in langfristigen Prozessen von gesellschaftlichen Experimenten mit *trial and error* erworben.[27] Damit öffnen sich nicht zuletzt wissensgeschichtliche Forschungsperspektiven, die gerade angesichts des Postulats der *longue durée* nicht auf die Zeitgeschichte beschränkt bleiben müssen und sich auf ganz unterschiedliche Gegenstandsbereiche, vom Umgang mit Naturkatastrophen über medizin- und krankheitshistorische Entwicklungen bis hin zu wirtschaftlichen Dynamiken und den Versuchen, diese zu beherrschen, beziehen lassen.[28] Von hier aus wiederum lassen sich Bezüge zu einer weit verstandenen Sicherheitsgeschichte herstellen, indem soziale Lern- und Wandlungsprozesse sowie die Produktion von Wissen im Zeichen der Resilienzbildung auch als Auseinandersetzung mit Unsicherheitspotentialen gedeutet werden. Die Begriffe Vulnerabilität und Resilienz, so Peter Itzen und Simone Müller, seien insbesondere für eine historische Risikoforschung von großem Wert, weil sie ein besseres Verständnis dafür schafften, wie moderne Gesellschaften Risiken erzeugten und auf diese Risiken reagierten. Das erlaube einen präziseren Blick auf Versuche, stabile Gesellschaften zu schaffen oder instabile Gesellschaften zu stabilisieren, sowie auf Prozesse gesellschaftlichen Lernens.[29]

Stärker als in der Geschichte sind Vulnerabilität und Resilienz in der sozialwissenschaftlichen Sicherheitsforschung zu wichtigen Analysekategorien avanciert. Vulnerabilität, ein ähnlich wie Resilienz zunächst in der ökologischen Forschung verwandter Begriff, ist seit einiger Zeit, insbesondere seit Ende des Kalten Kriegs, zum Ausgangspunkt von neuen Sicherheitsstrategien geworden, die nicht mehr oder zumindest nicht mehr allein auf Verteidigung angesichts einer klar identifizierbaren Bedrohung zielten, sondern auf Resilienz, verstanden als Stärkung gesellschaftlicher Abwehrkräfte.[30] Im Sicherheitskontext bezeichnet Resilienz, so eine sozialwissenschaftliche Definition, der man die Provenienz des Resilienzbegriffs aus der Ökologie noch anhört, »die Widerstandsfähigkeit von Organismen und Systemen«, also ihre Fähigkeit, durch die Kombination von Wissen, Fertigkeiten und Ressourcen ihre Vitalfunktionen (länger) aufrechtzuerhalten.[31]

Resilienz sei zu einer sicherheitsstrategischen Leitidee geworden, weil Resilienz einem sich verändernden Sicherheitsdiskurs entspreche, der immer stärker gesteigerte Ungewissheit, gesellschaftliche Interdependenzen und eine wachsende Verletzlichkeit betone.[32] Sicherheitspolitik, so der Politikwissenschaftler Herfried Münkler, könne sich nicht mehr an einzelnen Bedrohungen orientieren, sondern müsse sich an der eigenen Verwundbarkeit ausrichten. Die Kategorie der Vulnerabilität erlaube es, im Bewusstsein der Unvorhersehbarkeit und Unvorhersagbarkeit konkreter Bedrohungen oder Gefährdungslagen die zentralen Verwundbarkeiten eines politischen Systems oder einer gesellschaftlichen Ordnung zu identifizieren. Sie entspreche der diffusen (Un-)Sicherheitslage zu Beginn des 21. Jahrhunderts, nach dem Ende der symmetrischen Konfrontation des Ost-West-Konflikts und angesichts der gestiegenen inneren Störungsanfälligkeit moderner Gesellschaften, deren Bewältigung nach unspezifischen und flexiblen Maßnahmen zur Erhöhung der gesellschaftlichen und politischen Widerstandsfähigkeit (Resilienz) verlange.[33] Münkler weitet hier sein Konzept des Übergangs von symmetrischen zu asymmetrischen Bedrohungen, Konflikten und vor allem Kriegen noch einmal deutlich aus.[34] Für ihn treten weit jenseits des militärischen und damit des traditionellen sicherheitspolitischen Feldes Vulnerabilität und Resilienz an die Stelle älterer Begriffspaare wie Bedrohung und Abschreckung, Angriff und Verteidigung, in denen stets in symmetrischen Konstellationen Sicherheitspolitik beschrieben und betrieben worden sei. Das aber sei angesichts der Asymmetrierung von Konfliktstrukturen und der Deterritorialisierung von Gewaltakteuren nicht mehr möglich; insbesondere der traditionelle Bedrohungsbegriff habe seine Bedeutung völlig verloren. Münklers Befunde korrespondieren mit den Dynamiken »erweiterter Sicherheit«, und man kann den Aufstieg des Begriffspaars Vulnerabilität und Resilienz (einschließlich der diesbezüglichen Forschung) fraglos mit den Entwicklungen einer Erweiterung und tendenziellen Entgrenzung des Sicherheitsbegriffs beziehungsweise des Verständnisses von Sicherheit und Unsicherheit korrelieren. Der erweiterte Sicherheitsdiskurs und der Vulnerabilitäts- und Resilienzdiskurs hängen zusammen, weil Vulnerabilität und – in der Folge – Resilienz sowohl politisch als auch wissenschaftlich der wachsenden Heterogenität und der zunehmenden Komplexität von Unsicherheitswahrnehmungen und Sicherheitsvorstellungen gerecht werden.[35]

In der jüngsten Zeitgeschichte haben sich die gesellschaftliche und politische Vulnerabilitäts- und Resilienzorientierung erhöht. Dafür spricht der Aufstieg der beiden Begriffe in der Wissenschaftssprache sowie zunehmend auch in der politischen Sprache. François Ewald hat sogar von einem Paradigmenwechsel gesprochen: »We may be in the midst of a paradigm change concerning society's obligations for the physical security of its members and our shared political philosophy of security.« Das neue Paradigma sei das der Vorbeugung (precaution).[36] Bedeutet das aber auch, so wäre in weiterer historischer Perspektive zu fragen, dass soziale Verhaltensweisen oder politische Denk- und Handlungsmuster, die mit dem Begriffspaar Vulnerabilität und Resilienz verbunden werden wie das der Vorbeugung, sich nur in gegenwartsnahen Kontexten identifizieren lassen? Der Soziologe Ulrich Bröckling hat für das 19. und das 20. Jahrhundert eine Ausweitung von »Dispositionen der Vorbeugung« festgestellt und sich dabei nicht nur auf die Abwehr konkreter Gefahren bezogen, sondern auch und in wachsendem Maße auf das Streben nach Resilienz im Sinne von gesellschaftlicher Widerstandsfähigkeit.[37]

Vorbeugung und Prävention

Vorbeugung und Prävention sind zwei weitere Begriffe, die ähnlich wie Vulnerabilität und Resilienz in den letzten Jahren als wissenschaftliche Analysetermini an Bedeutung gewonnen haben und die fraglos mit einer Historischen Sicherheitsforschung verbunden werden können. Die Verknüpfung lässt sich zum einen über die Zukunftsgerichtetheit vorbeugenden beziehungsweise präventiven Handelns herstellen, das darauf zielt, in der Gegenwart mit in der Zukunft liegenden Unsicherheitspotentialen umzugehen und damit letztlich Zukunft zu beeinflussen. Entscheidend ist dabei der Zusammenhang von Gegenwart und Zukunft, die Vergegenwärtigung der Zukunft durch präventives oder vorbeugendes Handeln, das durch den Begriff des »latenten Noch-nicht« näher charakterisiert worden ist. Zwar liege die mögliche Gefahr in der Zukunft, sie wirke aber durch das Ziel der Prävention, in die Gegenwart hinein und sei in der Gegenwart politisch präsent.[38] Der Begriff des »Gefahrensinns« nimmt diese Verknüpfung von Zukunft und Gegenwart, das Hineinwirken der Zukunft in die Gegenwart auf. Unter »Gefahrensinn« wird eine Wahrnehmungsform verstanden, »in der wirkliche Bedrohungen und eingebildete Gefahren, berechenbare Risiken und phantasmatische Heimsuchungen interferieren und zugleich einen dringenden Handlungs- und Interventionsbedarf motivieren«.[39] »Gefahrensinn« wird so zur Regierungstechnik im Sinne von Foucaults Gouvernementalität.

Ulrich Bröckling hat Prävention als die dominierende Ratio charakterisiert, unter der zeitgenössische Gesellschaften ihr Verhältnis zur Zukunft verhandeln und organisieren. Er spricht in diesem Zusammenhang von einem »aktivistischen Negativismus«: Nicht Fortschritt zum Besseren, sondern Vermeidung künftiger Übel bilde die Stoßrichtung vorbeugender Anstrengungen. Prävention wolle nichts schaffen, sie wolle verhindern.[40] Prävention zielt in diesem Sinne zum einen auf Kontingenzbegrenzung.[41] Zum anderen sind Präventions- und Sicherheitsforschung durch die Bedeutung von Wissen miteinander verbunden. Das verweist einerseits erneut auf den Aspekt Zukunft, auf das Interesse, Informationen über zukünftige Entwicklungen zu generieren, um (Sicherheits-)Risiken oder Unsicherheitspotentiale zu reduzieren. Andererseits ist auch dieses zukunftsgerichtete Wissen Wissen der Gegenwart. Prävention beruht auf gegenwärtigem Wissen und dessen Einsatz zu Zwecken der Antizipation. Didier Bigo hat in diesem Kontext von einer der Prävention zugrunde liegenden »Grammatik des *futur antérieur*« gesprochen.[42] Die Erfassung und Verfügbarkeit dieses antizipatorischen Wissens ist eine entscheidende Voraussetzung präventiven Handelns.[43]

Präventionsregime lassen sich historisieren, wenn man die mit ihnen verbundenen Diskurse und Praktiken als Steuerungsdispositive versteht sowie als Programme des Regierens und Sich-selbst-Regierens mit spezifischen Rationalitäten und Technologien sowie je eigenen Subjektivierungsweisen.[44] Ohne den Leitbegriff der Prävention explizit beziehungsweise systematisch aufzugreifen, ist diese Frage beispielsweise im Hinblick auf Planung oder, durchaus damit verwandt, auf Konzepte des *Social Engineering* behandelt worden.[45] Ulrich Bröckling identifiziert drei unterschiedliche Präventionsregime, er spricht auch von Dispositiven, die er jedoch nicht in ein chronologisches Narrativ bringt. Sie hätten zwar unterschiedliche historische Einsatzpunkte und Sattelzeiten, lösten einander aber keineswegs ab, sondern koexistierten und überlagerten sich vielfältig.[46] Bröckling unterscheidet das Präventionsregime der Hygiene, das Präventionsregime der Immunisierung und das Präventionsregime der *precaution*. Die Metaphorik stammt in den ersten beiden Fällen zwar aus dem Bereich der Medizin beziehungsweise der Gesundheitsvorsorge, entscheidend ist für Bröckling aber die Politisierung der mit diesen Begriffen verbundenen Vorstellungen. Das reichte im Falle des Hygienedispositivs von gesellschaftssanitären Vorstellungen über sozialreformerische Programme bis hin zur radikalen Umwälzung gesellschaftlicher Ordnung. »Aus der durchgängigen Selektion in schädliche und förderliche Elemente folgte eine Logik der antizipierenden Säuberung, die selbst mörderische Maßnahmen durch das Telos der Reinheit legitimierte.«[47] Im Dispositiv der Immunisierung

> »erscheinen Risiken nicht mehr als das, was um jeden Preis bekämpft beziehungsweise minimiert werden muss, Risiken sind vielmehr gleichermaßen Bedrohungen des Systems wie die Voraussetzung für seinen erfolgreichen Fortbestand. Prävention nicht als Risikovermeidung, sondern als Risikomanagement. Ihr Ziel ist nicht, den Ausbruch der Krankheit zu verhindern, sondern die Abwehrkräfte zu stärken, nicht Reinigung, sondern Resilienz«.

Der Übergang zum Dispositiv der *precaution* sei die Folge von Bedrohungen, »die in keiner Weise berechenbar erscheinen, zugleich aber eine Dimension erreichen, welche die Verhinderung ihres Eintretens im Wortsinn überlebensnotwendig erscheinen lässt«.

Unter Hinweis auf ökologische Diskurse seit den 1970er/1980er Jahren, aber auch auf den internationalen, insbesondere den radikalislamistischen Terror seit 2001, spricht Bröckling von Bedrohungskonstellationen, die sich zum einen durch einen Kontext wissenschaftlicher Ungewissheit auszeichnen, zum anderen durch die Eventualität schwerer und irreversibler Schäden für das menschliche Leben beziehungsweise die menschliche Existenz.[48] Das weise einerseits in die Richtung eines »präventiven Unterlassens«. Wenn bestimmte Risiken nicht auszuschließen seien, beispielsweise bei der Nutzung der Kernenergie, dann seien sie erst gar nicht einzugehen. Andererseits lasse sich daraus auch ein »entgrenzter Aktivismus im Namen der Vorsorge«, eine »entfesselte Prävention« jenseits normativer oder moralischer Grenzen ableiten. »The risks of inaction are far greater than the risks of action«. So wird zur Illustration US-Vizepräsident Dick Cheney im Vorfeld des Irakkriegs von 2003 zitiert. In dieser Logik der *precaution* gewinnt die Verfügbarkeit von Wissen eine neue Bedeutung, und zwar in dem Sinne, dass vorbeugendes, präventives Handeln nicht mehr zwingend auf existierendes Wissen beziehungsweise vorhandene Informationen rekurriert, sondern Unwissen im Sinne zukunftsbezogener Ungewissheit durch Handeln gleichsam zu kompensieren suche. Genau so lässt sich die Feststellung von US-Verteidigungsminister Donald Rumsfeld aus dem Jahr 2002, ebenfalls im Vorfeld des Irakkriegs, deuten: »There are known knowns. These are things we know that we know. There are known unknowns. That is to say, there are things that we know we don't know. But there are also unknown unknowns. There are things we don't know we don't know.«[49]

Nicht zuletzt im Rückgriff auf François Ewalds Buch »Der Vorsorgestaat«,[50] das in diesem Kontext zu einem zentralen Referenzwerk avanciert ist, und ausgehend von der These, dass seit dem 19. Jahrhundert Vorsorge zu einer gesamtgesellschaftlichen Aufgabe geworden sei,[51] hat Prävention in den letzten Jahren sowohl als Analysekategorie als auch als Untersuchungsgegenstand verstärkt die Aufmerksamkeit der historischen Forschung gefunden. So ist von einer »Zeitgeschichte der Vorsorge« gesprochen worden, welche über die Entwicklung von Präventionsregimen, oftmals exemplifiziert an den Feldern der Sozial- und vor allem der Gesundheitspolitik, den gesellschaftlichen und politischen Umgang mit der wachsenden Komplexität und den Kontingenzerfahrungen moderner Gesellschaften zu greifen versucht und sich nicht zuletzt für die Institutionalisierung des mit dem Gedanken der Prävention verbundenen sozialen Gestaltungsanspruchs im »Zeitalter der Extreme« (Hobsbawm) interessiert.[52] Dabei ist auch der widersprüchliche Zusammenhang der Entwicklung des Präventionsgedankens und einer auf der Idee der Prävention beruhenden Politik der Vorsorge thematisiert worden, insbesondere hinsichtlich der seit den 1970er Jahren erkennbaren Spannungen zwischen zunehmenden Unsicherheitswahrnehmungen und der gleichzeitigen Skepsis gegenüber Planung und Steuerung, Planbarkeits- und Machbarkeitsideen. Obwohl Vorsorge »das Ziel hatte, wachsende Sicherheitsbedürfnisse zu befriedigen, war ihre planmäßige Umsetzung nun schwerer denn je zu erreichen«.[53] Das verweist erneut auf die bereits thematisierten Ambivalenzen der Sicherheit, die nicht nur mit Blick auf die Zeitgeschichte seit 1970, auch wenn sie hier besonders ausgeprägt zutage treten, noch systematisch zu untersuchen wären. Die analytische Verknüpfung von Präventions- und Sicherheitsgeschichte öffnet so neue Perspektiven auf eine Geschichte sozialer Ordnungsvorstellungen, kollektiver Risikowahrnehmungen und Zukunftserwartungen.[54] Darüber hinaus bietet die Verknüpfung von historischer Sicherheits- und Präventionsforschung auch Möglichkeiten, Präventionsregime und Politiken der Vorsorge jenseits der jüngsten Zeitgeschichte und jenseits des sozial- und gesundheitspolitischen Feldes in den Blick zu nehmen.[55] Das richtet sich zum einen – und so ist das ja bereits behandelt worden – auf die Politisierung medizinischer sowie gesundheits- und krankheitsbezogener Vorstellungen, auf gesellschaftliche Ordnungsvorstellungen im Zeichen von Krankheit und Gesundheit; es richtet sich aber zum anderen auf die Ausweitung von Präventionslogiken auf andere politische und soziale Handlungsfelder: von der Kriminalitätsbekämpfung über den Umweltschutz bis hin zu einem Feld klassischer Sicherheitspolitik: der Militär- und Verteidigungspolitik.

Bedrohung

Dass Forschungsentwicklungen in den Geistes-, Sozial- und Kulturwissenschaften stets auch in Gegenwartsbezügen stehen und sich bestimmten Gegenwartswahrnehmungen verdanken, ist weder neu noch überraschend. Das gilt auch für die historische Forschung. Der 2014 eingerichtete Sonderforschungsbereich »Dynamiken der Sicherheit« der Universitäten Marburg und Gießen verdankt sich nicht zuletzt einem solchen Impuls der Gegenwart. Ähnliches gilt für den Sonderforschungsbereich »Bedrohte Ordnungen« der Universität Tübingen, der 2011 seine Arbeit aufgenommen hat. »Das Thema lag nahe: Bedrohungen durch Naturgewalten und menschliche Ausbeutung der Natur, durch riskante Technologien und deren Versagen, durch Finanzdienstleister und deren Interaktion mit Staaten, durch Terrorismus und Gewaltunternehmer sind zu Beginn des 21. Jahrhunderts in den deutschen Medien – und nicht nur dort – sehr präsent gewesen und sind es noch.« Ähnlich wie der Sonderforschungsbereich »Dynamiken der Sicherheit« möchte auch der Sonderforschungsbereich »Bedrohte Ordnungen« »einen aktuellen Fragehorizont geschichts- und kulturwissenschaftlich fruchtbar machen und gleichzeitig der Gegenwart historische Erfahrungsräume aufschließen«.[56]

Aber nicht nur der evidente Gegenwartsbezug verbindet eine Historische Sicherheitsforschung mit jüngeren Forschungsansätzen, die sich für Bedrohung beziehungsweise Bedrohungen in der Geschichte interessieren, für Bedrohungsvorstellungen und für Bedrohungswahrnehmungen sowie für die politischen, gesellschaftlichen und kulturellen Wirkungen von Bedrohungen. Sicherheit, genauer gesagt: Unsicherheit und Bedrohung gehören nicht nur semantisch in ein Feld, sondern es existieren große Schnittflächen zwischen den beiden Forschungsgebieten, nicht zuletzt in der zentralen Frage nach den Ausformungen und den Auswirkungen von Sicherheits- beziehungsweise Unsicherheitskommunikation einerseits und Bedrohungskommunikation andererseits. Es handelt sich um komplementäre Forschungsfelder.

Der Bedrohungsbegriff ist in Geschichte und Gegenwart alltagssprachlich präsent und taucht auch in der wissenschaftlichen Literatur durchaus auf. Das gilt auch für die Geschichtswissenschaft, wo er im Kontext der internationalen Beziehungen begegnet, aber auch im Bereich der inneren Sicherheit (revolutionäre Bedrohung, Bedrohung des Terrorismus), und wo der Hinweis auf eine Bedrohung in der Regel dazu dient, staatliches Handeln zu erklären und – als Reaktion auf Bedrohung – tendenziell zu rechtfertigen. Nicht erst im Zeichen des Konstruktivismus ist dabei auf die Bedeutung des Wahrnehmungsaspekts hingewiesen worden;[57] Bedrohungen wirken, weil sie als Bedrohungen wahrgenommen werden, und diese Wahrnehmung ist sozial, kulturell und politisch bestimmt. Insofern greifen Definitionen von Bedrohung aus den Internationalen Beziehungen oftmals zu kurz, die von Bedrohung als einer Situation sprechen, »in which one agent or group has either the capability or the intention to inflict a negative consequence on another agent or group. Threats are probabilistic because they may or may not be carried out«.[58] Das ist ein Ausgangspunkt, reicht aber nicht aus, denn ob beispielsweise die Sowjetunion während des Kalten Kriegs eine Bedrohung für den Westen darstellte, war nicht nur eine Frage von – militärischen – Fähigkeiten und – politischen – Absichten, sondern mindestens ebenso sehr eine Frage von Wahrnehmungen und Einschätzungen, und diese waren genauso umstritten wie das Ausmaß der terroristischen Bedrohung in der Bundesrepublik der 1970er Jahre. Politische Entwicklungen, beispielsweise der Übergang von der Politik der Konfrontation zur Entspannung in den 1960er Jahren, können zur Veränderung von Bedrohungswahrnehmungen ebenso beitragen wie Aufmerksamkeitsökonomien. In liberalen, pluralistischen Gesellschaften wird über Bedrohungen gestritten. Umgekehrt können Bedrohungsszenarien entwickelt und politisch instrumentalisiert werden, um gemeinschaftsbildend, gemeinschaftsverstärkend oder identitätsstiftend zu wirken. Das lässt sich am Antikommunismus in der Bundesrepublik und in anderen westlichen Gesellschaften der 1950er Jahre ebenso zeigen wie an nationalen Feindbildkonstruktionen oder der Konstruktion von »Reichsfeinden« als Bedrohung nationaler Einheit in der Zeit des Kaiserreichs. Bedrohungen entfalten Wirkung als wahrgenommene Bedrohungen, und Bedrohungswahrnehmungen entstehen nicht von allein, sondern sind das Ergebnis kulturell oder politisch beeinflusster Aushandlungsprozesse, zu denen auch wissenschaftliche Expertise, nicht zuletzt in Gestalt von Bedrohungsanalysen, beiträgt. Bezüge zu Sicherheitsvorstellungen und Unsicherheitswahrnehmungen, die ebenfalls gesellschaftlich bestimmt und historisch variabel sind, treten hier klar zutage. Bedrohungs- und Sicherheitskommunikation sind letztlich zwei Seiten derselben Medaille und können daher analytisch durch die Frage miteinander verknüpft werden, was Gesellschaften als Bedrohungen ihrer Sicherheit betrachten. Dabei stellen sowohl Bedrohung als auch Sicherheit Variablen dar, die nicht nur gegenwärtig, sondern auch im historischen Prozess und in unterschiedlichen historischen Kontexten je unterschiedlich bestimmt werden. Sicherheitsvorstellungen und Sicherheitsverständnisse sind von Bedrohungsvorstellungen und Bedrohungswahrnehmungen abhängig und umgekehrt, eine nicht zuletzt durch ihre sich permanent verändernde Ausformung hoch komplexe Interdependenz, die systematischer Untersuchung noch harrt.

In systematischer Absicht ist hingegen die Frage nach dem Zusammenhang von Bedrohung und der Entwicklung sozialen Wandels, insbesondere raschen sozialen Wandels, gestellt worden. Dabei wird ein Zusammenhang zwischen Bedrohungswahrnehmung und vor allem Bedrohungskommunikation einerseits und Ordnungstransformation andererseits postuliert.[59] Ausgehend von einem Ordnungsbegriff, der Ordnung als ein »Gefüge von Elementen« definiert, »die in einem bestimmten Verhältnis zueinander stehen und soziale Gruppen oder ganze Gesellschaften strukturieren«,[60] entwickelt diese Bedrohungsforschung eine Reihe von Grundannahmen, die nicht darauf zielen, Bedrohungen als solche (objektiv existierend oder wahrgenommen) zu identifizieren und zu analysieren, sondern die den Ordnungsbezug und damit die soziale Rückbindung von Bedrohungen, Bedrohungswahrnehmungen und Bedrohungskommunikation betonen. Die wichtigsten dieser Grundannahmen sind: a) Bedrohungen sind ordnungsspezifisch; b) Bedrohungen werden ordnungsspezifisch kommuniziert; c) Ordnungen verändern sich im Moment ihrer Bedrohung; d) bedrohte Ordnungen sind instabil; e) die Bedrohung einer Ordnung öffnet Horizonte und Möglichkeitsräume.[61] Zentriert ist das auf diesen Grundannahmen beruhende Forschungskonzept um den Begriff der Bedrohungskommunikation:

»Wenn die Beschreibung eines bedrohlichen Status quo, eines zukünftigen Szenarios und einer Handlungsempfehlung eine in Bezug auf die in Rede stehende Ordnung hinreichend große Akteursgruppe interessieren und zur Kommunikation bzw. zum Handeln bewegen kann, dann ist Bedrohungskommunikation gelungen.«[62]

Das richtet sich auf Diskurse und Praktiken, in denen und durch die sich Ordnungen verändern, sowie auf Institutionen, Repräsentationen, Symbole und Narrative, in denen Ordnungen verankert sind. Auf diese Weise wird der Bedrohungsbegriff, vermittelt über das Medium der Bedrohungskommunikation, zum heuristischen Instrument, Ordnungen an dem Punkt analytisch zu fassen, an dem sie am sichtbarsten und zugleich am veränderbarsten sind: im »Augenblick der Bedrohung«.[63] Angesichts des Wechselverhältnisses von Bedrohung und Sicherheit sind die hier knapp referierten Überlegungen zur Bedrohungskommunikation in ihren Ordnungs- und Sozialbezügen auch für eine Historische Sicherheitsforschung von großer Bedeutung. Dabei geht es nicht darum, nunmehr analog zum Begriff der Bedrohungskommunikation ein Konzept der Sicherheitskommunikation zu entwickeln,[64] sondern darum, einen für die historische Forschung verwendbaren Ansatz zu entwickeln, der über die Untersuchung von Bedrohungs- und / oder Sicherheitskommunikation sozialen Wandel analytisch fassen kann.

6 Themenfelder und Forschungsperspektiven

Sicherheit in Raum und Zeit

»Ich werde die Zukunft verhindern, ich werde eine Mauer erbauen ...«.
(Max Frisch: Die Chinesische Mauer)

Angesichts der bevorstehenden Osterweiterung verständigten sich die Mitgliedsstaaten der Europäischen Union 1997 im Vertrag von Amsterdam auf eine verstärkte Zusammenarbeit auf dem Gebiet der Innen- und Rechtspolitik. Die europäischen Staats- und Regierungschefs zeigten sich »entschlossen, die Freizügigkeit unter gleichzeitiger Gewährleistung der Sicherheit ihrer Bürger durch den Aufbau eines Raums der Freiheit, der Sicherheit und des Rechts (...) zu fördern«. Die unter dieser Überschrift versammelten Maßnahmen zielten vor allem auf eine engere polizeiliche und justizielle Kooperation bei der Bekämpfung organisierter Kriminalität, richteten sich aber auch auf eine gemeinsame Politik der Freizügigkeit, die konstitutiv mit asyl- und migrationspolitischen Maßnahmen, beispielsweise einer stärkeren Kontrolle der Außengrenzen, verbunden wurde. Der Amsterdamer Vertrag und viele andere europäische Dokumente verweisen auf die Raumbezüge von Sicherheit und Sicherheitspolitik, die auch historisch eine wichtige Forschungsperspektive darstellen. Sicherheit sei, so Cornel Zwierlein, im Zusammenhang mit Raumbezügen zum Leitbegriff geworden, beginnend schon bei Reisen im Mittelalter, für die Geleitbriefe »securitas« für bestimmte Wegstrecken gewährten.[1] Forschungsgeschichtlich begegnen uns diese Raumbezüge dann jedoch vor allem in der Verknüpfung von Territorialisierungs-

und Staatsbildungsprozessen seit der Frühen Neuzeit. Staaten und staatliche Herrschaft versuchten Anerkennung durch ein Sicherheitsversprechen zu gewinnen; sie gewannen Legitimität, wenn sie und weil sie für einen bestimmten Raum und die Menschen, die in diesem Raum lebten, Sicherheit gewährleisten konnten oder dies zumindest behaupteten. Sicherheit wurde in diesem Sinne zur Legitimitätsressource des Staates und der ihn tragenden politischen Eliten.[2] Staatliche Territorien bildeten sich auch durch Dynamiken der Sicherheit, die in diesem Sinne soziale Wirkung entfalteten, die Herausbildung und Entwicklung sozialer und politischer Ordnung beeinflussten und institutionenbildend wirkten.

Territorialisierungsdynamiken sind über weite Strecken Sicherheitsdynamiken. Territorialität, verstanden als »Strategie zur Kontrolle von Personen und Dingen durch die Kontrolle von Raum«, ist ein »Mittel der Machtausübung«, muss aber auch durchgesetzt werden.[3] In diesem Zusammenhang spielt das – staatliche – Sicherheitsversprechen eine zentrale Rolle. Es unterliegt bis heute der Logik des *State-building*, die nicht zuletzt in Entwicklungszusammenhängen die europäische Erfahrung der Organisation und Stabilisierung politischer Herrschaft seit der Frühen Neuzeit zur Blaupause staatlicher Organisation, politischer Durchdringung und Herrschaftssicherung machte. In dieser Logik stellten – und stellen – nicht im europäisch-westlichen Sinne regierte Räume ein doppeltes Sicherheitsproblem dar: zum einen weil es hier nicht zur staatlichen Übernahme gesellschaftsbezogener und, so das Postulat, gesellschaftsstabilisierender Sicherheitsfunktionen kommt; zum anderen, und damit verbunden, weil schwache Staaten oder unregierte Räume aus der Sicht der nach europäisch-westlichen Mustern geordneten Staatenwelt ein Sicherheitsproblem in der Perspektive des internationalen Systems, dessen Komplexität und Unberechenbarkeit sie erhöhen, darstellen.

Die »Versicherheitlichung unregierter Räume« hat eine lange, weit in die Vormoderne zurückreichende Tradition, auf die Daniel Lambach hingewiesen hat: auf alten Landkarten symbolisierten bedrohliche Tier- oder Fabelwesen (»hic sunt leones«, »hic sunt dragones«) unbekannte und daher unkontrollierte Gebiete; aber auch die Bezeichnung von nicht im westlich-europäischen Sinne regierten Völkern als »Barbaren« oder »Wilde« verweist auf die Sicherheits- beziehungsweise Unsicherheits- und Bedrohungsvorstellungen, die mit angeblich unregierten Räumen verbunden sind. So wurden Sicherheits- beziehungweise Unsicherheitsargumente in Verbindung mit der Idee der Zivilisierungsmission *(mission civilisatrice)* zu Rechtfertigungen von Intervention, Unterwerfung und Kolonialisierung.[4] Aber auch wissenschaftsgeschichtlich und in der Entwicklung akademischer Wissensproduktion spielen Sicherheitsargumente eine nicht unwichtige Rolle. Dafür steht der Aufstieg der heute kontrovers und kritisch diskutierten *Area Studies,* der in den Jahren nach 1945 – und trotz einzelner europäischer Traditionslinien – von den USA und amerikanischen Wissenschaftsinstitutionen forciert wurde, um im Kalten Krieg Expertise für die Auseinandersetzung mit der sowjetischen und chinesischen – kommunistischen – Bedrohung zu gewinnen, rasch aber auch, und durchaus damit verbunden, um Wissen über jene Weltregionen insbesondere in Afrika und Asien zu gewinnen, deren politische Bedeutung in den Augen der USA und des Westens angesichts der Dekolonialisierung im Wachsen begriffen war.[5] In der Bundesrepublik folgten die Entwicklung und der Ausbau des Faches Osteuropäische Geschichte trotz aller ins späte 19. und frühe 20. Jahrhundert zurückreichenden Traditionslinien und Vorläufer einer vergleichbaren Dynamik. Die historische und sozialwissenschaftliche Osteuropaforschung, wie sie in Westdeutschland (und in anderen westlichen Ländern) akademisch auf- beziehungsweise ausgebaut wurde, wurde als Sicherheitsforschung konzipiert und vor dem Hintergrund des Kalten Kriegs entsprechend großzügig alimentiert. Osteuropa wurde als Sicherheitsraum konstituiert, der in dieser Perspektive mitunter bis zur Elbe reichte.

Deutlich wird hier, dass Räume auch für eine Historische Sicherheitsforschung viel mehr sind als nur reine Schauplätze oder Handlungsorte bei der Herstellung von Sicherheit.[6] Eine solche Sichtweise würde hinter den *spatial turn* zurückfallen, der ja nicht nur die Kategorie Raum stärker ins Bewusstsein der historischen Forschung gerückt und die Auseinandersetzung mit dem vieldimensionalen Verhältnis von Zeit und Raum für historische Prozesse als Forschungsfrage breit etabliert hat, sondern der Raum auch als gedachte, als gemachte und gerade deshalb sozial und kulturell so wirksame Größe zum Untersuchungsgegenstand werden ließ. Vor diesem Hintergrund muss es überraschen, dass der »Wechselbezug zwischen Raum, Sicherheit und Zeit« bislang kaum konzeptionell reflektiert worden ist.[7] Dabei sind zwei miteinander verbundene und wechselseitig aufeinander einwirkende Dynamiken in den Blick zu nehmen: So tragen zum einen Wahrnehmungen von Sicherheit oder Unsicherheit zur Herausbildung von Räumen beziehungsweise Raumwahrnehmungen oder Raumvorstellungen bei. Sicherheit und Unsicherheit werden nicht nur raumbezogen gedacht, sondern in Sicherheitsdiskursen und Sicherheitspraktiken entstehen Räume der Sicherheit, Räume werden durch das »Projekt Sicherheit« kolonisiert.[8] Räume der Sicherheit und Räume der Unsicherheit wiederum werden durch Grenzziehungen voneinander geschieden. Die im staatlichen Bezugssystem etablierte Trennung von »innen« und »außen« ist nur ein Beispiel dafür. Auch die sicherheitsbezogene Zonierung von Städten lässt sich hier exemplarisch anführen. Umgekehrt beeinflussen räumliche, nicht zuletzt naturräumliche Gegebenheiten die Wahrnehmung von Sicherheit oder Unsicherheit. So konnten über viele Jahrhunderte Flüsse, Gebirge oder eine Insellage Vorstellungen von Sicherheit nähren. Aber Sicherheitsräume werden auch durch Mauern, Zäune, Wassergräben oder Warnsignale materialisiert.[9] Geschützte, sichere Räume beziehungsweise die Vorstellung von Geschütztsein und Sicherheit wurden durch Befestigungsanlagen geschaffen; als diese durch technische Entwicklungen ihre Wirksamkeit verloren, übernahmen Waffensysteme und Rüstungstechnologien ihre Funktion.

Vorstellungen von Sicherheit und Unsicherheit lassen sich kartieren. Die Untersuchung von Karten und eine kritische historische Kartographie stellen daher gerade angesichts ihrer Raumbezüge wichtige und noch lange nicht systematisch untersuchte Dimensionen einer Historischen Sicherheitsforschung dar. Insbesondere politische Landkarten sind visuelle Medien, die Zonen der Sicherheit und Zonen der Unsicherheit voneinander abgrenzen, die Bedrohungen hervorheben (durch Farbgebungen, Perspektivierungen, die Auswahl von Kartenausschnitten oder bestimmte Symbole) und die dadurch, oftmals politisch intendiert, auf bestimmte sicherheitsbezogene Wirkungen zielen: die

Zustimmung zu einer bestimmten Außenpolitik, die Akzeptanz von Rüstungsanstrengungen oder politische Solidarisierungseffekte angesichts einer auch durch Karten vermittelten Bedrohungswahrnehmung. Karten können in diesem Sinne Medien der Versicherheitlichung sein, weil sie als Teil politischer Kommunikation tatsächliche oder vermeintliche Bedrohungen oder Gefahren visualisieren und auf diese Weise zur Legitimation politischen Handelns beitragen. Das müssen nicht nur Karten sein, die auf militärische Bedrohungen hinweisen oder Bündnisgebiete und -zugehörigkeiten abbilden. Auch von Karten, die beispielsweise Religion oder Konfession erfassen, die ethnische Zugehörigkeiten, Sprachgruppen oder kulturelle Orientierungen darstellen, können suggestive und mobilisierende versicherheitlichende Wirkungen ausgehen, sie können sicherheitspolitisch instrumentalisiert werden. Peter Haslinger und Vadim Oswalt haben auf die Möglichkeit konkurrierender Versicherheitlichungsdiskurse hingewiesen und von einem »Kampf der Karten«, der in vielen Fällen auf Identitätsstiftung durch die Kartierung von Unsicherheitspotentialen oder Bedrohungen abziele, gesprochen.[10] Für eine raumbezogene Kartenanalyse als Teil einer Historischen Sicherheitsforschung ist auch das Konzept der *entangled cartographies* von Bedeutung. Damit sind Dynamiken bezeichnet, in denen in Konfliktsituationen »Karten (und damit auch ihre Produzenten und Auftraggeber) transnational aufeinander reagieren, eigene Deutungen affirmativ hervorheben und gegnerische Sicherheitsprämissen argumentativ zurückweisen«.[11]

Raumbildungen und Grenzziehungen gehören untrennbar zusammen. Wenn Sicherheitsräume nicht zuletzt durch Zugehörigkeitsvorstellungen generiert werden, wenn Sicherheitsvorstellungen und Unsicherheitswahrnehmungen zur Herausbildung von Identität(en) beitragen und Alteritätskonstruktionen zur Trennung von Räumen der Sicherheit und Räumen der Unsicherheit, dann entstehen in diesen Prozessen und angesichts der Dichotomie von Sicherheit und Unsicherheit Grenzen. Das kann sich auf geographisch-territoriale Grenzen beziehen, aber ebenso auch auf soziale oder kulturelle Grenzen beziehungsweise Abgrenzungen, die durch Sicherheitsargumente hervorgebracht, gerechtfertigt und oftmals stabilisiert werden. Das Staatsgebiet, das nach der klassischen Drei-Elemente-Lehre Georg Jellineks zusammen mit dem Staatsvolk und der Staatsgewalt, einen Staat ausmacht, lässt sich als vor allem nach außen abgegrenztes Sicherheitsgebiet verstehen, auf dem und für das der Staat seine Sicherheits- und Schutzfunktion (bezogen auf die auf diesem Gebiet lebende Bevölkerung) erfüllt. Die in Geschichtswissenschaft und Geschichtsschreibung, gerade auch in der traditionellen Politikgeschichte, so wichtige Unterscheidung zwischen innen und außen sowie die in der deutschen Historiographie bis weit in die zweite Hälfte des 20. Jahrhunderts wirkmächtige Denkfigur des »Primats der Außenpolitik« speisten sich auch aus der Vorstellung einer klaren Unterscheidung äußerer und innerer Sicherheit und daraus resultierender Grenzziehungen sowie Hierarchisierungen zwischen verschiedenen Politikbereichen. Diese Vorstellung, wenn sie sich denn überhaupt historisch begründen lässt, entstammt der Ideenwelt autonomer Nationalstaatlichkeit als gleichsam extreme Ausformung staatlich-politischer Territorialität. Doch die Trennung von innen und außen war selbst in der Hochphase europäischer National- und Territorialstaatlichkeit von der zweiten Hälfte des 19. bis in die Mitte des 20. Jahrhunderts eine Fiktion, wenn auch eine von hoher Attraktivität und sozialer Wirksamkeit, eben weil sich mit ihr die Vorstellung der Möglichkeit von Sicherheit durch Abgrenzung verband. Die Grenzziehung zwischen innen und außen hat deswegen bis heute an politischer Bedeutung nicht verloren, aber sie wird überlagert von Grenzziehungen, die quer zu der Unterscheidung zwischen innen und außen liegen und die in vielen Fällen das Produkt neuer Sicherheits- und Unsicherheitswahrnehmungen sind. »The border is everywhere«, haben die amerikanischen Kriminologen Malcolm M. Feeley und Jonathan Simon schon 1994 festgestellt.[12] Dennoch sind Sicherheitsvorstellungen und Sicherheitskonzepte bis heute eng mit »Vorstellungen von Territorialität, der Bevölkerung, Grenzen und Grenzübergängen, der Organisation von Raum, der Zirkulation von Menschen und Ressourcen verknüpft«, und, so betonen Barbara Lüthi und Patricia Purtschert, das Verständnis von Bedrohung und Schutz, von Sicherheit und Unsicherheit sei nach wie vor eng gekoppelt an die Unterscheidung von innen und außen, Freund und Feind, Selbst und Anderen.[13] Raum- und Gruppenbildung sind historisch wirkmächtige, aufeinander bezogene soziale Prozesse, deren Untersuchung eine neue Perspektive gewinnt, wenn man sie mit Sicherheits- oder Unsicherheitsdynamiken korreliert.

Mindestens ebenso sehr wie sich Dynamiken der Sicherheit in räumlichen Bezugssystemen entwickeln, wie sie zur Bildung und Transformation von Räumen beitragen, bewegen sie sich auch in Zeitrelationen und wirken auf Zeitwahrnehmungen, Zeitvorstellungen und Zeitbewusstsein ein. In der Entwicklung von »Zeitschaft«, so die Übersetzung des im Englischen schon länger etablierten Begriffs »timescape«, spielen Sicherheitsvorstellungen und Sicherheitsdenken eine wichtige Rolle, weil Sicherheit stets zeit- und insbesondere zukunftsorientiert ist und daher untrennbar mit Zukunfts- und Zeitvorstellungen verbunden.[14] Als »Kulturzeit« (Achim Landwehr) wird Zeit vom Menschen kultiviert und bewirtschaftet, und diese Bewirtschaftung von Zeit hat nicht zuletzt das Ziel, Sicherheit zu schaffen, verstanden als Handlungssicherheit angesichts einer prinzipiell offenen und damit unsicheren Zukunft.

Voraussetzung für diese Bewirtschaftung von Zeit waren die Entdeckung der Zukunft als eines »gesellschaftlich kohärenten und vor allem durch menschliches Handeln gestaltbaren Zeitraums« im Europa des 17./18. Jahrhunderts. Schon in dieser Zeit trat freilich eine bis heute nicht überwundene Ambivalenz sicherheitsbezogener Zeit- und Zukunftswahrnehmungen zutage. Die Erkenntnis der Gestaltbarkeit, damit aber auch der Offenheit von Zukunft, bewirkte einerseits eine Wahrnehmung höherer Kontingenz – von einer *crise d'insécurité* ist gesprochen worden. Andererseits jedoch führte genau diese gesteigerte Kontingenzwahrnehmung vor dem Hintergrund der Erschließung der Zukunft als Möglichkeitsraum zu verstärkten Bestrebungen, nicht handhabbare Kontingenz in handhabbare Komplexität zu verwandeln, was »gesellschaftliche Suchprozesse nach neuen Dispositiven der Sicherheit beförderte«.[15] Das zuvorderst, aber nicht ausschließlich in Versicherungskontexten entstandene und an Bedeutung gewinnende Konzept des Risikos lief vor diesem Hintergrund darauf hinaus, so Niklas Luhmann, die Zeit zu binden, »obwohl man die Zukunft nicht hinreichend kennen kann; und zwar nicht einmal die Zukunft, die man durch die eigenen Entscheidungen erzeugt«.[16]

Der Versuch, Kontingenz in Komplexität umzudefinieren, zielt, so Luhmann, auf die Entstehung beziehungsweise Schaffung von Erwartungssicherheit. Der Begriff akzentuiert noch einmal stärker die Temporalität von Sicherheit und macht Sicherheit gerade in dem Verständnis als Erwartungssicherheit zur Grundlage sozialen Handelns unter nicht kontingenten, sondern erwartbar stabilen Bedingungen.[17] Sicherheit als Erwartungssicherheit zu verstehen, heißt, von der Vorstellung absoluter Sicherheit Abschied zu nehmen, zugleich aber die entscheidende Bedeutung von Sicherheitsfiktionen zur Ermöglichung sozialen Handelns anzuerkennen. Wolfgang Bonß hat in diesem Zusammenhang auch von »Sicherheitsunterstellung« gesprochen.[18] Den Begriff der Erwartungssicherheit hat allerdings nicht Niklas Luhmann erfunden, sondern, etwa 200 Jahre vor ihm, der englische Philosoph Jeremy Bentham (1748–1832), der damit vor allem auf die Stabilität gesellschaftlicher Selbstentwürfe und sozialer Systeme abzielte und in dessen politischer Philosophie und in dessen Konzeption von Sicherheit die Erwartungssicherheit einen zentralen Platz einnimmt.[19] Sicherheit, so Bentham, »necessarily embraces the future«; Sicherheit »implies extension in point of time, with respects to all the benefits to which it is applied. Security is therefore the principal objective«.[20] Erwartungssicherheit heißt bei Bentham nicht »security of expectation«, sondern »security against disappointment«, ist aber eindeutig auf die Gewährleistung – durch staatliches, insbesondere legislatives Handeln – von Erwartungssicherheit für individuelles, in der Konsequenz aber auch kollektives menschliches Handeln gerichtet. Sicherheit bleibt bei Bentham ein Versprechen des Staates, dessen Legitimität davon abhängt, ob er dieses auf die Zukunft gerichtete Sicherheitsversprechen erfüllen kann.

Benthams Begriff der »security against disappointment« wird von ihm, und darin kommt die Modernität seines Konzepts zum Ausdruck, mit dem Begriff der Prävention verbunden; er spricht von Sicherheit als »the disappointment-preventing principle«, verknüpft damit gegenwärtiges Handeln und Zukunftserwartung und verwendet in diesem Zusammenhang das Wort »anticipation«, welches auch in der jüngeren Kritischen Sicherheitsforschung, insbesondere bei Didier Bigo, von zentraler Bedeutung ist. Sicherheit und Freiheit sind bei Bentham eng verbunden, ja Sicherheit ist bei

Bentham die Voraussetzung von Freiheit, denn der Einzelne könne nur dann frei Ziele seines – zukünftigen – Handelns bestimmen und entsprechende Entscheidungen treffen, wenn er über die Sicherheit verfüge, dass die Bedingungen, unter denen er handelt, nicht zuletzt die normativen, sich nicht veränderten.[21]

Die nicht nur ideengeschichtliche Rekonstruktion des Zusammenhangs von Sicherheit und Zukunft, die gerade mit Blick auf das 19. und 20. Jahrhundert noch systematischer zu betreiben wäre, bildet indes nur eine Dimension einer temporalitätsbezogenen Sicherheitsforschung.[22] Gerade in historischer Perspektive muss es mindestens ebenso sehr darum gehen, wie sich verändernde Zeitwahrnehmungen und Zukunftsvorstellungen auf Sicherheitsbewusstsein, Sicherheitsverständnis und Sicherheitshandeln einwirkten, wie aber umgekehrt auch Wahrnehmungen von Sicherheit und Unsicherheit Zeitwahrnehmungen und Zukunftsvorstellungen beeinflussten. In welchem Maße führt beispielsweise ein Bewusstsein von Sicherheit zu einer Ausdehnung von Zeit- und Zukunftshorizonten menschlichen, individuellen wie kollektiven Handelns? Und tragen nicht, andersherum, Gefühle von Unsicherheit oder Bedrohung zur Wahrnehmung knapper oder knapper werdender Zeit bei und produzieren damit Handlungs- und Entscheidungsdruck? Bedrohungs- und Sicherheits- beziehungsweise Unsicherheitskommunikation zeichnet sich durch das durch sie bewirkte, oftmals auch beabsichtigte Gefühl einer Zeitverknappung aus. Gesellschaften geraten unter Stress oder werden unter Stress gebracht.[23] Emotionalisierung oder Dramatisierung, Letztere ein Schlüsselbegriff für das Kopenhagener Konzept von Versicherheitlichung, tragen dazu bei. Was bedeutet das für die Geltung und Akzeptanz von Normen? Das lässt sich für konkrete historische Situationen untersuchen und auf politische und soziale Folgen hin befragen. Es lässt sich auch verknüpfen mit soziologischen oder geschichtswissenschaftlichen Studien zu Beschleunigungsdynamiken, nicht zuletzt vor dem Hintergrund der Moderne.[24]

Im Jahr 1947, als sich der Ost-West-Konflikt massiv verschärfte und sich immer stärker machtpolitisch aufzuladen und zu militarisieren begann, erschien auf der Titelseite des *Bulletin of the Atomic Scientists,* einer zwei Jahre zuvor von Wissenschaftlern im Umfeld des amerikanischen Atomwaffenprojekts gegründeten Zeitschrift, erstmals die berühmte »Doomsday Clock«. Die Uhr steht auf kurz vor Mitternacht, und die Stellung des Minutenzeigers gibt seither von Ausgabe zu Ausgabe an, für wie hoch die Atomwissenschaftler das Risiko globaler Vernichtung, eines Weltuntergangs halten. Richtete sich diese Einschätzung zunächst auf die Gefahr einer nuklearen Apokalypse, so bezog der Zeigerstand spätere andere »existentielle Bedrohungen«, darunter den Klimawandel, mit ein. Stand die Uhr 1947 auf sieben Minuten vor Mitternacht, näherte sie sich im Laufe des Kalten Kriegs mehrfach der 12-Uhr-Marke an, mitunter bis auf drei Minuten, um 1991 auf 17 Minuten vor Mitternacht zurückgestellt zu werden. Im Jahr 2017, im 70. Jahr ihrer Existenz, steht sie auf zweieinhalb Minuten vor Mitternacht. Das *Science and Security Board* des heute nur noch online publizierten Bulletins, verantwortlich für das Stellen der Uhr, begründete den kürzer werdenden Abstand zur 12-Uhr-Marke mit folgendem, bereits 2015 und 2016 publizierten Statement: »The probability of global catastrophe is very high, and the actions needed to reduce the risks of disaster must be taken very soon. That probability has not been reduced. The Clock ticks. Global danger looms. Wise leaders should act – immediately.«[25] Das Statement und die Symbolik der Uhr enthalten alle Merkmale einer extremen Unsicherheits-, Bedrohungs- und Risikokommunikation: Emotionalität, Dramatisierung, Zeit-, Handlungs- und Entscheidungsdruck. Insgesamt gibt es kaum eine bessere Veranschaulichung des Zukunftsbezugs von Sicherheitsvorstellungen und des Zusammenhangs von Sicherheits-, respektive Unsicherheitskommunikation und der Dynamisierung von Zeithorizonten (als Handlungshorizonten), aber auch einer Sicherheitskommunikation, ja einer Versicherheitlichung, durch Visualisierung.[26]

In der antinuklearen Protestbewegung der Jahre um 1980 lassen sich vergleichbare Dynamiken der Zeitverknappung identifizieren. Für viele Angehörige der Friedensbewegung war es »fünf vor zwölf«, und aus dieser Wahrnehmung, genährt durch die neue Konfrontativität im Ost-West-Konflikt, den sogenannten »Zweiten Kalten Krieg« seit Ende der 1970er Jahre, speisten sich die Intensität und die Breite des Protests. Die Beschwörung apokalyptischer Szenarien, einschließlich ihrer filmischen Visualisierung (Filme wie *War Games* oder *The Day After*) und Literarisierung bis hinein in die Jugendbuchliteratur (Gudrun Pausewang: Die Wolke), gehören ebenso in diesen Kontext wie die in der politischen Kultur der Bundesrepublik besonders wirksame, aber nicht nur dort anzutreffende Metaphorik eines nuklearen Holocaust, die ebenfalls darauf zielte, politischen Handlungsdruck zu erzeugen.[27] Jan Ole Wiechmann hat allerdings auch darauf hingewiesen, wie aus einer extremen Unsicherheits- und Bedrohungswahrnehmung in Verbindung mit der Vorstellung des unmittelbar bevorstehenden Weltuntergangs neue Konzepte von Sicherheit entstanden, beispielsweise das der Gemeinsamen Sicherheit, die sich auch als weltgesellschaftliche Utopien deuten lassen. »Es wird eine Welt geben oder keine«, hieß es beispielsweise aus der christlichen Friedensbewegung. Hatte Erhard Eppler mit Blick auf die nukleare Abschreckung und das atomare Wettrüsten von der »tödlichen Utopie der Sicherheit« gesprochen und das Bild einer apokalyptischen Zukunft gezeichnet, so ermöglichte nun ein neues Verständnis von Sicherheit im globalen Sinne der Menschheit das Überleben und damit Zukunft.[28] So war die Krise, die »Weltkrise«, von der in den Jahren um 1980 auch angesichts der Bedrohung der Umwelt vielfach die Rede war,[29] zwar Teil einer Unsicherheits- und Bedrohungskommunikation, zugleich aber eine Chance, Zukunft neu zu gestalten, die unsichere, die gefährliche Zukunft zu zähmen.[30] Krisenbegriff und Krisenwahrnehmungen haben in der jüngeren historischen Forschung wieder verstärkt Aufmerksamkeit erfahren, nicht zuletzt in konzeptioneller Verknüpfung mit Zukunftsvorstellungen.[31] Konzeptionell ließe sich die historische Untersuchung von Krisendynamiken fraglos noch intensiver mit Sicherheitsfragestellungen in Verbindung bringen.

Zukunftssicherheit war vor dem Horizont der Moderne mit Fortschrittsgewissheit, ja Fortschrittsoptimismus verbunden. Dies basierte auf einem anthropozentrischen Zukunftsverständnis, wie es in der Frühen Neuzeit entstanden war. Zukunft war nicht nur offen, sondern sie musste sich erst bilden, der Mensch musste und konnte sie bilden.[32] Die Vorstellung der Offenheit der Zukunft nährte eine, so Jürgen Habermas, »Erwartung der Andersartigkeit«, wobei diese Andersartigkeit »neue Möglichkeiten und diese wiederum implizit eine potenzielle Verbesserung der gegenwärtigen Lage in Aussicht stellten«.[33] In ihrer Untersuchung der

Geschichte der Zukunftsforschung hat Elke Seefried herausgearbeitet, wie seit Mitte der 1970er Jahre vor dem Hintergrund multipler Krisenwahrnehmungen die Zukunftsforschung viel stärker als vordem die Unsicherheitspotentiale der Vorausschau betonte, ja ihre »Gewissheit schwand, überhaupt belastbare Aussagen über die Zukunft treffen zu können«.[34] Die Zukunftsforschung, so wie sie sich in der westlichen Welt nach 1945 entwickelt hatte, war an bestimmte Voraussetzungen gebunden, die zugleich Erwartungen im Sinne von Zukunftssicherheit waren, darunter eine positive wirtschaftliche Entwicklung, Wirtschaftswachstum, aus dem sich wiederum gesellschaftlicher Reformeifer speiste, sowie ein Wissenschaftsverständnis, das davon ausging, objektives Wissen über die Zukunft lasse sich erzeugen und direkt in die Politik implementieren, um so »die Zukunft zu ›sichern‹, also in ihrer Aufwärtsbewegung zu stabilisieren.[35]

Als in der Bundesrepublik seit 1973/74 Zukunftssicherheit und Fortschrittsoptimismus vor dem Hintergrund globaler ökonomischer Entwicklungen (Stichworte: Dollar-Schwäche, Öl-Preis-Schock) in sich zusammenbrachen und gleichzeitig der viel zitierte Bericht des *Club of Rome* (1972) von den »Grenzen des Wachstums« sprach und, ganz im Sinne einer dramatisierenden und emotionalisierenden Sicherheitskommunikation, von einer globalen Gefährdung der natürlichen Lebensgrundlagen des Menschen, gelangten Sicherheiten im Sinne von Gewissheiten – *certainties* – an ihr Ende, die sich in den Dekaden des *Golden Age,* der Jahre des Booms herausgebildet und auch mental verfestigt hatten. Der amerikanische Ökonom John Kenneth Galbraith sprach 1977 von einem »Zeitalter der Unsicherheit« (»Age of Uncertainty«).[36] Und der Einschnitt wurde breit wahrgenommen. Die Zeitschrift *Der Arbeitgeber* schrieb 1975: »So, wie es noch 1973 war, wird es nie wieder sein. Das Jahr 1 neuer Zeitrechnung hat begonnen. Was für die Väter die Zeit ›nach der Währung‹ war, wird für die Kinder die Zeit ›nach dem Öl‹. Nur ein Unterschied: Von nun an geht's bergab.«[37]

Planung und Steuerung sind in den letzten Jahren ein wichtiges zeithistorisches Forschungsthema gewesen, das sich auch sicherheitsgeschichtlich verstehen lässt, weil Planung und Steuerung, wie sie in den westlichen Industriegesellschaften seit den 1960er Jahren zum leitenden Paradigma »modernen Regierens«

wurden, wie sie aber auch ein Kernelement sozialistischer Wirtschafts- und Gesellschaftspolitik bildeten, nicht nur auf Zukunftssicherheit zielten, sondern von der Prämisse ausgingen, im Zeichen von wissenschaftlicher Rationalität und Fortschrittskontinuität sei diese Zukunftssicherheit tatsächlich herzustellen.[38] Franz-Xaver Kaufmann spricht von der »herstellbaren Sicherheit«.[39] In der Bundesrepublik breiteten sich Verwissenschaftlichung und Planung seit Mitte der 1960er Jahre und insbesondere in der Zeit der Großen Koalition (1966–1969) auf nahezu alle Politikbereiche und alle Ebenen, bis hin zur kommunalen, aus. Der Staat wollte nicht nur auf gesellschaftlichen Wandel reagieren, er wollte diesen Wandeln steuern und kontrollieren. Die Zukunftsforschung bildete lediglich die Spitze des Eisbergs der Planung; Planung war ganz allgemein stets Zukunftsplanung und damit Zukunftsforschung, die in dem Glauben an ihre Machbarkeit und ihren Erfolg durch die sich in dieser Zeit durchsetzenden und rasch verbreitenden Möglichkeiten elektronischer Datenverarbeitung noch zusätzlich angetrieben wurde.[40] Diese technische Möglichkeit, Planung noch besser betreiben und dadurch Fortschritt und Zukunft sichern zu können, löste freilich ihrerseits neue Unsicherheitsvorstellungen im Hinblick auf die Verwendung insbesondere personenbezogener Informationen aus, die schon in den 1970er Jahren zum Konzept und zum Ziel des Datenschutzes führten.[41]

Planungssicherheit als Zukunftssicherheit bedurfte der wissenschaftlichen Expertise. Planungsexperten waren nicht nur Zukunfts-, sondern zugleich auch Sicherheitsexperten, weil ihr Zukunftswissen beziehungsweise ihre Fähigkeit, Zukunftswissen zu generieren und damit Zukunft berechenbar zu gestalten und dadurch, foucaultianisch gesprochen, die Zukunft zu bearbeiten, Sicherheit schuf oder zumindest schaffen zu können beanspruchte.[42] Das verweist einmal mehr auf ein Verständnis von Sicherheit als Wissen (über die Zukunft) und von Unsicherheit als Folge von Nichtwissen (über die Zukunft). Die Furcht vor einer unvorhersehbaren Zukunft und den Grenzen des Wissens hat der amerikanische Politologe Jan H. Blits einmal als eine geradezu »hobbesianische Furcht« (»Hobbesian fear«) bezeichnet.[43] Ulrich Bröckling hat wie bereits erwähnt aus dieser aus Nichtwissen geborenen Unsicherheit über die Planungssicherheit hinausgehend die Logik der

Prävention begründet. Nicht Fortschritt zum Besseren wie bei der Planung, sondern Vermeidung künftiger Übel bilde die Stoßrichtung vorbeugender Anstrengungen: »Prävention will nichts schaffen, sie will verhindern.«[44]

»Security Turns its Eye Exclusively to the Future«, hat Jeremy Bentham geschrieben.[45] Wenn aber beispielsweise in den 1970er Jahren immer wieder von einer »verlorenen Sicherheit« die Rede war, dann lenkt das unseren Blick auf eine retrospektive, aber gerade auch in dieser Rückwärtsorientierung werthafte Konzeption von Sicherheit.[46] In diesem Vergangenheitsbezug äußert sich eine weitere temporale Dimension von Sicherheit, die angesichts des in der Literatur mit guten Gründen stark betonten Zukunftsbezugs von Sicherheit und Sicherheitsdenken nicht ganz untergehen sollte und die im Übrigen diesem Zukunftsbezug auch nicht widerspricht, sondern vielmehr komplementär zu diesem zu verstehen ist. Zur Temporalität von Sicherheit und zur zeitbezogenen Dynamik von Sicherheits- beziehungsweise Unsicherheitsvorstellungen gehört der Vergangenheitsbezug zwingend dazu, weil Vorstellungen zukünftiger Sicherheit in hohem Maße abhängig sind von Bildern beziehungsweise Deutungen der Vergangenheit. Der Zeitstrahl und die Gegenwart verbinden Bilder der Vergangenheit mit Vorstellungen der Zukunft; Erfahrungen der Vergangenheit sind eine entscheidende Referenz für Vorstellungen der Zukunft. Sicherheitskulturen, ihre Entstehung und Veränderung, lassen sich bei aller Zukunftsorientierung von Sicherheitsdenken und -handeln auch als »Auseinandersetzung der Gegenwart mit der Vergangenheit« verstehen.[47] Das zeigt der Blick auf die um 1815 entstehende europäische Sicherheitskultur im Zeichen der Revolutionsverhinderung ebenso wie die Debatten über politischen Extremismus, Terrorismus, »wehrhafte Demokratie« und »innere Sicherheit« in den 1950er beziehungsweise den 1970er Jahren.

In der Kritischen Sicherheitsforschung hat Jutta Weldes das sozialkonstruktivistische Konzept der »security imaginary« entwickelt, der Vorstellungswelt von Sicherheit, und am Beispiel der Kubakrise 1962 entfaltet. Diese Vorstellungwelt (amerikanischer Akteure über das Verhalten der sowjetischen Seite) gründete, das klingt trivial, markiert aber einen entscheidenden Zeit- und Vergangenheitsbezug von Sicherheit beziehungsweise Sicherheitsdenken, auf bereits existierenden, aus geschichtlicher Erfahrung gewonnenen Vorstellungen der Sowjetunion wie der Vorstellung eines »Roten Faschismus« oder eines »russisch-orientalischen Despotismus«, Vorstellungen, die auf aktuelles Sicherheitsdenken und -handeln einwirkten.[48] In gewisser Weise daran anschließend, ist von sozialwissenschaftlicher Seite auf den Nexus von Sicherheit und kollektivem Gedächtnis hingewiesen worden. Immer wieder seien Sicherheitsdebatten, von der Rechtfertigung politischer Gewalt bis hin zu den Dynamiken von *Transitional Justice* und, damit verbunden, dem gesellschaftlichen Wiederaufbau nach Konflikt und Gewalt, historisch aufgeladen. Dynamiken von Identitätsbildung und Vorstellungen von Sicherheit entwickelten sich auch in der Wechselwirkung mit dem kollektiven Gedächtnis unterschiedlicher, sich möglicherweise konflikthaft gegenüberstehender sozialer Gruppen. Der Zeitbezug einer solchen Perspektive ist unübersehbar und bildet ohne Zweifel eine Schnittfläche von sozialwissenschaftlicher und historischer Sicherheitsforschung.[49]

Sicherheit und Moderne

Reich an Zeit- und Zukunftsbezügen ist auch der Zusammenhang von Sicherheit und Moderne. Sicherheit ist nicht nur ein zentraler Wertbegriff der Moderne und in der Folge zu einem Leitbegriff politischen Handelns geworden, sondern in der Sicherheitsforschung und in intellektuellen Diskursen über Sicherheit ist das Thema Sicherheit spätestens seit den 1970er Jahren auch im Kontext von Debatten über Modernisierung und Moderne sowie über Theorien der Moderne und der Modernisierung verhandelt worden.[50] Aber nicht nur vor dem zeitlichen Hintergrund der Strukturbrüche der 1970er Jahre und angesichts der in der spezifischen Situation dieses Jahrzehnt zunehmenden Unsicherheitswahrnehmungen lassen sich, gerade in historischer Perspektive, Fragen nach dem Zusammenhang von Dynamiken der Sicherheit und der Entwicklung der Moderne und ihrer Problemlagen thematisieren. Dass Sicherheit zu einem umfassenden sozialkulturellen Orientierungshorizont geworden ist, hat mit fundamentalen, individuellen und kollektiven Unsicherheitserfahrungen zu tun, die sich mit der

Entfaltung der Moderne verbanden und die in der Wahrnehmung vieler Menschen schon in den Jahren um 1900 zum »Signum der Moderne« geworden waren.[51] Hinter solchen Deutungen steht ein Bild der Moderne, das in der Moderne beziehungsweise in Prozessen der Modernisierung nicht zuletzt die Auflösung traditionaler, vormoderner Strukturen und den Verlust von Gewissheiten sieht, die feste Ordnungen gestiftet und dadurch handlungsrelevante Sicherheitsfiktionen erzeugt hätten.[52] Der amerikanische Philosoph John Dewey (1859–1952) begann sein einflussreiches, erstmals 1929 erschienenes Buch »The Quest for Certainty« (deutsch: »Die Suche nach Gewissheit«) mit dem Satz: »Man who lives in a world of hazards is compelled to seek for security.« Das bezog sich nicht nur auf die wachsende Komplexität moderner Gesellschaften, sondern auch, wenn nicht primär, darauf, dass *certainty* auf der Vorstellung der Existenz einer unabänderlichen Wahrheit beruhe, derer man gewiss – *certain* – werden könne. Diese Vorstellung aber sei zusammen mit ihren Legitimationen zusammengebrochen, und so bleibe dem Menschen nurmehr die »Suche nach Sicherheit« in einer kontingenten Welt.[53] Solche Beobachtungen hatten nicht nur zeitdiagnostischen Charakter, sondern sie verweisen auf historische Prozesse, die weit in die Frühe Neuzeit zurückreichen, eine Epoche, die gerade in unserem Zusammenhang besser durch die englischen Begriffe »Early Modernity« oder »Early Modern Times« charakterisiert ist als durch den rein temporalen Begriff der Frühen Neuzeit. Zentral sind für diese Entwicklungen und mit ihnen für den Aufstieg der Moderne zum einen die »Entdeckung der Zukunft« als eines gestaltbaren Zeitraums, der Gedanke der Offenheit der Zukunft, zum anderen aber, wenn auch in Verbindung damit, die Entstehung und Ausdifferenzierung qualitativ neuartiger Möglichkeiten zur Bewältigung von Unsicherheit und zur Produktion von Sicherheit.[54] Vor diesem Hintergrund zielt das Streben nach Sicherheit, von dem bei Dewey die Rede ist, darauf, die Offenheit der Zukunft zu überwinden. Es zielt darauf, jenem Auseinandertreten von »Erfahrungsraum« und »Erwartungshorizont« zu begegnen, das mit Reinhart Koselleck das Neue an der Neuzeit ausmache und das insbesondere seit den grundstürzenden Entwicklungen und Umbrüchen in der Folge der Französischen Revolution die Menschen zutiefst verunsichert habe.[55]

In der Rede von der Offenheit der Zukunft schwingt bereits eine zentrale Ambivalenz der Moderne mit, zuweilen ist auch von einem Paradoxon die Rede, auf die gerade im Hinblick auf den Zusammenhang von Sicherheit und Moderne immer wieder hingewiesen worden ist und die einen wichtigen sicherheitshistorischen Forschungsstrang etabliert. Lässt sich die Moderne auf der einen Seite mit der Zunahme von Kontingenz und Kontingenzerfahrungen, von Unsicherheit und Unsicherheitswahrnehmungen in Verbindung bringen, so steht auf der anderen Seite ein Bild der Moderne, das von wachsenden Möglichkeiten der Weltaneignung und Zukunftsgestaltung gekennzeichnet ist. Für letztere Deutung steht nicht zuletzt Max Weber mit seiner wirkmächtigen These von der Entwicklung okzidentaler Rationalität, dem Glauben an die Berechenbarkeit der Welt – und damit letztlich auch der Zukunft – als Kernelement der – europäischen – Moderne und Voraussetzung ihres Durchbruchs. Darin steckt nicht die Vorstellung einer sicheren Moderne, der Möglichkeit einer Beseitigung von Unsicherheit, wohl aber die Überzeugung, dass es gerade durch Rationalisierung (im Weber'schen Sinne) möglich sei, mit Unsicherheit umzugehen. Mit Weber als Gewährsmann wurden auf diese Weise Konzepte von Sicherheit, zumeist in Gestalt der Frage nach dem Umgang mit Unsicherheit, in die Modernisierungstheorien und Modernisierungsnarrative des 20. Jahrhunderts, beispielsweise bei Talcott Parsons, eingeschrieben. Für den Soziologen Wolfgang Bonß meint Modernisierung in diesem Sinne den Übergang von einer »reaktiven« zu einer »aktiven« Sicherheitsorientierung, bei der es nicht mehr um die Herstellung beziehungsweise Perfektionierung von Sicherheit gehe, sondern um eine Normalisierung jener Unsicherheit, die als ein konstitutiver Bestandteil der Moderne anerkannt werden müsse, um handbar zu sein.[56]

In systemtheoretischer Perspektive hat Niklas Luhmann daran angeschlossen, als er Sicherheit als eine »soziale Fiktion« bezeichnete: »Sicherheit gibt es nicht, außer im Moment. Nur Unsicherheit kann als dauerhaft vorgestellt werden.«[57] Für Luhmann ist Sicherheit in erster Linie Erwartungssicherheit angesichts einer offenen Zukunft. Die Herstellung von Erwartungssicherheit bedeutet für ihn vor dem Hintergrund der Moderne die Umdefinition von – nicht handhabbarer – Kontingenz in – handhabbare – Komplexität.[58]

Das ist der Punkt, an dem bei Luhmann der Begriff des Risikos ins Spiel kommt. Die Berechnung von Risiken sei der Weg, Erwartungssicherheit zu schaffen und in diesem Sinne Unsicherheit zu minimieren. Die Identifizierung und die Analyse von stets zukunftsbezogenen, in der Zukunft liegenden Risiken seien als Versuch zu verstehen, die identifizierten Risiken nicht zuletzt wissenschaftlich nicht nur zu kalkulieren, sondern sie – dadurch – zu beherrschen beziehungsweise beherrschbar zu machen. Von einer »Verwissenschaftlichung von Unsicherheit« hat man gesprochen. Auch daraus entstehe aber, so Luhmann, keine umfassende Sicherheit, sondern gerade in einer differenzierten Gesellschaft bezögen sich Risikoanalyse und damit Erwartungssicherheit auf ganz unterschiedliche Teilsysteme mit ihrer je eigenen Systemlogik, eigener Risikoexpertise und eigener Risikokommunikation. Die Idee des Risikos – und so werden Luhmanns Sicherheits- und Risikokonzepte Teile einer Theorie der Moderne – ziele zwar darauf, Unsicherheit zu reduzieren, produziere aber durch die Dynamik permanenter Risikokommunikation immer neue Unsicherheiten beziehungsweise Unsicherheitspotentiale und trage so zur Normalisierung von Unsicherheit bei.

Ansatzpunkte für eine historische Analyse liegen vor diesem Hintergrund nicht nur in der Untersuchung von Zukunftsvorstellungen, einem Forschungsbereich, der in letzter Zeit auch unter Sicherheitsaspekten an Bedeutung gewonnen hat,[59] sondern in der Beschäftigung mit Unsicherheitsvorstellungen und darauf basierenden beziehungsweise sich daraus entwickelnden Risikokalkulationen und -kommunikationen. Diese können nicht nur diachron in ihrer historischen Entwicklung und Veränderung untersucht werden, sondern auch synchron im Blick auf gruppenbezogen, gesellschaftlich oder national unterschiedliche Ausformungen dieser Kalkulationen und Kommunikationen und der ihnen wiederum zugrunde liegenden Unsicherheitswahrnehmungen. Als Untersuchungsgegenstand dafür bietet sich nicht zuletzt das Versicherungswesen an, dessen Erforschung auf diese Weise weiter aus einer lange Zeit bestehenden unternehmenshistorischen Engführung befreit werden könnte. In einer weiteren sicherheitsgeschichtlichen Perspektive geben versicherungshistorische Untersuchungen Auskunft über Unsicherheitswahrnehmung und, wichtiger noch, vor dem Hintergrund gesellschaftlicher Wissensbestände und ihrer Veränderung, die Identifikation von – versicherbaren – Risiken. Der Zeit- und Zukunftsbezug von sicherheitsbezogenem Handeln, von Sicherheitsproduktion und, wenn man so will, von »Sicherheitsverkauf« (Cornel Zwierlein) begegnet im Versicherungsgeschäft besonders deutlich. Versicherungsgeschichte eignet sich deswegen gut, die Entwicklung, Veränderung und auch die Ausdifferenzierung von Zukunftsvorstellungen zu untersuchen, und kann auf diese Weise »Indikatorfunktion für sicherheitshistorische Entwicklungen beanspruchen«.[60]

Jenseits der Versicherungsgeschichte lässt sich der Aufstieg des modernen Interventionsstaats, der für sich genommen gut untersucht ist, mit Sicherheitsdynamiken, mit Wahrnehmungen von Unsicherheit und Vorstellungen von Sicherheit korrelieren. Macht man sich die Annahme zu eigen, dass auch politisches Sicherheitshandeln auf die Bewältigung oder zumindest die Reduktion von der Moderne und modernen Gesellschaften innewohnender Komplexität zielte, dann lassen sich politische Maßnahmen in unterschiedlichen Sachbereichen untersuchen und aufeinander beziehen. Sicherheitspolitik wären dann all jene politischen Handlungen (Kommunikationshandlungen, Entscheidungshandlungen), die auf die Verminderung von Unsicherheit und den Umgang mit Unsicherheitspotentialen gerichtet waren. Darin spiegelt sich im Sinne von Bonß keine reaktive, sondern eine aktive, zum Teil sogar proaktive Sicherheitsorientierung, zukunftsgerichtet und von der Absicht geleitet, künftige Entwicklungen zu antizipieren, zu lenken und zu gestalten. Der moderne Interventionsstaat entwickelte und stabilisierte sich vor diesem Hintergrund auch durch die Errichtung von Sicherheitsregimen, die sich freilich unter je unterschiedlichen gesellschaftlichen und politischen Bedingungen unterschiedlich ausformten, was eine vergleichende Perspektive, nicht zuletzt, wenn auch nicht ausschließlich, im Hinblick auf die Ausformung solcher Sicherheitsregime in Demokratien und Diktaturen, nahelegt.[61]

Wenn man weiterhin die Entstehung und Durchsetzung solcher Sicherheitsregime und moderner Interventionsstaatlichkeit in die Perspektive der Gestaltung von Gesellschaft, von sozialer Ordnung und sozialen Strukturen rückt, lassen sich Diskurse und

Praktiken des »social engineering« nicht nur mit der Sicherheitsforschung allgemein in Verbindung bringen, sondern vor allem mit dem hier diskutierten Zusammenhang von Sicherheit und Moderne. Das geht über den Befund hinaus, dass insbesondere in der Zwischenkriegszeit ein umfassendes »social engineering« innere und soziale Sicherheit gewährleisten sollte, denn das würde »social engineering« auf Sicherheitspolitik verkürzen.[62] Entscheidend für »social engineering« sind seine sozialgestalterischen Visionen und Absichten, also nicht allein die Stabilisierung von Gesellschaften und – unterschiedlichen – politischen Systemen, sondern ihre aktive Entwicklung. In der jüngeren Forschung ist »social engineering« als eine »Möglichkeit, mit der Moderne umzugehen«, betrachtet worden, die nicht zuletzt auf der Wahrnehmung beruhte, dass sich in der und durch die Industriemoderne die harmonische Gemeinschaft der Vormoderne aufgelöst habe.[63] Gesellschaftsgestalterische Vorstellungen und Imperative im Sinne des »social engineering« waren vor diesem Hintergrund immer wieder mit Krisen- und damit Unsicherheitsbefunden verbunden, die auf die Moderne zurückgeführt wurden. Die Herstellung – Wiederherstellung – von verlorener Sicherheit kann in dieser Perspektive als Triebkraft, Ziel, Versprechen und legitimatorisches Argument des »social engineering« verstanden werden, das als Ordnungs- und Gestaltungsimperativ unter ganz unterschiedlichen politischen und ideologischen Bedingungen wirken konnte: vom *New Deal* in den USA der 1930er Jahre bis hin zur nationalsozialistischen Volksgemeinschaft.[64]

»Social engineering« kann man, gerade auch angesichts der wichtigen Rolle von Experten, nicht zuletzt von Sozialwissenschaftlern als »Sozialingenieuren«, verstehen als Teil einer Entwicklung, in der angesichts einer als immer krisenhafter empfundenen Moderne die Unsicherheitsfrage zu einer Ordnungsfrage umdefiniert wurde und sich nicht zuletzt die Soziologie als »Ordnungswissenschaft« etablierte und zugleich legitimierte.[65] Den Versuch, die der Moderne eigenen und konstitutiv zu ihr gehörenden Ungewissheiten und Ambivalenzen zu beseitigen und in Gewissheiten und Eindeutigkeiten zu verwandeln, hat – und das ist auch eine Perspektive, in die das »social engineering« gestellt worden ist – Zygmunt Bauman als eine Voraussetzung der Totalitarismen des 20. Jahrhunderts betrachtet. Vor dem Horizont einer offenen, ambivalenten und unsicheren Moderne war das Versprechen von Sicherheit auch ein Versprechen von Ordnung. Zur New Yorker Weltausstellung 1939 präsentierte sich die *Equitable-Life*-Versicherungsgesellschaft mit einem »Garden of Security«. Als Thomas Parkinson, Präsident der Versicherung, diesen Garten eröffnete sagte er: »Security! The modern world is in constant search for security.«[66] Marc Neocleous hat die Metapher des »Garden of Security« analysiert und auf die Gesellschaft übertragen: »(…) cultivated through human intervention, (…) an ordered environment, fabricated and managed politically«.[67] Der Bezug auf Zygmunt Baumans Bild vom »Staat als Gärtner«, der nützliche Pflanzen pflege, das Unkraut aber herausreiße und vernichte und der vor allem jenseits jeder Ambivalenz den Unterschied zwischen Nutzpflanze und Unkraut, zwischen Gut und Böse kenne, ist offensichtlich.[68] Metaphern der Moderne und Metaphern der Sicherheit haben nicht nur Berührungspunkte, sondern große Schnittflächen, die auf das facetten- und spannungsreiche Wechselverhältnis von Sicherheit und Moderne verweisen.

Franz-Xaver Kaufmann hat Sicherheit ähnlich wie Freiheit oder Gerechtigkeit als eine Utopie bezeichnet. Der Begriff der Sicherheit antworte in utopischer Weise auf charakteristische Problemlagen der Moderne.[69] Das lässt sich mit Forschungsfragen der jüngsten Zeitgeschichte verbinden. So haben Anselm Doering-Manteuffel und Lutz Raphael angeregt, die Epoche »nach dem Boom« auch über ihre Leitbegriffe zu erschließen.[70] »Sicherheit« ist ein solcher Leitbegriff. Zwar war »Sicherheit« zweifellos schon in den Jahrzehnten zuvor ein zentraler Begriff der politisch-sozialen Sprache. Doch in der Transformation seit den 1970er Jahren hat sich nicht nur unser Verständnis von Sicherheit erweitert, sondern Sicherheit hat angesichts neuer und zunehmender Unsicherheitswahrnehmungen, die sich auf Problemlagen, Krisen und Transformationen der Moderne bezogen, eine andere Qualität gewonnen. In diesen Dynamiken wurde Unsicherheit zur Normalität, und insbesondere das Vertrauen in die sicherheitsstiftende Funktion des Staates schwand. Andersherum aber wirkte ein sich wandelndes Verständnis von Sicherheit auch zurück auf die Wahrnehmung politischer, ökonomischer und gesellschaftlicher Entwicklungen und trug so zur Krisenerzeugung, zumindest aber zum Aufstieg neuartiger Krisendiskurse, erst bei.[71]

So war die Auseinandersetzung über den NATO-Doppelbeschluss von 1979 und seine Umsetzung, sprich: die Stationierung nuklearer amerikanischer Mittelstreckenwaffen vom Typ »Cruise Missile« und »Pershing 2« in der Bundesrepublik sowie in anderen Ländern Westeuropas nicht nur eine scharfe Kontroverse über die Sicherheitspolitik der Bundesregierung beziehungsweise der westlichen Verteidigungsallianz. In ihr spiegelte sich auch ein politisch und gesellschaftlich polarisierender Streit über das Verständnis von »Sicherheit«, jenen Leit- und Wertbegriff, aus dem sich auch eine zentrale Anforderung an das politische System ableitete.[72] Darüber hinaus aber manifestierten sich in dem Verständnis von »Sicherheit«, wie es in unterschiedlichen konzeptionellen Ausformungen in der Friedensbewegung vertreten wurde, weit über die Fragen der Sicherheits- und Rüstungspolitik hinausgehend, ideelle Grundlagen des gesellschaftlichen Umbruchs. In der Kritik der Friedensbewegung an einem tradierten Sicherheitsverständnis artikulierte sich ein massives Unbehagen an der technisch-industriellen Modernität, wie sie sich seit dem späten 19. Jahrhundert entfaltet hatte, und dem ihr zugrunde liegenden Fortschrittsdenken. Diese Modernitätsskepsis und die Kritik am Fortschrittsparadigma wiederum teilte die Friedensbewegung mit der Umweltbewegung, und es ist kein Zufall, dass sich der Protest beider Bewegungen, die auch personell eng verbunden waren, an nuklearen Themen festmachte: an der zivilen Nutzung der Kernenergie einerseits und der atomaren Rüstung andererseits. Kernenergie und Kernwaffen standen in besonderer Weise für die Entwicklung und Ausformung technisch-industrieller Modernität in der zweiten Hälfte des 20. Jahrhunderts. Die »nukleare Krise«, von der in der jüngeren Forschung die Rede ist,[73] war eine Modernitätskrise, Nuklearkritik war Modernitätskritik.[74]

Dass im Protest der Friedens- und der Ökologiebewegung immer wieder Holocaust-Bezüge auftauchten, nicht nur metaphorisch, sondern argumentativ, kann vor diesem Hintergrund kaum erstaunen. Mit Joschka Fischer und Otto Schily deuteten 1983 zwei führende Politiker der GRÜNEN den Holocaust aus einer, wie sie es nannten, »Systemlogik der Moderne«, die sich in der Gegenwart in der nuklearen Rüstung und der Politik der nuklearen Abschreckung fortsetze.[75] Generell gilt, dass politische Argumente durch die Verknüpfung mit dem Dritten Reich oder dem Holocaust moralisch aufgeladen werden, und das traf in den Jahren um 1980 sowohl auf die Befürworter wie die Gegner der Nachrüstung zu. Doch stets schwang in der Bezugnahme insbesondere auf den Holocaust, zum Teil aber auch auf den Zweiten Weltkrieg und die Atombombenabwürfe von 1945, noch eine weitere Bedeutungsebene mit. Die Rede von der »Systemlogik der Moderne«, die nach – und trotz – Auschwitz die Vorbereitung einer Massenvernichtung zulasse, unterstreicht die von der jüngeren Forschung vorgenommene Einordnung sowohl der Umwelt- als auch der Friedensbewegung in den breiteren Kontext einer kulturkritischen, ja kulturpessimistischen Auseinandersetzung mit der technisch-industriellen Moderne, mit ihrem Fortschrittsglauben, ihrem Machbarkeitsdenken und ihrem Sicherheitsversprechen (auch als Gewissheits- und Eindeutigkeitanspruch im Sinne Baumans).[76]

Das hat mehrere Dimensionen. So hat Hermann Lübbe darauf hingewiesen, dass die Bereitschaft, Unsicherheiten oder Risiken zu akzeptieren, dann steige, wenn man sie selbst abwägen oder kalkulieren könne.[77] Das war im Bereich der nuklearen Rüstung, aber auch bei der zivilen Nutzung der Kernenergie, die freilich nur stellvertretend für moderne Hoch- und Großtechnologien standen, nicht der Fall. Friedensbewegung und Anti-AKW-Bewegung warnten vor diesem Hintergrund vor einer »Expertokratie«, wodurch aus dem Sicherheitsthema auch ein Demokratiethema wurde. Denn aus dem Gefühl der Machtlosigkeit oder der Ohnmacht gegenüber der Sicherheitspolitik des Staates speisten sich Forderungen nach einer »Demokratisierung« von Sicherheitspolitik. Man lehnte politische Entscheidungen als »undemokratisch« ab, wenn und weil sie zu lebensgefährlichen Betroffenheiten der gesamten Bevölkerung führen würden. Für Niklas Luhmann ist diese Ablehnung von Situationen, in denen man das Opfer des riskanten Verhaltens anderer werden könnte, sogar das »eigentlich Neue« an den Protestbewegungen der 1980er Jahre. Die, wie er es nennt, »Situationsdiskrepanz von Entscheidern und Betroffenen« im Hinblick auf individuelle und kollektive Sicherheiten belastete das politische System erheblich.[78] Es gab parlamentarische Mehrheiten für die Nachrüstung, und trotzdem errichtete die Friedensbewegung im November 1983 vor dem Bundestag ein »Parlament der Mehrheit« unter dem Text des Artikels 1, Absatz 2 des Grundgesetzes: »Alle Staatsgewalt geht vom Volke aus.«[79] Die Forderungen nach direkter Demokratie, nach einer Stärkung der plebiszitären Komponente im politischen System der Bundesrepublik leiteten sich auch daraus ab. Die Rationalitätskritik und Rationalitätsskepsis der Friedensbewegung waren eine fundamentale Modernekritik. Der »Expertenrationalität« von Wissenschaftlern, Militärs und Politikern traute man nicht. Im Gegenteil, man hatte Angst vor einer irrationalen Entgleisung der Verantwortlichen. So rückte der Widerspruch zwischen rationaler Kalkulation und vermeintlich irrationaler Angst vor dem unwahrscheinlichen, dem ungewollten Atomkrieg ins Zentrum der politischen Kontroverse über die Folgen moderner Technologien ganz allgemein.

Aber die Kritik und der Protest der Friedens- und der Ökologiebewegung an bestimmten Sicherheitsvorstellungen, die auf Rationalität und Beherrschbarkeit von technisch-industrieller Modernität und ihrer Risiken beruhten, war nicht nur pessimistisch. Die 1980er Jahre sahen auch Ansätze neuer Utopien. Aus der Wahrnehmung der Globalität von Risiken und Unsicherheitspotentialen entwickelten sich weltgesellschaftliche Ideen, die auch Sicherheitsvorstellungen enthielten und die kurze Zeit später, in den 1990er Jahren, in das Konzept der *Human Security* einflossen.

Sicherheit – Gemeinschaft – Identität

In der Bundesrepublik der Gegenwart sind Sicherheit und Identität beherrschende politische und Themen. Sie bestimmten die Wahlkämpfe des Jahres 2017, und gerade vor diesem Hintergrund wurden die beiden Themen in der politischen Diskussion auch miteinander verknüpft. Dass es einen Zusammenhang und Wechselwirkungen gibt zwischen Sicherheits- und Identitätsdynamiken, scheint offenkundig. Doch worin besteht dieser Zusammenhang, und inwiefern ergibt sich daraus auch eine historische Fragestellung? Sicherheit in dem auch der Historischen Sicherheitsforschung zugrunde liegenden Verständnis bezieht sich primär auf Kollektive. Im Zusammenhang mit dem Versicherheitlichungsansatz der Kopenhagener Schule ist dabei in historischer Perspektive das Argument von Bedeutung, dass auch ein Kollektiv selbst das Referenzobjekt von Versicherheitlichung sein kann. Ein Staat, eine Nation, eine ethnische oder religiöse Gruppe können als existentiell gefährdet oder bedroht dargestellt und so versicherheitlicht werden. Umgekehrt können Versicherheitlichungsprozesse zur Herausbildung von Gemeinschaft und gruppenbezogener Identität beitragen. Damit ist ein Problemzusammenhang angesprochen, der in der Geschichtswissenschaft von der Sache her bereits gut etabliert ist, beispielsweise unter der Fragestellung nach den Zusammenhängen oder Wechselwirkungen zwischen äußerer Bedrohung (oder deren Beschwörung) und innerer, gruppenbezogener Gemeinschaftsbildung, nach der Bedeutung von Feindbildern in solchen Dynamiken oder, stärker kulturwissenschaftlich formuliert, nach der Entstehung beziehungsweise Herstellung von Identität und Alterität durch Praktiken des *othering*. Dass Sicherheit in solchen Entwicklungen eine wichtige Rolle spielen kann, ist nicht zu bestreiten, dennoch öffnet sich in der systematischen Integration des Faktors Sicherheit in solche Analysekontexte zwar kein völlig neuer, aber ein anderer, präzisierender Blick auf solche Prozesse.

Der Zusammenhang von Sicherheit, Gemeinschaftsbildung und Identität ist in der sozialwissenschaftlichen Forschung ein seit Langem etabliertes Thema. Schon in den 1950er Jahren hat der amerikanische Politikwissenschaftler Karl Deutsch den Begriff der Sicherheitsgemeinschaft *(security community)* geprägt.[80] Ausgangspunkt für ihn war damals, wenige Jahre nach dem Ende des Zweiten Weltkriegs und vor dem Hintergrund der militärischen Konfrontation des Kalten Kriegs, die Frage nach der Friedfertigkeit von Staaten und nach Möglichkeiten einer friedlichen Entwicklung internationaler Beziehungen. Im Blick auf die 1949 gegründete NATO fragte Deutsch nach Chancen vertiefter Integration und Gemeinschaftsbildung jenseits der durch äußeren Druck beziehungsweise äußere Bedrohung – durch die Sowjetunion – bewirkten. Deutsch betonte in diesem Zusammenhang die Bedeutung zwischenstaatlicher und zwischengesellschaftlicher Kommunikation und Interaktion und schloss sein Modell der Sicherheitsgemeinschaft damit an seine Studien zum Nationalismus an, in denen er Jahrzehnte vor Nationalismusforschern wie Benedict Anderson Nationalisierungsprozesse, insbesondere in Europa seit dem 19. Jahrhundert, als kommunikative Prozesse und Nationen als Kommunikationsgemeinschaften beschrieb.[81] Die Integration zu einer Sicherheitsgemeinschaft war für Deutsch »the attainment, within a territory, of a ›sense of community‹ and of institutions and practices strong enough and widespread enough to assure, for a ›long‹ time, dependable expectations of ›peaceful change‹ among its population«.[82] Voraussetzung für die Entwicklung einer zwischenstaatlichen Sicherheitsgemeinschaft war für Deutsch, dass die beteiligten Staaten und ihre Gesellschaften die gleichen Werte teilten, nicht zuletzt eine grundsätzliche Friedensorientierung, und dass zwischen ihnen eine hohe Kommunikationsintensität bestehe. Diesem Modell einer »pluralistischen Sicherheitsgemeinschaft«, wie Deutsch es nannte, stellte er das Modell einer »amalgamierten Sicherheitsgemeinschaft« gegenüber, was bei ihm auf die Bildung einer neuen politischen Gemeinschaft und in der Konsequenz auf einzelstaatlichen Souveränitätsverzicht hinauslief. Deutschs Konzept ist in den *Security Studies* immer wieder aufgegriffen worden, um Dynamiken politischer Integration, nicht nur im militärischen Bereich, zu erklären. Dabei gab es durchaus unterschiedliche Akzentuierungen. Einige Autoren sehen in gleichsam real existierenden Sicherheitsbedürfnissen oder Sicherheitsinteressen von Staaten den ausschlaggebenden Faktor für die Herausbildung von Sicherheitsgemeinschaften, andere betonen stärker die Bedeutung der Existenz von Gemeinschaftsstrukturen, die dann auch sicherheitsbezogen ausgestaltet beziehungsweise überformt werden könnten. Hinsichtlich der Rolle staatlich-politischer Akteure im Vergleich zum Gewicht gesellschaftlicher Kräfte gibt es unterschiedliche Lesarten. Entwickeln sich Sicherheitsgemeinschaften, so könnte man fragen, eher *top-down* oder eher *bottom-up*? Auch Vertreter des Konzepts des »demokratischen Friedens« stützen sich zum Teil auf Deutsch, wenn es um die Erklärung der von ihnen postulierten Friedfertigkeit von Demokratien geht. Im Laufe der Jahrzehnte ist Deutsch freilich nicht ohne Kritik geblieben. Nicht zuletzt trug eine Kritik an seinem Modell der Sicherheitsgemeinschaft zur Entstehung des Konzepts der Versicherheitlichung bei.[83]

Auf den ersten Blick könnte man im Prozess der europäischen Integration seit 1945 die Herausbildung einer Sicherheitsgemeinschaft erkennen. Da waren zwar auf der einen Seite eine äußere Bedrohung durch die Sowjetunion und die von ihr ausgehende und breit so wahrgenommene kommunistische Gefahr, und hinzu trat für die Gründerstaaten gerade in der Frühzeit die deutsche Gefahr, die man wenige Jahre nach 1945 noch nicht für gebannt hielt. Doch hinzu kam auf der anderen Seite die gemeinsame Friedensorientierung nach der Erfahrung zweier Weltkriege sowie eine zum Teil gewachsene, zum Teil sich allmählich herausbildende demokratische Identität. Dass sich die Europäische Union 1999 im Amsterdamer Vertrag als »Raum der Freiheit, der Sicherheit und des Rechts« definierte, passt nicht nur zum Modell der pluralistischen Sicherheitsgemeinschaft im Sinne Deutschs, sondern nähert sich, so könnte man es sehen, durchaus der Idee der amalgamierten Sicherheitsgemeinschaft an. Ole Wæver erkannte in den 1990er Jahren in der europäischen Sicherheitspolitik beziehungsweise in der immer stärkeren Vergemeinschaftung dieser Sicherheitspolitik, wobei die Grenzen zwischen äußerer und innerer Sicherheit in diesem Prozess verschwammen, die Logik einer Staatsbildung. Sicherheit werde hier auf eine Weise als Argument eingesetzt, die man als Aufruf zur Verteidigung einer noch nicht bestehenden Gesellschaftsordnung interpretieren könne.[84] Genau darin aber sah der dänische Politikwissenschaftler ein Problem der Theorie von Deutsch. Zeige nicht die europäische Entwicklung der 1990er Jahre, dass Gemeinschaftsbildung nicht auf realen Unsicherheiten oder Bedrohungen beruhe, sondern dass Unsicherheit beschworen werde, um Gemeinschaftsbildung zu befördern, ja um möglicherweise sogar zu einer gemeinsamen, aber eben sicherheitsbezogenen Identität zu gelangen?

Im Kopenhagener Konzept der Versicherheitlichung haben solche Überlegungen ihren Niederschlag gefunden. Versicherheitlichung kann zur Herausbildung und zur verstärkten Integration von existierenden Gemeinschaften führen; Gemeinschaften würden insbesondere dann zu versicherheitlichten Gemeinschaften *(securitized communities)*, wenn sie sich bedroht fühlten und diese Wahrnehmung einer äußeren Bedrohung zur inneren Integration nutzten, nicht zuletzt durch die Einforderung von – bedingungsloser – Loyalität gegenüber der bedrohten Gemeinschaft.[85] Von einem *security-loyalty-identity complex* hat der Politikwissenschaftler Marc Neocleous gesprochen und in diesem Zusammenhang auf das in den USA am 26. Oktober 2001, kurz nach den Terroranschlägen des 11. September, verabschiedete Anti-Terror-Gesetz hingewiesen, in dessen Namen sich die Verknüpfung von Sicherheit, nationaler Sicherheit, und Identität, nationaler Identität, spiegele: *Uniting and Strengthening America by Providing Appropriate Tools Required to Intercept and Obstruct Terrorism Act,* abgekürzt: USA PATRIOT.[86] Gemeinschaften und ihre Identitäten (politisch, kulturell, religiös, ethnisch) würden auf diese Weise zum Referenzobjekt von Sicherheit beziehungsweise Versicherheitlichung, und damit würden politische Maßnahmen zur Verteidigung dieser Identität abgeleitet und legitimiert. In dem Maße aber, in dem dies geschehe, seien die betroffenen Gemeinschaften immer weniger friedensbereit und friedensfähig. Die versicherheitlichte Gemeinschaft ist damit das Gegenteil der von Deutsch postulierten Sicherheitsgemeinschaft. Eher führt eine von Jef Huysmans vorgeschlagene Deutung von Entsicherheitlichung, verstanden als die Rückgängigmachung einer Politik, welche auf der Basis von Feindbildern und der Erwartung von Feindschaft Gemeinschaft bildet und Identität stiftet, wieder näher an Deutschs Sicherheitsgemeinschaft heran, auch wenn sie zentrale Prämissen von Deutsch, insbesondere die Idee objektiver Bedrohung oder die Gleichsetzung von Integration und Sicherheit, nicht teilt.[87] Beispiele für die Versicherheitlichung von Identität lassen sich in der Geschichte immer wieder finden, nicht zuletzt im Zusammenhang mit Minderheiten und der – tatsächlichen oder vermeintlichen – Bedrohung ihrer Identität. Aber auch in Migrationszusammenhängen, insbesondere zur Abwehr von Zuwanderung, begegnet die Rede von einer bedrohten Identität, die es durch politische Maßnahmen (Grenzschließungen, Ausweisungen etc.) zu schützen gelte. Die Versicherheitlichung von gruppenbezogener politischer, kultureller oder ethnischer Identität ist dabei auch interpretiert worden als Versuch, Identität in einem bestimmten Zustand einzufrieren, statt ihre Fluidität und damit Veränderbarkeit zu akzeptieren und anzuerkennen.[88] Weil das solchen Überlegungen zugrunde liegende Verständnis ein dynamisches ist, sind das Konzept der *securitized community* und die mit ihm zusammenhängende Frage nach der Versicherheitlichung von Identität für die historische Forschung von besonderem Interesse. Anschließen lassen sich solche Überlegungen ferner an die Frage nach den Raumbezügen von Sicherheit und Identitätsbildung. So ist die europäische Staatsbildung seit der Frühen Neuzeit und das sich in ihr herausbildende Verständnis staatlicher Souveränität mit seiner Verbindung zur Sicherheitsfunktion des Staates auch als wesentliche Grundlage einer politischen, staatsbezogenen Identitätsbildung bewertet worden. Dieser Identitätsbildung gab der moderne Staat mit seinem scharf abgegrenzten Territorium und seinem auf dieses Territorium bezogenen Sicherheitsversprechen Gemeinschaft eine räumliche Grundlage.[89]

Betrachtet man das Verhältnis von Sicherheit, Identität und Gemeinschaftsbildung nicht nur mit Blick auf die internationale Sicherheit und auf Dynamiken von Bündnisbildung oder Integration, dann lassen sich unter solchen Vorzeichen auch die Zusammenhänge bestimmter Formen, Konzepte und Institutionen von Sicherheit mit unterschiedlichen Ausprägungen politischer Herrschaft untersuchen. Tatjana Tönsmeyer und Annette Vowinckel haben darauf hingewiesen, dass und in welchem Maße die autoritären und faschistischen Diktaturen des 20. Jahrhunderts ihre Herrschaft – und ihren Terror – nicht nur mit dem Imperativ von Ruhe und Ordnung rechtfertigten (vor sich selbst und vor der Bevölkerung), sondern auch mit dem Versprechen von Sicherheit durch die beziehungsweise nach der Überwindung von Unordnung und Unsicherheit.[90] Nicht nur deutsche, sondern auch internationale Beobachter des Aufstiegs des Nationalsozialismus erklärten diesen Aufstieg mit einem Gefühl der Unsicherheit bei vielen Deutschen.[91] Dass Unordnung und Unsicherheit dabei beispielsweise der nationalsozialistischen Bewegung nicht nur einfach als Hintergrund und Rechtfertigung ihres politischen Programms dienten, sondern dass Unsicherheit und Unordnung beschworen und durch eine Politik der Gewalt lange vor 1933 geradezu geschaffen wurden, haben schon zeitgenössische Beobachter klar erkannt. In seiner Faschismus-Analyse von 1928 stellte August Thalheimer, Mitglied der von der KPD abgespaltenen KP-O (Kommunistische Partei-Opposition), fest: »Faschismus und Bonapartismus haben der bürgerlichen Gesellschaft ›Ruhe und Sicherheit‹ versprochen. Aber um ihre Unentbehrlichkeit als permanente ›Retter der Gesellschaft‹ zu erweisen, müssen sie die Gesellschaft als ständig bedroht erscheinen lassen: also beständige Unruhe und Unsicherheit.«[92]

Die nationalsozialistische Herrschaft zeigt dabei nur besonders deutlich, wie die nicht zuletzt durch die »Volksgemeinschaft« geschaffene und in ihr stabilisierte Sicherheit der Einen auf der Unsicherheit, der extremen und bis zum Tod, zur Ermordung führenden Unsicherheit der Anderen beruhte, jener Anderen, deren schiere Existenz von den Machthabern in vielen Facetten als eine Bedrohung von Sicherheit dargestellt wurde, was ihre Diskriminierung, Verfolgung und schließlich Ermordung legitimierte. Die Forschung zur »Volksgemeinschaft«, die sich in den letzten Jahren mit neuen Ansätzen und Fragestellungen wieder verstärkt hat, hat die Entwicklung der Volksgemeinschaft nicht nur als propagandistisches Instrument zur sozialen Mobilisierung im Zusammenhang mit den Dynamiken von Gemeinschaftsbildung und Ausgrenzung untersucht, sondern als eine soziale Praxis bis hin zur lokalen Ebene. Der Appell der »Volksgemeinschaft« zielte auf Identitätsbildung und Identitätssicherung (im Sinne von Vergewisserung) durch Zugehörigkeit. Dazu freilich mussten Identität und die Identität stiftende Gemeinschaft zunächst als bedroht dargestellt werden. Das geschah in der NS-Ideologie und ab 1933 in der Politik des NS-Regimes durch Feindbilder und Gegnerkonstruktionen, die sich mit verbreiteten Unsicherheitswahrnehmungen verbanden. Zur Erklärung der Attraktivität und, auf dieser Grundlage, der Wirksamkeit der Idee der »Volksgemeinschaft« jenseits der Propaganda beziehungsweise ihrer propagandistischen Inszenierung kann eine Sicherheitsperspektive beitragen, die nicht zuletzt auf die sicherheitsstiftende Funktion (Funktionalisierung) der »Volksgemeinschaft« abhebt. Das bezieht sich nicht nur auf die Überwindung von individueller und kollektiver Unsicherheit oder Unsicherheitserfahrungen, zurückgehend beispielsweise auf die Krisenjahre der Weimarer Republik, auf die Erfahrung materiell-ökonomischer Unsicherheit und politischer Instabilität, sondern auch auf jene Sicherheit, die die Idee der »Volksgemeinschaft« als Handlungsrahmen und zur Verhaltensorientierung bot und die damit als eine Politik des »social engineering« auf die Schaffung einer gesellschaftlichen Ordnung zielte.[93]

Achim Saupe hat angeregt, die Semantik von »Sicherheit« und »Ordnung« für die NS-Zeit näher zu untersuchen, eben weil das Sicherheitsversprechen zu den zentralen Macht- und Terrortechnologien totalitär verfasster Gesellschaften gehöre. Das spiegelt sich auch in der Benennung zentraler Terrorinstitutionen des NS-Regimes, insbesondere des 1939 durch die Zusammenlegung von Sicherheitspolizei und Sicherheitsdienst (SD) gebildeten Reichssicherheitshauptamts (RSHA), bei dem in den Kriegsjahren die Fäden von Terror und Gewalt zusammenliefen. Neben geheimdienstlichen Aufgaben war das RSHA zuständig für alle »sicherheitspolitischen Belange«. Propagandaminister Goebbels notierte 1943 in seinem Tagebuch, dass Heinrich Himmler, der kurz zuvor das Amt des Reichsinnenministers übernommen hatte, »die innere Sicherheit unter allen Umständen gewährleisten werde«.[94] Für die Entwicklung eines spezifisch nationalsozialistischen Verständnisses von Sicherheit, konzentriert auf die Identifikation (Erforschung), Bekämpfung und Ausschaltung von Gegnern, die nach den Kriterien der völkischen Ideologie des Regimes bestimmt wurden, waren die Terrorbehörde RSHA und ihre Vorgängerinstitutionen von entscheidender Bedeutung.[95]

Auch sozialistische Diktaturen versuchten durch die Gewährung von Sicherheit, Herrschaft zu stabilisieren und Legitimität zu gewinnen. Soziale Sicherheit vor allem war eines der großen Versprechen des real existierenden Sozialismus, nicht zuletzt in der DDR.[96] Das Thema ist von der historischen Forschung in Auseinandersetzung mit der Frage diskutiert worden, warum die DDR über 40 Jahre lang Bestand hatte und sich für einen gewissen Zeitraum, ihre mittlere Phase zwischen dem Mauerbau und den frühen 1980er Jahren, sogar relativ stabilisieren konnte. Die Soziologin Sigrid Meuschel hat von einem ungeschriebenen »Gesellschaftsvertrag« gesprochen, damit die sicherheitsbezogene Terminologie der Staatstheoretiker des 17./18. Jahrhunderts aufgreifend, welcher der ostdeutschen Bevölkerung soziale Sicherheit und ein bescheidenes Maß an Wohlstand als Gegenleistung für die Unterwerfung unter den Herrschaftsanspruch der SED versprach.[97] Sozialpolitik kam in der DDR von Anfang an eine systemsichernde

Aufgabe zu, die über die Absicherung von Daseinsrisiken weit hinausging. Die Forschung hat dafür die Begriffe »Fürsorgediktatur« oder »Wohlfahrtsdiktatur« geprägt,[98] die sich konzeptionell auf das grundlegende Sicherheitsversprechen des SED-Staates beziehen lassen, das seinerseits, im Osten Deutschlands nicht anders als im Westen, auf extremen Unsicherheitserfahrungen nicht allein der Kriegs- und Nachkriegszeit, sondern für die älteren Generationen der Zeit seit 1914 aufbaute.

In der politischen Sprache der DDR tauchte der Begriff der »sozialen Sicherheit« kaum auf, wohl aber war im gleichen semantischen Feld seit den 1970er Jahren von »sozialer Geborgenheit« die Rede, was dennoch oder gerade in dieser Formulierung auch als Gegenbegriff zur »sozialen Unsicherheit« im Kapitalismus gedacht war. Der Ausdruck »soziale Geborgenheit« ist harmonistisch und suggeriert eine konfliktfreie Gesellschaft. Er »unterwirft die Bevölkerung der Fiktion einer emotionalen Vergemeinschaftung, um die Gefahr der Negation zu unterlaufen, das Denken in Alternativen, Grundlage jeder liberal-pluralistischen Ordnung, auszuschließen«.[99] In der Bundesrepublik der frühen 1970er Jahre tauchte der Begriff »Geborgenheit« ebenfalls auf. Bundeskanzler Willy Brandt sprach in seiner Silvesteransprache 1970/71 von der »Geborgenheit im gesicherten Fortschritt«. Schutzzusagen und Sicherheitsversprechen – das wäre ein Hinweis auf die Möglichkeiten einer deutsch-deutschen Vergleichs-, Transfer- und Verflechtungsgeschichte in sicherheitshistorischer Perspektive – hatten im Zeichen sich verschärfender Probleme der Moderne in Ost und West Konjunktur, und in Ost und West spiegelten sich darin sowohl staatliche Ansprüche als auch Erwartungen an den Staat (als Voraussetzung der Anerkennung von Herrschaft). Das Problem war freilich, es sei hier nur am Rande erwähnt, dass die Politik sozialer Sicherheit, eben weil sie primär als Legitimationsressource zu dienen hatte, in der DDR niemals an die reale wirtschaftliche Entwicklung gekoppelt war. Im SED-Jargon nannte man das die »Einheit von Wirtschafts- und Sozialpolitik«. Diese Politik wirkt ökonomisch irrational, aber sie folgte einer eigenen Sicherheitsrationalität, die außerhalb der wirtschaftlichen Abläufe auf Herrschaftssicherung und Legitimationszufuhr zielte. Der Zusammenbruch der DDR, der nicht erst 1989 begann, sondern sich ökonomisch seit Beginn der 1980er Jahre abzeichnete, lässt sich auch daraus erklären.

Sicherheitsgeschichte als Emotionsgeschichte

Ein »Gefühl der Sicherheit« sei in den Jahren vor dem Ersten Weltkrieg der »erstrebenswerteste Besitz von Millionen« gewesen, schrieb Stefan Zweig (1881–1942) in seinen Erinnerungen »Die Welt von Gestern«, und man habe redlich geglaubt, schon bald würden »Frieden und Sicherheit, diese höchsten Güter, der ganzen Menschheit zugeteilt sein«. Der Erste Weltkrieg habe diesem »optimistischen Wahn« ein Ende gemacht. In den Jahren seither habe man sich daran gewöhnen müssen, »ohne Boden unter den Füßen zu leben, ohne Recht, ohne Freiheit, ohne Sicherheit«. Man habe das Wort »›Sicherheit‹ (...) als ein Phantom aus dem Vokabular gestrichen«.[100] Was Zweig hier artikulierte, war die Erinnerung einer ganzen Generation, die bis weit in die Zeit nach dem Zweiten Weltkrieg hinein um das Gefühl verlorener Sicherheit kreiste. Konrad Adenauer, nur wenige Jahre vor Stefan Zweig geboren, machte mit diesem Gefühl Politik. In seiner Weihnachtsansprache von 1958 blickte auch der deutsche Bundeskanzler auf »jene Zeiten vor 1914« zurück, »in denen noch in Wirklichkeit Friede, Ruhe und Sicherheit auf Erden weilten«. Seither aber seien Sicherheit und Ruhe aus dem Leben der Menschen verschwunden, die Angst sei geblieben. »Ist es nicht traurig, ist es nicht furchtbar zu denken, dass die Mehrzahl der jetzt Lebenden Ruhe, Frieden und Sicherheit, ein Leben frei von Angst, niemals gekannt haben?«[101]

Adenauers Ansprache weist über ihren konkreten historischen Ort am Ende der 1950er Jahre hinaus. Sie illustriert nicht nur Generationserfahrungen in der frühen Bundesrepublik, sondern auch kollektive emotionale Befindlichkeiten, die als soziale Phänomene politische Wirkung entfalteten und politisch nutzbar gemacht werden konnten. Nicht zuletzt aufgrund seiner emotionalen Qualität kann Sicherheit als Schlüsselbegriff der Politik Konrad Adenauers gelten, wie überhaupt die Geschichte der Bundesrepublik in der Ära Adenauer ein Beispiel für die Verbindung von Sicherheits- und Emotionsgeschichte darstellt. Sicherheitspolitik in einem weiten Sinne lässt sich als Gefühlspolitik analysieren, insbesondere, wenn man dabei auch Gegenbegriffe wie Unsicherheit, Angst oder Furcht mit einbezieht. In der hoch dynamischen und sich erweiternden Emotionsgeschichte spielt die Geschichte der Angst eine wichtige Rolle. Ausgangspunkt ist dabei immer wieder die wichtige Studie des französischen Frühneuzeithistorikers Jean Delumeau über die »Angst im Abendland«, die sich konzeptionell wiederum auf den Annales-Historiker Lucien Febvre bezog, der schon 1956 dafür geworben hatte, eine Geschichte der Sicherheit als die Geschichte eines Gefühls zu schreiben. Für Febvre war Sicherheitsgeschichte Teil einer allgemeinen Gefühls- oder Sensibilitätsgeschichte, die er als Forschungsfeld in einem Aufsatz von 1941 programmatisch entfaltet hatte, auf den sich die historische Emotionsforschung bis heute bezieht.[102] Die Emotionsgeschichte hat heute längst das 19. und 20. Jahrhundert erreicht,[103] es bleibt dennoch bemerkenswert, dass ihre historiographischen Ausgangspunkte in der Geschichte der Vormoderne liegen und dass Neuzeithistoriker sich nur zögerlich auf das Feld der Gefühlsgeschichte begeben haben. Erklären lässt sich das mit bestimmten Vorannahmen über Vormoderne und Moderne, zu denen nicht zuletzt die These von der Ablösung einer der Vormoderne zugeschriebenen Irrationalität und vom Durchbruch der Rationalität, vom Aufstieg rationalen, zweckrationalen Handelns als wesentlichem Charakteristikum der Moderne gehört. Von solchen Prämissen hat sich die jüngere historische Emotionsforschung[104] weit entfernt, die sich nicht zuletzt für das Verhältnis von subjektivem Wahrnehmungsbereich und konzept-, struktur- und institutionengeschichtlichen Fragestellungen interessiert.[105] Sie geht von der Geschichtsmächtigkeit von Gefühlen aus, nimmt das Verhältnis von Gefühlen und sozialen Dynamiken (beispielsweise Identitäts- und Gruppenbildung oder politische Mobilisierung) in den Blick und untersucht emotionale Kulturen sowie emotionale Regime. Allein die Begriffe Sicherheitskultur und Sicherheitsregime, die nicht nur in der Historischen Sicherheitsforschung eine wichtige Rolle spielen, deuten auf die sowohl sachlich-gegenstandsbezogenen als auch konzeptionellen Überschneidungen beziehungsweise Verknüpfungsmöglichkeiten zwischen Emotions- und Sicherheitsgeschichte hin. So ist in einer vergleichenden Analyse von deutschen und russischen

Sicherheitskulturen darauf hingewiesen worden, wie sich nach den beiden Weltkriegen sowohl in Deutschland als auch in Russland beziehungsweise der Sowjetunion staatliche Institutionen darum bemühten, Emotionsregime zu etablieren, die nach den Erfahrungen tiefgreifender Umbrüche (bis hin zu individuellen biographischen Brüchen) Sicherheit versprachen. Das Versprechen von Sicherheit und Normalität sollte zur Legitimierung von Herrschaft und zur Stabilisierung politischer Systeme beitragen.[106] Für die deutsche Geschichte im 20. Jahrhundert ist gezeigt worden, in welchem Maße Furcht und Verunsicherung, individuell und kollektiv, und ein breites Streben nach Sicherheit die beiden Nachkriegszeiten und zentrale politische, soziale, ökonomische und kulturelle Entwicklungen sowohl nach dem Ersten wie auch nach dem Zweiten Weltkrieg prägten. Es gehört zu den Gründen für den Untergang der Weimarer Republik, dass es ihr nicht gelang, den Menschen ein Gefühl der Sicherheit, von Stabilität und Normalität zu vermitteln. Das beeinträchtigte Akzeptanz und Anerkennung der Weimarer Ordnung entscheidend.

In der jungen Bundesrepublik war das anders.[107] In der zeithistorischen Forschung ist immer wieder auf das Verharren weiter Teile der westdeutschen Gesellschaft in politischen, sozialen und kulturellen Orientierungsmustern der Vorkriegszeit, zum Teil sogar der Zeit vor 1914, hingewiesen worden. In Verbindung mit generationsbezogenen Deutungen liefert uns dafür sowie für das damit zusammenhängende, nur allmähliche Voranschreiten gesellschaftlicher Liberalisierung auch ein breites soziales Streben nach Sicherheit eine Begründung. Erklären lässt sich dieses Sicherheitsstreben, verstanden als ein Bedürfnis nach kompensierender Stabilität, mit der außerordentlichen Veränderungsdynamik in allen Lebensbereichen seit der letzten Kriegsphase.[108] Und diese Veränderungsdynamik endete nicht mit der Gründung der Bundesrepublik, sondern setzte sich als »Periode aufregender Modernisierung« (Hans-Peter Schwarz) weit in die 1950er Jahre hinein fort. Angesichts dieser Dynamik und angesichts des enormen Tempos des Wandels erhöhte sich das Bedürfnis der Menschen, gerade in ihrer individuellen Existenz wieder festen, wieder sicheren Boden unter den Füßen zu gewinnen. So meinte Wiederaufbau für die überwältigende Mehrheit der Westdeutschen, »sich wieder häuslich einzurichten nach der Katastrophe, durch Fleiß und Sparsamkeit eine gesicherte bürgerliche Existenz zu erreichen und dafür alle Chancen zu nutzen, die durch die ständige wirtschaftliche Verbesserung geboten wurden«.[109] Der sozialkulturelle Orientierungshorizont war für die meisten dabei jedoch nicht eine zwar bessere, aber letztlich doch unbekannte Zukunft, sondern vielmehr die verlorene Normalität der Vergangenheit, jener guten, alten Zeit, die die Mehrzahl der Bundesbürger in den sogenannten »Friedensjahren« des Nationalsozialismus und, mehr noch, in den letzten Jahren vor 1914 erblickte.[110] Was Adenauer in seiner Weihnachtsansprache 1958 beschwor, die seit 1914 verlorene Sicherheit und Ruhe, entsprach also exakt dem Denken und Fühlen der Deutschen, deren politische Orientierung vor diesem Hintergrund sich an der Zielvorstellung der Wiederherstellung verloren gegangener Sicherheit ausrichtete.

Materiell erzeugte die »Wirtschaftswundergesellschaft« spätestens seit Mitte der 1950er Jahre die ersehnte »Normalität«. Aber Normalisierung bezog sich nicht nur auf materielle Sicherheit, nicht nur auf Wohlstand und Konsummöglichkeiten. Der materielle Wohlstand schuf Sekurität. Und so wie die ökonomischen Krisen nach 1918 insbesondere die deutschen Mittelschichten, das Bürgertum, verunsichert, ihr Selbstbewusstsein und ihre Zukunftsgewissheit erschüttert und damit auch die Legitimität der Weimarer Demokratie ausgehöhlt hatten, so gewann jetzt die junge Bundesrepublik Legitimität und Stabilität. Begleitet wurden diese sozialen und sozialkulturellen Entwicklungen durch eine Politik der Sicherheit, die die Prozesse der Normalisierung gleichzeitig fundierte und überwölbte. Die beiden wesentlichen Säulen dieser Sicherheitspolitik in einem weiten Sinne, für die Konrad Adenauer stand, waren die außen- und bündnispolitische Westintegration einerseits und der Auf- und Ausbau der Systeme sozialer Sicherung andererseits. Auch Adenauers Rentenreform von 1957, die den Unionsparteien zu einer absoluten Mehrheit im Bundestag verhalf, war ein Teil seiner Politik der Sicherheit. Beide Säulen dieser Politik zielten auf den Abbau der großen, auch gesellschaftlich so wahrgenommenen Unsicherheitspotentiale der Nachkriegszeit und damit auf die Sicherung, die Absicherung von sich allmählich einstellender Normalität.[111] Vor diesem Hintergrund ließ die politische und kulturelle Rückwärtsorientierung der Deutschen allmählich nach, und insofern war das sich einstellende Gefühl der Sicherheit eine Voraussetzung für jene Prozesse gesellschaftlicher Liberalisierung und Westernisierung, die in den späten 1950er Jahren einsetzten und die westdeutsche Gesellschaft fundamental transformierten. Dennoch blieb die Wahrnehmung von Sicherheit zunächst prekär. Dass große Gruppen der Gesellschaft eine spürbare Verbesserung ihrer Lebensumstände feststellen konnten, machte sie freilich anfällig für das Argument, dieser Aufstieg und diese Stabilität könnten gefährdet werden. 1957 wurde das zum zentralen Wahlkampfthema. Der höchst erfolgreiche Wahlkampfslogan der CDU »Keine Experimente« oder auch die Parole »Sicher ist sicher« der SPD instrumentalisierten geschickt die Sorge vor neuer Unsicherheit und trugen so dazu bei, dass die Rolle von Sicherheit als emotional besetzte gesellschaftliche Wertidee noch weiter gesteigert wurde. Im Bundestagswahlkampf 1965 prangte auf Plakaten der CDU der Slogan »Unsere Sicherheit«, für die nun nicht mehr Konrad Adenauer stand, sondern Ludwig Erhard, als »Vater des Wirtschaftswunders« freilich ebenso eine sicherheitspolitische Leitfigur. Die SPD warb 1965 auf ihren Plakaten mit der Aussage »Sicherheit JA«. Zur Großen Koalition von 1966, verstanden auch als Koalition der Sicherheit, war es von hier aus nicht mehr weit.

In emotionsgeschichtlicher Perspektive kann man sich Sicherheit auch über das Gefühl der Angst annähern. Auf unterschiedlichen Ebenen war die erstrebte Sicherheit die Kehrseite individueller und kollektiver Verunsicherung und Angst. Dazu gehörte die Kriegsangst, der Adenauers Politik der Sicherheit zwar durch Westintegration und Remilitarisierung begegnete, die aber doch, mindestens bis zur Kuba-Krise 1962, in der westdeutschen Gesellschaft immer wieder aufflackerte. Aber auch die Angst vor dem »Iwan« oder dem »Russen« baute sich nur langsam ab, so tief war sie verwurzelt in der kollektiven Erfahrung der Deutschen. Antikommunistisch zusätzlich gerechtfertigt, erklärt auch diese Angst die Suche nach Sicherheit, nach einer sicheren sozialen und politischen Ordnung. Die politische Sprache der Zeit bestätigt das. Die außen- und allianzpolitische Formel von der »Politik der Stärke«, die stets auch die Stärke des Wohlstands und der Wirtschaft einschloss, war eine Sicherheitsformel. Aber darüber hinaus war die politisch-ideologische Sprache der 1950er Jahre voll von sicherheitsbezogenen Metaphern wie »Bollwerk«, »Schutzwall« oder »Deichbau«, die freilich nicht erst in der Nachkriegszeit zu Bedeutung gelangten, sondern die insbesondere in ihrer antibolschewistischen und antislawischen Wendung in die Zwischenkriegszeit und vor allem die Jahre des Nationalsozialismus und des Zweiten Weltkriegs zurückreichten.[112]

Eine Angstgeschichte des Kalten Kriegs, wie sie sich in den letzten Jahren entwickelt hat, thematisiert immer wieder das komplexe Verhältnis von Angst und Sicherheit, ihre Wechselbeziehungen, Ambivalenzen und Paradoxa.[113] Am Beispiel des Zivilschutzes hat Frank Biess gezeigt, wie Maßnahmen, die der Sicherheit (der Bevölkerung) dienen oder sie erhöhen sollten, latente Angstdispositionen mobilisierten, die im deutschen Falle aus der Erfahrung des Luft- und Bombenkriegs herrührten. Biess führt in diesem Zusammenhang den Begriff des Emotionsmanagements ein, das auf die Bekämpfung öffentlicher Ängste gerichtet war und gerichtet sein musste, um nicht durch Sicherheits- oder Schutzmaßnahmen Bedrohungs- oder Unsicherheitswahrnehmungen zu verstärken. Eine schlichte »Politik der Angst«, um die deutsche Gesellschaft gegen tatsächliche oder vermeintliche Feinde im Kalten Krieg zu mobilisieren, sei der Regierung Adenauer nicht möglich gewesen. »Sie musste vielmehr eine komplizierte emotionale Balance austarieren, bei der die Mobilisierung von Ängsten immer auch mit politischen Strategien ihrer Kontrolle und Eindämmung einherging.«[114] Einmal mehr verweist das in allgemeiner Perspektive auf das Paradox der Sicherheit, darauf, dass sich mit zunehmendem Sicherheitsstreben das Bewusstsein der Unsicherheit erhöht und dass sich die Menschen trotz objektiver Verbesserung der Sicherheit subjektiv unsicher fühlen.[115]

Ein Begriff wie der des Emotionsmanagents – man könnte auch von einem Management der Angst oder, mit Didier Bigo, einem Management des Unbehagens *(management of unease)* sprechen – legt die gerade auch in historischer Perspektive zentrale Frage nahe, wie Angst und Furcht, verstanden als Wahrnehmung von Unsicherheit, Gefahr oder Bedrohung in spezifischen politischen und sozialen Kontexten und Konstellationen wirken. Es geht also auch in der historischen Analyse nicht darum, Sicherheit und Angst sachlich und als Analysekategorien gegeneinander auszuspielen, sondern gerade aus der Frage nach ihrem Wechselverhältnis und seinen Dynamiken Forschungsimpulse zu gewinnen.[116] Dabei müsste man sich beispielsweise mit der These auseinandersetzen, dass eine Politik maximaler Sicherheit zugleich eine Politik maximaler Angst sei.[117] In diesem Zusammenhang ließe sich in emotionsgeschichtlicher Perspektive, gewissermaßen um Angst und Sicherheit konzeptionell zu verbinden, auf die Kategorie des Vertrauens zurückgreifen, und das gerade auch in sozialen und politischen Kontexten.[118] Niklas Luhmann hat Vertrauen als einen »Mechanismus der Reduktion sozialer Komplexität« bezeichnet und damit als eine Möglichkeit, Ordnung und Sicherheit, bei ihm vor allem als Selbst-Sicherheit zu verstehen, in der Komplexität moderner Gesellschaften zumindest partiell wiederherzustellen – Sicherheit als »Systemvertrauen« also.[119] Vertrauen und Sicherheit verbindet auch ihre Zukunftsgerichtetheit. Werthafte Sicherheit sei, so hat es Franz-Xaver Kaufmann unter Verwendung einer ganzen Reihe gefühlsbezogener Begriffe formuliert, die Gewährleistung von Werten in der Zukunft und die sich daraus ergebende Zuversicht und Beruhigung, die Gewissheit der Zuverlässigkeit eines Schutzes vor Gefahren und die daraus folgende »vertrauende Ruhe«.[120] Auch von der »emotionalen Appellqualität« des Wortes Sicherheit hat Kaufmann gesprochen und wortgeschichtlich darauf hingewiesen, dass das lateinische Wort »securus« (von »sine cura« – »ohne Sorge«) nicht den objektiven Zustand des Geschütztseins (»tutus«) bezeichnete, sondern eine emotionale Qualität: »securus« sei der unbesorgte, furchtlose, ruhige Mensch.[121] Im Blick auf den politischen Sprachgebrauch in der Bundesrepublik hat er eine Rivalität mindestens zweier Konzeptionen von Sicherheit konstatiert: Sicherheit als Systemsicherheit einerseits (in einem eher technischen Sinne); und Sicherheit als Geborgenheit (mit emotionaler Qualität) andererseits. Geborgenheit wiederum ist für Kaufmann, es sei hier wiederholt, »der Name einer verlorenen Sicherheit, eines Bewusstseinszustands, der vergangenen kulturellen Bedingungen entspricht«.[122] Zeithistorisch verweist uns das auf die Verwendung des Geborgenheitsbegriffs in den Jahren der sozialliberalen Koalition unter Bundeskanzler Willy Brandt (1969–1974). Hatte Konrad Adenauer in seiner Weihnachtsansprache 1958 die verlorene Ruhe und Sicherheit beschworen und deren Wiederherstellung damit zum Ziel seiner Politik erhoben, so wünschte Willy Brandt, wie bereits erwähnt, in seiner Ansprache zum Jahreswechsel 1970/71 den Deutschen »Geborgenheit im gesicherten Fortschritt«.[123] Das war mehr als die Beschwörung einer verlorenen Sicherheit, es war das Versprechen einer Zukunft, die nicht unsicher, sondern auch emotional ruhig, sicher und gewiss sein würde.

Die Verknüpfung von Sicherheits- und Emotionsgeschichte, ganz gleich ob man sich ihr über den Sicherheitsbegriff oder über Spiegelbegriffe wie Furcht, Angst oder Bedrohung nähert, hält für die historische Analyse erhebliches Potential bereit. Sie öffnet der Emotionsgeschichte zusätzliche Perspektiven, nicht zuletzt im Feld der Politikgeschichte und auch der Geschichte internationaler Beziehungen, die umgekehrt von einer emotionsgeschichtlichen Erweiterung nur profitieren können, und das gerade auch in ihren klassischen Analysefeldern: staatliche Außenbeziehungen, Militär und Verteidigung, Bündnisse und Allianzen, Entwicklungen des internationalen Systems.

Sicherheit und Frieden

Dass sich Sicherheitsforschung seit geraumer Zeit zu einem breiten Forschungsfeld unterschiedlicher Disziplinen entwickelt und sich auch eine Historische Sicherheitsforschung auszuformen begonnen hat, verdankt sich der Tatsache, dass Sicherheit heute nicht nur mehr denn je ein zentraler gesellschaftlicher Wertbegriff ist, sondern auch als eine entscheidende Zielvorstellung von Politik gilt. Kaum ein Politikbereich unterliegt heute nicht mehr den Dynamiken der Sicherheit und passt sich – tatsächlichen oder postulierten – Sicherheitserfordernissen an. Angesichts dieser Erweiterung von Sicherheit, die man auch als eine Versicherheitlichung von immer mehr Politikfeldern bezeichnen könnte, die dadurch Sicherheitslogiken unterworfen werden, hat der Begriff des »Friedens« in Politik und politischer Sprache an Bedeutung verloren.

Sicherheit, so will es scheinen, ist als politischer Imperativ und als Maxime politischen Handelns heute dem Frieden übergeordnet. Sicherheitsziele und ihre Durchsetzung rechtfertigen den Einsatz militärischer Macht, sie relativieren damit das Friedensgebot in den internationalen Beziehungen, auch normativ fixiert als zwischenstaatliches Gewaltverbot. Je stärker ein erweiterter Sicherheitsbegriff sich international durchsetzt, der unter Sicherheit mehr versteht als nationale Souveränität und Selbstbestimmung sowie territoriale Integrität, ein Sicherheitsbegriff, der sich mit universalen, nicht zuletzt menschenrechtlichen Zielsetzungen verbindet, desto stärker wird die Spannung zwischen Sicherheit und Frieden. Die Idee der *Human Security* beispielsweise relativiert bewusst die Vorstellung einzelstaatlicher Souveränität und trägt dadurch nicht zuletzt über die Argumentationsfigur der Schutzverantwortung (*Responsibility to Protect*) zur Legitimation einer unter Umständen auch militärischen Interventionspolitik bei, die das Friedensgebot verletzt. Es ließe sich freilich auch darüber nachdenken, ob sich nicht ein bis hin zum Konzept der *Human Security* erweiterter Sicherheitsbegriff einem positiven Friedensbegriff annähert, der unter Frieden mehr versteht als die Abwesenheit von Krieg und Gewalt. Die Begriffe »negativer Frieden« und »positiver Frieden« hat um 1970 der norwegische Friedensforscher Johan Galtung entwickelt. Während »negativer Frieden« durch die Abwesenheit von Gewalt bestimmt ist, zielt die Idee des »positiven Friedens« auf die Beseitigung der Ursachen von Gewalt und Krieg; sie ist damit eng mit Galtungs Konzept der »strukturellen Gewalt« verbunden.[124] Auch in solchen fließenden Übergängen und der nicht eindeutigen Trennbarkeit der Begriffe und Verständnisse von Frieden und Sicherheit zeigt sich die Komplexität ihrer Beziehung, die in historischer Perspektive noch nicht systematisch untersucht worden ist.[125]

Dass zentrale Dokumente internationaler Organisationen im 20. Jahrhundert sich sowohl auf Frieden als auch auf Sicherheit als Zielbestimmungen bezogen und dadurch eine Gleichrangigkeit der beiden Vorstellungen postulierten, sollte nicht über das Spannungsverhältnis zwischen den beiden Konzepten hinwegtäuschen. So stellte die Präambel der Satzung des Völkerbunds von 1919 deren Bestimmungen unter die Maxime, die Zusammenarbeit unter den Nationen zu fördern und den internationalen Frieden und die internationale Sicherheit zu gewährleisten. Ein gutes Vierteljahrhundert später hieß es in der UN-Charta von 1945, die Vereinten Nationen sollten dazu beitragen, »den Weltfrieden und die internationale Sicherheit zu wahren«, um es den Staaten zu ermöglichen, »als gute Nachbarn in Frieden miteinander zu leben« und die Menschheit vor der »Geißel des Krieges« zu bewahren. Doch was bedeuten Frieden und Sicherheit jeweils für sich in unterschiedlichen historischen, politischen, sozialen und kulturellen Kontexten, und wie entwickelte und veränderte sich auch das Verhältnis zwischen Frieden und Sicherheit, das nicht zuletzt davon bestimmt war, wie die beiden Begriffe jeweils verstanden und mit welchem Verständnis sie dann aufeinander bezogen wurden?[126]

Schon seit der Antike begegnet uns Frieden zumindest in der politischen Theorie und im Mittelalter in der Regel christlich-theologisch überformt als eine universale Norm und als ein universaler Zustand. Seit der Frühen Neuzeit und insbesondere im Denken der Aufklärung gewinnt die Idee des Friedens den Charakter einer realen, also nicht erst im Jenseits zu verwirklichenden Utopie, die sich mit einem politischen Fortschrittsdenken verbindet.[127] Der Begriff der Sicherheit war demgegenüber begrenzt: räumlich, zeitlich, kategorial oder im Hinblick auf sein Referenzobjekt.[128] Er war stets gebunden an bestimmte Wahrnehmungen oder Vorstellungen von Unsicherheit oder Bedrohung. Staatsbildung und Staats- beziehungsweise Herrschaftslegitimation waren, wie an anderer Stelle bereits ausgeführt, unmittelbar auf Sicherheit bezogen, auf das Versprechen von Sicherheit. Sicherheit war beziehungsweise wurde in diesen Entwicklungen staatszentriert und auf den Einzelstaat gerichtet, auf die Sicherung seiner – staatlichen – Existenz. Das intensivierte sich im 19. Jahrhundert und verband sich mit der Vorstellung des autonomen Nationalstaates. Nationale Selbstbestimmung und territoriale Integrität wurden Kernelemente nationaler Sicherheitspolitik, die sich gegen alle Bedrohungen – von innen wie von außen – richtete, die diese Selbstbestimmung und Integrität tatsächlich oder vermeintlich gefährdeten. Ideen kollektiver Sicherheit hatten vor diesem Hintergrund kaum eine realistische Chance, wie das Schicksal der Wiener Ordnung von 1815 mit ihren Institutionen und Mechanismen zeigt.[129]

Sicherheitsbegriff und Sicherheitsverständnis waren im 19. und frühen 20. Jahrhundert eher Status-quo-orientiert, während die

Idee des Friedens im Sinne eines zunehmend ideologisierten universalen Anspruchs tendenziell transformativ wirken konnte, und das sowohl bezogen auf die innere Ordnung einzelner Staaten als auch auf einen bestimmten politisch-territorialen Zustand. Auch darin liegt ein Grund, warum in den konstitutiven Dokumenten internationaler Ordnung im 20. Jahrhundert – Völkerbund und Vereinte Nationen – von Frieden und Sicherheit die Rede ist. Die normative Fixierung nationaler, staatlicher Sicherheit sollte den transformativen Universalismus der Friedensidee begrenzen, und der Imperativ des Friedens (als Gewaltverbot) zielte darauf, die gewaltsame Austragung zwischenstaatlicher Konflikte zu verhindern.

In linearen Narrativen sind derartige komplexe Entwicklungen und Konstellationen kaum zu erfassen. Das gilt auch für die Entwicklungen in der jüngsten Zeitgeschichte. Denn es führt keineswegs eine lineare Entwicklung von den Dynamiken »erweiterter Sicherheit« in den 1970er und 1980er Jahren zu jener Suprematie der Sicherheit, die den politischen Prozess und die politische Kommunikation seit einigen Jahren charakterisiert. Vor allem die Welle des internationalen Terrorismus, beginnend mit den Anschlägen des 11. September 2001, trug national wie international zu einem Bedeutungsgewinn von Sicherheit bei. Demgegenüber hatte es insbesondere in der internationalen Politik in den Jahren nach 1990 für einige Zeit den Anschein, als würde Frieden als politisches Konzept und als Zielvorstellung wieder an Bedeutung gewinnen. Den Kalten Krieg hatte der französische Philosoph Raymond Aron einst auf die Formel gebracht: »Frieden unmöglich, Krieg unwahrscheinlich.« Internationale Politik in der Zeit des Ost-West-Konflikts war vom Primat der Sicherheit geleitet, einer stark militärisch bestimmten Idee von Sicherheit, die zwar nicht zwingend und durchgehend konfrontativ geprägt war, sondern insbesondere in Zeiten der Entspannung auch kooperative Elemente einschloss, die aber dennoch auf dem ideologischen und politischen Antagonismus von West und Ost basierte, der Frieden im Sinne Arons unmöglich machte.

Das begann sich schon in den letzten Jahren des Kalten Kriegs vor dem Hintergrund der Politik der Sowjetunion unter dem 1985 in sein Amt als Generalsekretär der KPdSU gelangten Michail

Gorbatschow zu verändern. »Once again, it is a time for peace«, betonte US-Präsident George Bush (sen.) bereits im Mai 1989 in einer Rede zu den amerikanisch-sowjetischen Beziehungen.[130] In den weltpolitischen Umbrüchen der Jahre 1989 bis 1991 und in der Zeit unmittelbar danach kam es zu einer spürbaren Intensivierung der Friedensrhetorik in der internationalen Politik, aber der Friedensbegriff fand auch Eingang in zahlreiche internationale Verträge und andere politische Dokumente, darunter beispielsweise der »Zwei-plus-Vier-Vertrag« über die abschließende Regelung in Bezug auf Deutschland vom September 1990, der an die Stelle des Friedensvertrags zwischen den Siegern des Zweiten Weltkriegs und Deutschland trat, dessen Abschluss nach 1945 der Kalte Krieg verhindert hatte.

Dem Friedensbegriff war allerdings nur eine kurze Blütephase vor dem Hintergrund des zu Ende gehenden und vom Westen gewonnenen Kalten Kriegs und der optimistischen Perspektive einer neuen Weltordnung, von der US-Präsident Bush im März 1991 nach Ende des Irakkriegs sprach. Frieden bezog sich in dieser Phase auf eine demokratische und liberale Weltordnung unter westlichen Vorzeichen. Bill Clinton, Nachfolger Bushs als amerikanischer Präsident, erhob in seiner *State-of-Union*-Rede 1994 sogar die Idee des »demokratischen Friedens« zur Richtlinie amerikanischer – und westlicher – Politik: »Ultimately, the best strategy to ensure our security and to build a durable peace is to support the advance of democracy elsewhere. Democracies don't attack each other.«[131] Es war kein Zufall, dass die Theorie des »demokratischen Friedens«, die sich ideengeschichtlich auf Kants Vorstellung eines »Ewigen Friedens« zwischen republikanisch verfassten Staaten beziehen lässt, in den 1990er Jahren ihre größte Wirkung entfaltete. Ließ sich nicht der westliche Sieg im Kalten Krieg als Fortschritt im Sinne einer liberal verstandenen Republikanisierung (Demokratisierung) deuten? Der Topos vom »Ende der Geschichte«, in den frühen 1990er Jahren von dem politischen Philosophen Francis Fukuyama publizistisch verbreitet, die Vorstellung, mit dem Ende des Kalten Kriegs habe sich der Liberalismus, politisch als Demokratie, ökonomisch als marktwirtschaftlicher Kapitalismus, endgültig durchgesetzt, hilft, den kurzen Höhenflug des Friedensbegriffs, der Idee eines positiven Friedens jenseits der bloßen Abwesenheit von Krieg, basierend auf Demokratie und Marktwirtschaft, Freiheit und Wohlstand in den Jahren um 1990 zu erklären.[132]

Der kurze Höhenflug des Friedensbegriffs war rasch wieder vorbei. Schon in der zweiten Hälfte der 1990er Jahre und erst recht im beginnenden 21. Jahrhundert wurde Sicherheit im Zeichen von Krieg und Terror wieder zum politischen Leitbegriff. Für eine lineare Erzählung eignet sich die Geschichte des Verhältnisses von Sicherheit und Frieden daher nicht. Dennoch liegt in der Auseinandersetzung mit der komplexen Beziehung zwischen Sicherheit und Frieden eine wichtige Thematik Historischer Sicherheitsforschung – wie natürlich auch der Historischen Friedensforschung. Eine solche historische Auseinandersetzung kann begriffsgeschichtlich, ideengeschichtlich oder diskursgeschichtlich angelegt sein, akteurs- oder ereignisbezogen, konzentriert auf bestimmte historische Situationen oder auf Prozesse längerer Dauer. Über weite Strecken waren Sicherheit und Frieden durchaus positiv, konstruktiv aufeinander bezogen, aber über ebenso weite Strecken war das Verhältnis von Spannungen und Konflikten bestimmt, die nicht nur abstrakt oder theoretisch waren, sondern im historischen Prozess politische Wirkung zeitigten.

Auch wissenschaftsgeschichtlich ist das dynamische Wechselverhältnis von Frieden und Sicherheit von Belang, wenn man beispielsweise auf die Entstehung der Friedensforschung in der Auseinandersetzung mit und der Abgrenzung von einer stark macht- und militärbezogenen Sicherheitsforschung blickt, die sich ihrerseits selbst vor dem Hintergrund des Kalten Kriegs akademisch etabliert hatte. Das hatte damit zu tun, dass die Verwendung der Begriffe Frieden und Sicherheit zunächst entlang der Trennlinie des Ost-West-Konflikts erfolgte. Frieden wurde in dieser Zeit ein wichtiger und häufig verwandter Begriff östlich-kommunistischer Rhetorik, nicht zuletzt, weil in marxistisch-leninistischer Lesart zum Friedensbegriff stets die soziale, wenn nicht sozialrevolutionäre Transformation gehörte. In den Gesellschaften des Westens trug das nicht nur in der Frühzeit des Kalten Kriegs zur Diskreditierung der Friedensbewegung im Zeichen des Antikommunismus bei. Hier wurde Sicherheit zum politischen Leitbegriff. Sicherheit bezog sich dabei zum einen auf die westliche Politik der

Bedrohungsabwehr, insbesondere mit militärischen Mitteln und einschließlich nuklearer Waffen; zum anderen richtete sich der Sicherheitsbegriff auf die Freiheit des Westens, die es zu sichern, zu verteidigen galt. Dieses Verständnis ging vor diesem Hintergrund über einen negativen Friedensbegriff deutlich hinaus, es zielte, über die Abwesenheit beziehungsweise Verhinderung von Krieg hinausgehend, auf Freiheit und Wohlstand und trug damit durchaus Züge eines positiven Friedensbegriffs.

Dennoch führte gerade die im Westen diskursive Dominanz des Sicherheitsbegriffs seit den 1970er Jahren dazu, dass Friedensforschung in zunehmendem Maße als Sicherheitsforschung betrieben wurde, dabei aber zunehmend auf alternative Konzepte von Sicherheit wie beispielsweise »Gemeinsame Sicherheit« oder »Sicherheitspartnerschaft« orientiert war, die die konfrontative Konnotation des Sicherheitsbegriffs durch eine kooperative zu ersetzen trachteten. Dazu trug auch die Erweiterung des Sicherheitsbegriffs bei, der im Hinblick auf globale oder universale Sicherheitsbedrohungen (Umwelt, Rüstung, Unterentwicklung) kaum mehr konfrontativ-antagonistisch zu denken war. Jan Ole Wiechmann spricht von einer Versicherheitlichung friedenspolitischer Anliegen und von Begriffen wie »Gemeinsame Sicherheit« als »Hilfskonstruktionen (…), mit denen man versuchte, die Begriffe Frieden und Sicherheit miteinander zu verknüpfen«.[133] Die Entstehung der akademischen *Critical Security Studies* gehört in diese Dynamik. Diese wurden freilich zugleich selbst wiederum kritisch analysiert (nicht zuletzt im Hinblick auf die Folgen einer Erweiterung und Entgrenzung des Sicherheitsbegriffs). Der Sicherheitsbegriff setzte sich in diesem Sinne wissenschaftlich zwar durch, mit ihm verband sich jedoch kein einheitliches Sicherheitsverständnis. Das Gegenteil war der Fall, was die *Security Studies* belebte und zu einer der dynamischsten und innovativsten sozialwissenschaftlichen Teildisziplinen machte.[134] Der Begriff der Straße, gerade in der großen Protestphase um 1980, blieb freilich der Begriff des Friedens. In Verbindung mit seiner Emotionalität machte ihn auch sein Utopiecharakter attraktiv. Eine Historische Sicherheitsforschung, die sich auf die *Critical Security Studies* bezieht, verfügt auch deshalb über erhebliche Schnittflächen mit der Historischen Friedensforschung, die mit der sozialwissenschaftlichen Friedensforschung seit den späten 1960er Jahren die Kritik am konfrontativen, auf militärische Fragen konzentrierten und machtpolitisch überformten Sicherheitsverständnis aus der Zeit des Kalten Kriegs teilte und aus diesem kritischen Verständnis heraus historische Forschung über die Zeit des Kalten Kriegs hinaus zu betreiben unternahm.[135]

7 Ausblick

Dieses Buch hat den Versuch unternommen, Themen, Gegenstände, Fragestellungen und Ansätze einer Historischen Sicherheitsforschung zu umreißen und damit ein in der Geschichtswissenschaft an Bedeutung gewinnendes Forschungsfeld zu vermessen. Es hat nicht ein fest gefügtes, klar konturiertes und lange schon etabliertes wissenschaftliches Terrain beschrieben, sondern ein junges und ausgesprochen lebendiges Forschungsgebiet, das sich in interdisziplinärem und internationalem Austausch hoch dynamisch entwickelt. Diese Entwicklung ist keineswegs abgeschlossen, und insofern stellt dieses Buch einerseits eine Momentaufnahme dar und zieht eine Art Zwischenbilanz, andererseits möchte es dazu ermuntern, die Historische Sicherheitsforschung konzeptionell und empirisch weiter voranzutreiben. Forschungsbereiche und Forschungsgegenstände gibt es dafür, wie das Buch hoffentlich deutlich gemacht hat, genug.

Noch ganz am Anfang steht zweifellos die Ausdehnung sicherheitsbezogener Forschung auf global- und kolonialgeschichtliche Zusammenhänge, die Frage nach Sicherheit in interkulturellen und nicht-westlichen beziehungsweise nicht-nördlichen Kontexten. Mindestens zwei wichtige Forschungsperspektiven sind hier zu erwähnen. Zum einen hat die Forschung bislang viel zu wenig beziehungsweise allenfalls in ersten Ansätzen nach den Dynamiken und Mechaniken von Sicherheit in imperialen und insbesondere kolonialen Räumen gefragt. Zweifellos ist koloniale oder imperiale Herrschaft immer wieder mit sicherheitsbezogenen Argumenten begründet oder legitimiert worden. Aber Sicherheit blieb doch auch unter Bedingungen kolonialer beziehungsweise imperialer Herrschaft ein umstrittener Anspruch und eine umkämpfte Praxis. Noch stärker und schärfer als in anderen Zusammenhängen stellt sich im Hinblick auf Sicherheit in imperialen und kolonialen Räumen die Frage, um wessen Sicherheit es hier eigentlich ging, wessen Sicherheitsinteressen imperiale Herrschaft und koloniale Praxis bestimmten und auf welche Unsicherheiten oder Unsicherheitspotentiale, politisch, ökonomisch oder medizinisch, sich diese Sicherheitsinteressen bezogen. Einen analytischen Rahmen zu entwickeln, der gerade für koloniale und postkoloniale Kontexte Herrschende und Beherrschte, Mächtige und Machtlose, Starke und Schwache, Reiche und Arme unter der Frage nach Sicherheit in Beziehung zueinander setzt, stellt eine der wichtigsten Herausforderungen für die Historische Sicherheitsforschung dar.

Zum anderen jedoch führt die Frage nach der Hegemonie europäisch-westlicher Sicherheitsvorstellungen in den Praktiken und Dynamiken kolonialer Herrschaft zwangsläufig zur Frage nach der Existenz nicht-westlicher Sicherheitsvorstellungen und Sicherheitskulturen. Nicht nur die ältere, sondern auch die jüngere Kritische Sicherheitsforschung beruht ganz überwiegend auf westlich-europäischen Prämissen und Grundannahmen und auf einem westlich-europäischen – oder nördlichen – Sicherheitsverständnis, in welchem Sicherheit im Globalen Süden in der Regel eine allenfalls abgeleitete Rolle spielt. Aus beiden Frageperspektiven – das kann dieser Ausblick nur andeuten – lässt sich eine reiche empirische Forschungsagenda entwickeln, die ihrerseits konzeptionell und methodisch zurückwirken dürfte auf die Untersuchung von Sicherheitsdynamiken und ihre Machtbezüge in anderen Kontexten.

Das verweist einmal mehr auf die Bedeutung einer gesellschafts- und kulturvergleichenden Erforschung von Sicherheitsvorstellungen, Sicherheitskonzepten und Sicherheitspraktiken. Gesellschaftsvergleich und Gesellschaftsanalyse, Kulturvergleich und Kulturanalyse können durch die Perspektive Sicherheit zu neuen Erkenntnissen gelangen. Allein die Frage, was denn in unterschiedlichen Gesellschaften oder Kulturen als Unsicherheit gilt beziehungsweise als Unsicherheit wahrgenommen wird und welche Ideen von Sicherheit beziehungsweise zur Herstellung von Sicherheit existieren, bietet in diesem Zusammenhang ein reiches Erkenntnispotential. Der Marburg-Gießener Sonderforschungsbereich »Dynamiken der Sicherheit« erprobt vor diesem Hintergrund neuerdings die Tragfähigkeit und den Nutzen der Konzepte »Sicherheitsheuristik« und »Sicherheitsrepertoire«. Der Begriff der »Sicherheitsheuristik« wird dabei als Interpretations- und Bewertungsrahmen verstanden, mithilfe dessen eine bestimmte Entwicklung oder Wahrnehmung »als Sicherheitsproblem beziehungsweise als sicherheitsrelevant markiert, bewertet und damit sozial konstruiert wird«. Als »Sicherheitsrepertoires« werden handlungsbezogene Möglichkeiten verstanden, über die Akteure verfügen und mit denen sie wahrgenommene Sicherheitsprobleme zu bewältigen versuchen. Ein »Sicherheitsrepertoire« dient dazu, »wahrgenommene Sicherheitsprobleme zu bearbeiten«, also beispielsweise tatsächliche oder vermeintliche Gefahren oder Bedrohungen abzuwehren.[1] Begriffe wie »Sicherheitsheuristik« oder »Sicherheitsrepertoire« erleichtern vergleichende Untersuchungen, die über Sicherheitsdynamiken im engeren Sinne hinaus auf Gesellschafts- und Kulturanalyse in historischer Perspektive zielen. Dazu kann die Historische Sicherheitsforschung einen wichtigen Beitrag leisten.

Dieses Buch hat zumindest angedeutet, in welchem Maße Debatten über Sicherheit und Unsicherheit, insbesondere in liberalen, pluralistischen Gesellschaften, zentrale Selbstverständigungsdebatten sind, in denen es nicht zuletzt um die Rolle und die Macht des Staates geht, um die Rechte und Freiheiten des Individuums und um die nicht zuletzt normativen Grundlagen, auf denen eine soziale und politische Ordnung beruht. Im Prisma der Sicherheit treten solche wert- und normbezogenen sozialen, kulturellen und politischen Grundorientierungen in großer Klarheit zutage. Auch daraus – und nicht allein aus der gegenwärtigen Konjunktur des Themas Sicherheit – Unsicherheit – speist sich die Bedeutung einer Historischen Sicherheitsforschung.

Diese Sicherheitsforschung, nicht nur die Sicherheitsgeschichte, steht gleichwohl vor einem Dilemma, dessen sie sich in der Auseinandersetzung mit ihren Forschungsgegenständen, wie sie dieses Buch skizziert hat, bewusst sein muss und das sie in ihrer Forschung reflektieren muss. Die Ambivalenzen und Paradoxa der Sicherheit setzen sich in gewisser Weise in der Sicherheitsforschung fort. Diese trägt einerseits dazu bei, die politische und gesellschaftliche Thematisierung von Sicherheit kritisch zu analysieren und die Dynamiken von Sicherheit zu erklären. Dazu kann die historische Perspektivierung einen wichtigen Beitrag leisten. Andererseits ist der Bedeutungsgewinn der Sicherheitsforschung fraglos auch ein Resultat des Aufstiegs der Sicherheitsthematik in der Gegenwart. Sicherheitsforschung profitiert – in der Logik von Aufmerksamkeitsökonomien nicht zuletzt finanziell – von der Breite und Intensität der Sicherheitsdiskussion, die sie zugleich weiter nährt und vorantreibt. Sicherheitsforschung, auch Historische Sicherheitsforschung, ist selbst Teil der Dynamiken, die sie untersucht. Das spricht nicht gegen diese Forschung, zumal auch andere Forschungsgebiete, die Globalgeschichte beispielsweise, sich gegenwärtig hoher Aufmerksamkeit und Wertschätzung erfreuen. Doch bedarf die Wechselbeziehung von wissenschaftlicher Forschung und dem öffentlichen Interesse an ihrem Gegenstand der kontinuierlichen Reflexion. Das gilt auch für die Sicherheitsforschung und, in ihrem Rahmen, die Sicherheitsgeschichte, die aus diesem Grund dazu aufgerufen ist, sich wissenschafts- und wissensgeschichtlich immer wieder selbst zu thematisieren und zum Forschungsgegenstand zu machen.

Sensibel für diese Problematik und sich dieser Herausforderung bewusst, verfügt die Historische Sicherheitsforschung über mehr als ein nur zeit- und gegenwartsdiagnostisches Potential, reicht aber auch in ihren Möglichkeiten über die Historisierung von Sicherheit hinaus, mit der freilich, konsequent betrieben, schon viel gewonnen wäre. Die eigentliche Attraktivität jedoch der Historischen Sicherheitsforschung liegt jenseits der vielen einzelnen Themen, die sie mit neuen Fragen zu erschließen in der Lage ist, in ihrer analytischen Verknüpfung von Geschichte und Gegenwart. Die Möglichkeiten interdisziplinärer Kooperation, insbesondere mit den Sozialwissenschaften, aber auch mit kulturwissenschaftlichen Disziplinen oder der Rechtswissenschaft, erleichtern diese Verknüpfung und machen sie fruchtbar. Auch dafür hat dieses Buch zu werben versucht. Die Bedeutung des Sicherheitsthemas wird auf allen Ebenen – global, national, lokal – weiter wachsen. Eine Kritische Sicherheitsforschung, auch in historischer Perspektive, ist deshalb umso wichtiger.

Anmerkungen

1. Unsichere Zeiten: Aktualität und Ziele Historischer Sicherheitsforschung

1 Der britische Politikwissenschaftler Mark Neocleous spricht vom »Aufstieg einer akademischen Industrie«; s. Mark Neocleous: Critique of Security, Edinburgh 2008, S. 3.
2 Vgl. http://www.sfb138.de/index.php (Zugriff am 29.9.2017).
3 Vgl. http://www.uni-tuebingen.de/forschung/forschungsschwerpunkte/sonderforschungsbereiche/sfb-923/ueberblick.html (Zugriff am 29.9.2017).
4 Wenn im Folgenden von Historischer Sicherheitsforschung als Bezeichnung einer Teildisziplin oder eines Arbeitsgebiets der Geschichtswissenschaft die Rede ist, wird das Wort »Historisch« groß geschrieben. Diese Schreibweise lehnt sich nicht zuletzt an die (Selbst-)Bezeichnung der Historischen Friedensforschung an.
5 Siehe dazu Neocleous: Critique, S. 80–85, oder Franz-Xaver Kaufmann: Sicherheit. Das Leitbild beherrschbarer Komplexität, in: Stephan Lessenich (Hg.): Wohlfahrtsstaatliche Grundbegriffe. Historische und aktuelle Diskurse, Frankfurt a. M. / New York 2003, S. 73–104, hier 73.
6 FAZ, 24.8.2016.
7 Regierungserklärung von Bundeskanzler Gerhard Schröder vor dem Deutschen Bundestag am 29. Oktober 2002: »Gerechtigkeit im Zeitalter der Globalisierung schaffen. Für eine Partnerschaft in Verantwortung«, abgedruckt in: Bulletin des Presse- und Informationsamts der Bundesregierung, Nr. 85 – 1, 29.10.2002; Grundsatzprogramm der CDU Deutschlands (2007): »Freiheit und Sicherheit. Grundsätze für Deutschland«, http://data.unionlive.de/hpdf/2015/01/14/676-54b6d865cb826.pdf (Zugriff am 10.10.2017).
8 Siehe FAS, 30.4.2017, Nr. 17, S. 5.
9 Michael Dillon: Politics of Security. Towards a Political Philosophy of Continental Thought, London 1996, S. 12.
10 Vgl. Christopher Daase: Sicherheit schlägt Frieden. Zum normativen Wandel in der Weltpolitik, in: Polar 11 (2011), S. 89–93.
11 Stefan Kaufmann: Zivile Sicherheit. Vom Aufstieg eines Topos, in: Leon Hempel u. a. (Hg.): Sichtbarkeitsregime. Überwachung, Sicherheit und Privatheit im 21. Jahrhundert, Wiesbaden 2011, S. 101–123, hier 101.

12 Der Spiegel, Nr. 17, 23.4.2011, S. 31.

13 2015 beschäftigte sich der Jahreskongress der Deutschen Vereinigung für Politische Wissenschaft (DVPW) mit der Thematik; vgl. dazu die Kongresspublikation: Gabriele Abels (Hg.): Vorsicht Sicherheit! Legitimationsprobleme der Ordnung von Freiheit, Baden-Baden 2016.

14 Vgl. Wolfgang Bonß: Vom Risiko. Unsicherheit und Ungewissheit in der Moderne, Hamburg 1995, S. 23.

15 Dazu einführend Columba Peoples / Nick Vaughan-Williams: Critical Security Studies. An Introduction, London [2]2015, oder auch J. Peter Burgess (Hg.): The Routledge Handbook of New Security Studies, London 2010.

16 Christopher Daase: Die Historisierung der Sicherheit, in: GG 38 (2012), S. 387–405, hier 392.

17 Katrin Meyer: Kritik der Sicherheit. Vom gouvernementalen Sicherheitsdenken zur Politik der ›geteilten Sorge‹, in: traverse 16 (2009), S. 25–40, hier 25.

18 Bezogen auf die Bundesrepublik Deutschland s. dazu Eckart Conze: Sicherheit als Kultur, in: VfZ 53 (2005), S. 357–380, sowie ders.: Die Suche nach Sicherheit. Eine Geschichte der Bundesrepublik von 1949 bis in die Gegenwart, München 2009.

19 Programmatisch hierzu Cornel Zwierlein: Sicherheitsgeschichte. Ein neues Feld der Geschichtswissenschaft, in: GG 38 (2012), S. 365–386.

20 Christopher Daase: Sicherheitskultur. Ein Konzept zur interdisziplinären Erforschung politischen und sozialen Wandels, in: Security and Peace 29 (2011), S. 59–65, hier 59.

21 Vgl. Tobias Bruns: Eine Geschichte der Sicherheitskultur des Deutschen Kaiserreichs (1871–1914), o. O. 2016 (unveröffentlichtes Projektexposé), S. 2.

22 Quentin Skinner: A Third Concept of Liberty, in: Proceedings of the British Academy 117 (2002), S. 237–268, hier 265.

23 Ekkehart Lippert u. a.: Einleitung, in: ders. u. a. (Hg.): Sicherheit in der unsicheren Gesellschaft, Opladen 1997, S. 7–20, hier 14; vgl. auch Wolfgang Bonß: Die gesellschaftliche Konstruktion von Sicherheit, in: ebd., S. 21–41, hier 21.

24 Siehe dazu Rüdiger Graf / Kim C. Priemel: Zeitgeschichte in der Welt der Sozialwissenschaften. Legitimität und Originalität einer Disziplin, in: VfZ 59 (2011), S. 479–508, oder auch Anselm Doering-Manteuffel / Lutz Raphael: Nach dem Boom. Perspektiven auf die Zeitgeschichte, Göttingen 2008.

25 Daase: Historisierung, S. 389 f.

26 Tatjana Tönsmeyer / Annette Vowinckel: Sicherheit und Sicherheitsempfinden als Thema der Zeitgeschichte. Eine Einleitung, in: ZF 7 (2010), S. 163–169, hier 163.

27 Christoph Kampmann / Ulrich Niggemann (Hg.): Sicherheit in der Frühen Neuzeit. Norm – Praxis – Repräsentation, Köln u. a. 2013.

28 Vgl. beispielsweise die einschlägigen Teilprojekte des Gießen-Marburger SFB 138 »Dynamiken der Sicherheit« unter: http://www.sfb138.de/index.php (Zugriff am 29.9.2017).

29 Steffen Patzold: Human Security, fragile Staatlichkeit und Governance im Frühmittelalter. Zur Fragwürdigkeit der Scheidung von Vormoderne und Moderne, in: GG 38 (2012), S. 406–422, Zitat auf 422.
30 Zit. nach: Wolfgang Jäger: Die Innenpolitik der sozial-liberalen Koalition 1974–1982, in: ders. / Werner Link: Republik im Wandel 1974–1982. Die Ära Schmidt, Stuttgart / Mannheim 1987, S. 9–272, hier 15.

2. Sicherheit in der historischen Forschung

1 Zwierlein: Sicherheitsgeschichte, S. 365.
2 Als Überblick dazu s. Barry Buzan / Lene Hansen: The Evolution of International Security Studies, Cambridge 2009.
3 Siehe ebd., S. 1.
4 Vgl. Werner Conze: Art. Sicherheit, Schutz, in: Otto Brunner / Reinhart Koselleck / Werner Conze (Hg.): Geschichtliche Grundbegriffe. Historisches Lexikon zur politisch-sozialen Sprache in Deutschland, Bd. 5, Stuttgart 1984, S. 831–862, insbes. 832–837 sowie Kaufmann: Sicherheit: Das Leitbild, insbes. 74 f.
5 Gottfried Wilhelm Leibniz: Allgemeiner politischer und historischer Briefwechsel, Bd. 24: Oktober 1704–Juli 1705, hg. von der Leibniz-Forschungsstelle Hannover der Akademie der Wissenschaften zu Göttingen beim Leibniz-Archiv der Gottfried Wilhelm Leibniz Bibliothek Hannover, Berlin / Boston 2015, S. 772. Vgl. auch Emma Rothschild: What is Security?, in: Daedalus 124 (1995), S. 53–98, hier 61.
6 Werner Conze: Art. Sicherheit, Schutz, S. 845.
7 Vgl. Leon Hempel / Susanne Krasmann / Ulrich Bröckling: Sichtbarkeitsregime. Eine Einleitung, in: dies. (Hg.): Sichtbarkeitsregime. Überwachung, Sicherheit und Privatheit im 21. Jahrhundert, Wiesbaden 2011, S. 7–24, hier 7. Zur Metaphorik des Auges s. auch Michael Stolleis: Das Auge des Gesetzes. Geschichte einer Metapher, München 2004.
8 Gottfried Wilhelm Leibniz: Bedencken, welchergestalt Securitas publica interna et externa und Status praesens im Reich iezigen Umbständen nach auf festen Fuss zu stellen, in: ders.: Sämtliche Schriften, Bd. 1 (1667–1676), Berlin 1983, S. 133–214.
9 Wilhelm v. Humboldt: Ideen zu einem Versuch, die Grenzen der Wirksamkeit des Staates zu bestimmen [1792], hier zit. nach: Kaufmann: Leitbild, S. 76.
10 Christoph Kampmann / Christian Mathieu: Art. Sicherheit, in: Enzyklopädie der Neuzeit, Bd. 11, Stuttgart 2010, Sp. 1143–1150, hier 1143 f.; vgl. auch Wolfgang Reinhard: Geschichte der Staatsgewalt, München 1999, insbesondere S. 113–122.
11 Vgl. Arnd Bauerkämper: Sicherheitskulturen. Konzeptionelle Überlegungen aus geschichtswissenschaftlicher Perspektive, in: ders. / Natalia Rostislavleva (Hg.): Sicherheitskulturen im Vergleich. Deutschland und Russland / UdSSR seit dem späten 19. Jahrhundert, Paderborn 2014, S. 7–31, hier 12.

12 Günther Heinrich v. Berg: Handbuch des Teutschen Policeyrechts [1799], Hannover 1802, zit. nach Werner Conze: Art. Sicherheit, Schutz, S. 853.

13 Ebd.

14 Wilhelm v. Humboldt: Ideen zu einem Versuch, die Grenzen der Wirksamkeit des Staats zu bestimmen [1792], hier zit. nach: Werner Conze: Art. Sicherheit, Schutz, S. 852.

15 Zum Sicherheitsdenken bei Bentham jetzt ausführlich Angela Marciniak: Politische Sicherheit. Zur Geschichte eines umstrittenen Konzepts, Frankfurt a. M. / New York 2015, vor allem S. 162–259 (Zitat auf 166).

16 Vgl. Lucia Zedner: Security, London / New York 2009, S. 29.

17 Karl Härter: Security and »Gute Policey« in Early Modern Europe. Concepts, Laws and Instruments, in: Cornel Zwierlein u. a. (Hg.): History of Human Security. The Production of Human Security in Premodern and Contemporary History (Special Issue: Historical Social Research / Historische Sozialforschung) 35 (4/2010), S. 43–68, hier 52.

18 Siehe dazu in langer zeitlicher und auch außereuropäischer Perspektive Alf Lüdtke / Michael Wildt (Hg.): Staats-Gewalt. Ausnahmezustand und Sicherheitsregimes. Historische Perspektiven, Göttingen 2008; darin insbesondere der einführende Beitrag der beiden Herausgeber, S. 7–38.

19 Margaret Beckett (2006–2007 Außenministerin Großbritanniens), zit. nach: Christopher S. Browning: International Security, Oxford 2013, S. 5.

20 Vgl. Patzold: Human Security; dazu auch aus politikwissenschaftlicher Perspektive Daase: Historisierung, vor allem S. 398–401.

21 Zu der sich intensivierenden Forschung in diesem Zusammenhang s. beispielsweise Ulrike Jureit / Nikola Tietze, (Hg.): Postsouveräne Territorialität. Die europäische Union und ihr Raum, Hamburg 2015.

22 Charles Tilly: The Formation of National States in Western Europe, Princeton 1975, S. 42.

23 Johannes Burkhardt: Der Dreißigjährige Krieg, Frankfurt a. M. 1992; s. jetzt auch ders.: Der Krieg der Kriege. Eine neue Geschichte des Dreißigjährigen Krieges, Stuttgart 2018 (i. E.).

24 John H. Herz: Weltpolitik im Atomzeitalter, Stuttgart 1961, S. 130 (Kapitel »Das Sicherheitsdilemma im Atomzeitalter«, S. 130–137).

25 Vgl. Buzan / Hansen: Evolution, S. 8–10.

26 Ulrich Beck: Was ist Globalisierung? Irrtümer des Globalismus – Antworten auf Globalisierung, Frankfurt a. M. 1997, S. 28 f.

27 Siehe Herfried Münkler: Das Ende des klassischen Krieges als sicherheitspolitische Herausforderung im beginnenden 21. Jahrhundert. Von der Bedrohung über die Vulnerabilität zur Resilienz, in: Maximilian Lanzinner (Hg.): Sicherheit in der Vormoderne und Gegenwart. Symposion der Nordrhein-Westfälischen Akademie der Wissenschaften und der Künste, Paderborn u. a. 2013, S. 71–81, hier 74; vgl. auch ders. / Felix Wassermann: Von strategischer Vulnerabilität zu strategischer Resilienz, in: Lars Gerhold / Jochen Schiller (Hg.): Perspektiven der Sicherheitsforschung, Frankfurt a. M. 2002, S. 77–95.

28 Malcolm Feeley / Jonathan Simon: Actuarial Justice: The Emerging New

Criminal Law, in: David Nelken (Hg.): The Futures of Criminology, London 1994, S. 173–201, hier 181.

29 Eckart Conze: Jenseits von Männern und Mächten. Geschichte der internationalen Politik als Systemgeschichte, in: Hans-Christof Kraus / Thomas Nicklas (Hg.), Geschichte der Politik. Alte und neue Wege (HZ Beiheft 44), München 2007, S. 41–64; vgl. auch ders: Abschied von Staat und Politik? Überlegungen zur Geschichte der internationalen Politik, in: ders. u. a. (Hg.): Geschichte der internationalen Beziehungen. Erneuerung und Erweiterung einer historischen Disziplin, Köln 2004, S. 15–43.

30 Vgl. zum Beispiel Gunther Hellmann: Sicherheitspolitik, in: ders. u. a. (Hg.): Handbuch der deutschen Außenpolitik, Wiesbaden 2007, S. 605–617, hier 606.

31 Stefan Bierling: Sicherheitspolitik, in: Werner Weidenfeld / Karl-Rudolf Korte (Hg.): Handbuch zur deutschen Einheit, Frankfurt a. M. / New York 1996, S. 601–611, hier 601.

32 Hellmann: Sicherheitspolitik, S. 607.

33 Karl Rohe / Andreas Dörner: Politikbegriffe, in: Lexikon der Politik, Bd. 1 (Politische Theorien), hg. von Dieter Nohlen / Rainer-Olaf Schultze, München 1995, S. 453–458, hier 457.

34 David Easton: A Framework for Political Analysis, Englewood Cliffs 1965, S. 50.

35 Christoph Gusy / Annika Kapitza: Sicherheitsrecht, Sicherheitspolitik, Sicherheitskultur im demokratischen Verfassungsstaat, in: Christopher Daase u. a. (Hg.): Sicherheitskultur. Soziale und politische Praktiken der Gefahrenabwehr, Frankfurt a. M. u. a. 2012, S. 45–66, hier 47.

36 Programmatisch dazu: Ute Frevert / Heinz-Gerhard Haupt (Hg.): Neue Politikgeschichte. Perspektiven einer historischen Politikforschung, Frankfurt a. M. 2005.

37 Vgl. Karl Härter: Sicherheit und Frieden im frühneuzeitlichen Alten Reich, in: ZHF 30 (2003), S. 413–431, hier 415.

38 Vgl. Werner Conze: Art. Sicherheit, Schutz, S. 843 u. 845 f.

39 Vgl. beispielsweise Cornel Zwierlein / Rüdiger Graf: The Production of »Human Security« in Premodern and Contemporary History, in: Cornel Zwierlein u. a. (Hg.): History of Human Security. The Production of »Human Security« in Premodern and Contemporary History (Special Issue: Historical Social Research / Historische Sozialforschung), 35 (4/2010), S. 9–23, hier 11.

40 Siehe dazu einführend und im Überblick Gerd Schwerhoff: Historische Kriminalitätsforschung, Frankfurt a. M. 2011.

41 Kant: Über den Gemeinspruch: Das mag in der Theorie richtig sein, taugt aber nicht für die Praxis [1793]; zit. nach: Werner Conze: Art. Sicherheit, Schutz, S. 851.

42 Allgemeines Preußisches Landrecht [1794], 2. Teil, 17. Titel, § 10; zit. nach: Achim Saupe: Von »Ruhe und Ordnung« zur »inneren Sicherheit«. Eine Historisierung gesellschaftlicher Dispositive, in: ZF 7 (2010), S. 170–187, hier 172.

43 Ebd. Zum Topos von »Ruhe und Ordnung« vgl. auch Thomas Lindenberger: Ruhe und Ordnung, in: Etienne François / Hagen Schulze (Hg.): Deutsche Erinnerungsorte, Bd. 2, München 2001, S. 469–484.
44 Vgl. Kaufmann: Leitbild, S. 77.
45 Vgl. Härter: Security and »Gute Policey«, S. 59 f. u. 63.
46 Kaufmann: Sicherheit: Das Leitbild, S. 77.
47 Ebd., S. 73.
48 Vgl. Daase: Historisierung, S. 388.
49 Vgl. François Ewald: Der Vorsorgestaat, Frankfurt a. M. 1993, S. 258–265; vgl. dazu auch Thomas Lemke: Eine Kritik der politischen Vernunft. Foucaults Analyse der modernen Gouvernementalität, Berlin u. a. 1997, S. 213.
50 Jean Halpérin: Les Assurances en Suisse et dans le monde. Leur rôle dans l'évolution économique et sociale, Neuchatel 1946; ders.: La Notion de sécurité dans l'histoire économique et sociale, in: Revue d'Histoire Economique et Sociale 30 (1952), S. 7–25; Lucien Febvre: Pour l'histoire d'un sentiment: Le besoin de sécurité, in: Annales 11 (1956), S. 244–247.
51 Peter Borscheid: Mit Sicherheit leben. Zur Geschichte und Gegenwart des Versicherungswesens, in: ZF 7 (2010), S. 188–202, hier 188.
52 Ebd., S. 193.
53 Bonß: Vom Risiko, S. 156.
54 Borscheid: Mit Sicherheit leben, S. 189 f.
55 Bonß: Vom Risiko, S. 96.
56 Ebd., S. 151 f.; Franz-Xaver Kaufmann: Sicherheit als soziologisches und sozialpolitisches Problem. Untersuchungen zu einer Wertidee hochdifferenzierter Gesellschaften, Stuttgart 1970, S. 178.
57 Zum frühneuzeitlichen Risikobegriff s. Herfried Münkler: Strategien der Sicherung. Welten der Sicherheit und Kulturen des Risikos, in: ders. u. a. (Hg.): Sicherheit und Risiko. Über den Umgang mit Gefahr im 21. Jahrhundert, Bielefeld 2010, S. 11–34; vgl. auch Bonß: Vom Risiko, S. 147–190.
58 Vgl. Cornel Zwierlein: Grenzen der Versicherbarkeit als Epochenindikatoren?, in: GG 38 (2012), S. 423–452, hier 425. Die Überlegungen Zwierleins bauen auf auf seinem Buch zum frühneuzeitlichen Versicherungswesen: Der gezähmte Prometheus. Feuer und Sicherheit zwischen Früher Neuzeit und Moderne, Göttingen 2011.
59 Christoph J. Wehner: Die Versicherung der Atomgefahr. Risikopolitik, Sicherheitsproduktion und Expertise in der Bundesrepublik Deutschland und den USA 1945–1986, Göttingen 2017.
60 Zwierlein: Grenzen der Versicherbarkeit, S. 429.

3. Erweiterte Sicherheit

1 Helmut Schmidt: Die SPD ist keine Seminareinrichtung. Diskussionsbeitrag in der Sitzung des Parteivorstandes, 8.3.1974, in: ders.: Kontinuität und Konzentration. Theorie und Praxis der deutschen Sozialdemokratie, Bonn 1975, S. 68 f.

2 Der Text der Rede ist abgedruckt in: Helga Haftendorn: Sicherheit und Stabilität. Außenbeziehungen der Bundesrepublik zwischen Ölkrise und NATO-Doppelbeschluss, München 1986, S. 195–212; vgl. zu Schmidts Rede auch Klaus Wiegrefe: Das Zerwürfnis. Helmut Schmidt, Jimmy Carter und die Krise der deutsch-amerikanischen Beziehungen, Berlin 2005; Hartmut Soell: Helmut Schmidt. Macht und Verantwortung. 1969 bis heute, München 2008; sowie Kristina Spohr: Helmut Schmidt. Der Weltkanzler, Stuttgart 2016.

3 Zit. nach: Hans-Peter Bull: Politik der »inneren Sicherheit« vor einem misstrauisch gewordenen Publikum, in: Leviathan 12 (1984), S. 155–175, hier 158.

4 David H. Capie / Paul M. Evans: Comprehensive Security, in: dies.: The Asia-Pacific Security Lexicon, Singapur 2007, S. 65–75, hier 66. Zum Inoki-Bericht s. auch Uwe Nerlich: Deutsche Sicherheitspolitik. Konzeptionelle Grundlagen für multilaterale Rahmenbedingungen, in: Karl Kaiser / Hanns W. Maull (Hg.): Deutschlands neue Außenpolitik, Bd. 1: Grundlagen, München 1997, S. 153–174, hier 156 f.

5 Regierungserklärung von Bundeskanzler Gerhard Schröder vor dem Deutschen Bundestag am 29. Oktober 2002: »Gerechtigkeit im Zeitalter der Globalisierung schaffen. Für eine Partnerschaft in Verantwortung«, abgedruckt in: Bulletin des Presse- und Informationsamtes der Bundesregierung, Nr. 85 – 1, 29.10.2002.

6 Grundsatzprogramm der CDU Deutschlands (2007): »Freiheit und Sicherheit. Grundsätze für Deutschland«, http://data.unionlive.de/hpdf/2015/01/14/676-54b6d865cb826.pdf (Zugriff am 10.10.2017).

7 Vgl. FAS, 30.4.2017, S. 5.

8 Barry Buzan: People, States, and Fear. The National Security Problem in International Relations, Hemel Hempstead 1983. Eine zweite, überarbeitete Auflage dieses wichtigen Buches erschien 1991 unter dem leicht veränderten Titel: People, States, and Fear. An Agenda for International Security Studies in the Post-Cold War Era.

9 Richard H. Ullman: Redefining Security, in: International Security 8 (1983), S. 129–153; Jessica Tuchman Matthews: Redefining Security, in Foreign Affairs 68 (1989), S. 162–177; Helga Haftendorn: The Security Puzzle. Theory-Building and Discipline-Building in International Security Studies, in: International Studies Quarterly 35 (1991), S. 3–17; vgl. auch Ole Wæver: Securitization and Desecuritization, in: Ronnie D. Lipschutz (Hg.): On Security, New York 1995, S. 46–86, hier 48 f.

10 Rothschild: What is Security, S. 55.

11 Christopher Daase: Der erweiterte Sicherheitsbegriff, in: Mir Ferdowski (Hg.): Internationale Politik als Überlebensstrategie, München 2009, S. 137–153; vgl. auch ders.: National, Societal and Human Security. On the Transformation of Political Language, in: Historical Social Research 35 (2010), S. 24–39, sowie ders.: Wandel der Sicherheitskultur, in: APuZ 50/2010, S. 9–16 (Schaubild auf S. 10).

12 Die folgenden Abschnitte folgen Daase: Wandel der Sicherheitskultur, insbesondere S. 10–15.

13 Zum Konzept der Schutzverantwortung s. einführend: International Commission on Intervention and State Sovereignty (Hg.): The Responsibility to Protect, Ottawa 2001; aus völkerrechtlicher Sicht: Christopher Verlage: Responsibility to Protect. Ein neuer Ansatz zur Verhinderung von Völkermord, Kriegsverbrechen und Verbrechen gegen die Menschlichkeit, Tübingen 2009; eine kritische Auseinandersetzung bieten die Beiträge in: Philipp Cunliffe (Hg.): Critical Perspectives on the Responsibilty to Protect. Interrogating Theory and Practice, London 2012.

14 Siehe dazu Thorsten Schulz-Walden: Anfänge globaler Umweltpolitik. Umweltsicherheit in der internationalen Politik, München 2014.

15 Daase: Wandel der Sicherheitskultur, S. 14.

16 Vgl. zum Konzept der Verwundbarkeit (Vulnerabilität) auch Herfried Münkler: Das Ende des klassischen Krieges.

17 Stefan Kaufmann: Zivile Sicherheit, S. 103.

18 Siehe dazu beispielsweise Ulrich Bröckling: Dispositive der Vorbeugung: Gefahrenabwehr, Resilienz, Precaution, in: Christopher Daase u. a. (Hg.): Sicherheitskultur. Soziale und politische Praktiken der Gefahrenabwehr, Frankfurt a. M. / New York 2012, S. 94–108, Stefan Kaufmann: Resilienz als »Boundary Object«, in: ebd., S. 109–131, oder Münkler / Wassermann: Von strategischer Vulnerabilität. In die Sprache der Sicherheitspolitik hat der Begriff der Resilienz längst Einzug gehalten. Siehe beispielsweise: Weißbuch zur Sicherheitspolitik und zur Zukunft der Bundeswehr (hg. von der Bundesregierung), Berlin 2016, S. 49.

19 Andere Sozialwissenschaftler halten am Bedrohungsbegriff durchaus fest, beispielsweise Stefan Kaufmann, der zwar konstatiert, dass nationale Sicherheit nicht mehr vorrangig von der Kriegsgefahr her gedacht werde, aber doch weiterhin gegenüber einem »Bedrohungskontinuum« definiert werde, das heute von Terrorismus, organisierter Kriminalität bis hin zu illegaler Immigration reiche; s. Stefan Kaufmann: Zivile Sicherheit, S. 101 f.

20 Konzentriert auf Erweiterungsdynamiken im Bereich der inneren Sicherheit vgl. wiederum Stephan Heinrich / Hans-Jürgen Lange: Erweiterung des Sicherheitsbegriffs, in: Hans-Jürgen Lange u. a. (Hg.): Auf der Suche nach neuer Sicherheit. Fakten, Theorie und Folgen, Wiesbaden 2009, S. 253–268.

21 Kaufmann: Zivile Sicherheit, S. 102.

22 Vgl. Zedner: Security, S. 13 und 61.

23 Ebd., S. 62.

24 Ebd., S. 50.

25 Den Aufstieg und die Ausbreitung des Sicherheitsparadigmas spiegeln beispielsweise die Beiträge in Burgess (Hg.): New Security Studies.

26 Mark Neocleous: Critique, S. 3.

27 Im Folgenden beziehe ich mich auf Neocleous, Critique, S. 80–107, sowie auf David Kennedy: Freedom from Fear. The American People in Depression and War, 1929–1945, New York 1999; s. jetzt aber auch Kiran Klaus Patel: The New Deal. A Global History, Princeton 2016.

28 Zit. nach: Neocleous, S. 82 f.

29 Ebd., S. 92.

30 Zit. nach: http://www.fdrlibrary.marist.edu/archives/address_text.html (Zugriff am 29.9.2017).

31 Zur Entstehung des National Security State in den USA s. die Studien von Melvyn P. Leffler: A Preponderance of Power. National Security, the Truman Administration, and the Cold War, Stanford 1992; H. W. Brands: The Devil We Knew. Americans and the Cold War, New York 1993; Michael H. Hogan: A Cross of Iron. Harry S. Truman, and the Origins of the National Security State, Cambridge 1998; sowie neuerdings Andrew Preston: Monsters Everywhere. A Genealogy of National Security, in: Diplomatic History 38 (2014), S. 477–500 (als Vorstudie zu einer umfassenden Monographie zum Thema »National Security« in der amerikanischen Politik).

32 Konzentriert auf Bedrohungen oder Bedrohungsvorstellungen s. dazu auch Ewald Frie / Mischa Meier: Bedrohte Ordnungen. Gesellschaften unter Stress im Vergleich, in: dies. (Hg.): Aufruhr – Katastrophe – Konkurrenz – Zerfall. Bedrohte Ordnungen als Thema der Kulturwissenschaften, Tübingen 2014, S. 1–27, sowie weitere Beiträge in diesem Band.

33 Brundtland-Bericht 1987, zit. nach: Daase: Wandel der Sicherheitskultur, S. 11.

34 UNDP: Human Development Report 1994, New York 1994, S. 22.

35 Ebd., S. 1.

36 Ebd., S. 2.

37 Siehe beispielsweise Roland Paris: Human Security. Paradigm Shift or Hot Air?, in: International Security 26 (2001), S. 87–102.

38 International Commission on Intervention and State Sovereignty: Responsibility to Protect (2001); hier zit. nach: Fen O. Hampson / Christopher K. Penny: Human Security, in: Thomas G. Weiss / Sam Daws (Hg.): The Oxford Handbook on the United Nations, Oxford 2007, S. 555. Vgl. dazu jetzt auch Thorsten Bonacker: Internationales Statebuilding und die liberale Politik des Schutzes, in: Abels (Hg.): Vorsicht Sicherheit!, S. 177–198.

39 Härter: Security and »Gute Policey«, S. 56.

40 So das Argument, unmittelbar festgemacht am Konzept der »Human Security«, bei Stephen N. MacFarlane / Yuen F. Khong: Human Security and the UN. A Critical History, Bloomington 2006. Vgl. auch Zwierlein / Graf: Human Security, S. 15 f. In der sozialwissenschaftlichen Forschung hat sich der Begriff »Westfälisches System« für das aus souveränen Territorialstaaten bestehende Staatensystem seit dem 17. Jahrhundert mittlerweile durchgesetzt, auch wenn die historische Prägnanz und Angemessenheit des Begriffs von Historikern infrage gestellt worden ist. Vgl. insbesondere Heinz Duchhardt: »Westphalian System«. Zur Problematik einer Denkfigur, in: HZ 269 (1999), S. 305–315.

41 Georg Jellinek: Allgemeine Staatslehre, Berlin 1900; Max Weber: Wirtschaft und Gesellschaft [1921], Tübingen 1972, insbesondere S. 815–868; vgl. auch Stefan Breuer: Georg Jellinek und Max Weber. Von der sozialen zur soziologischen Staatslehre, Baden-Baden 1999.

42 Patzold: Human Security, S. 420.

4. Neuere Ansätze für eine Historische Sicherheitsforschung

1 Andreas Reckwitz: Die Kontingenzperspektive der »Kultur«. Kulturbegriffe, Kulturtheorien und das kulturwissenschaftliche Forschungsprogramm, in: ders. (Hg.): Unscharfe Grenzen. Perspektiven der Kultursoziologie, Bielefeld 2008, S. 15–45, hier 17 und 41.

2 Grundlegend für die konstruktivistische Wende in den *International Relations* und den *International Security Studies:* Alexander Wendt: Anarchy is What States Make of It: The Social Construction of Power Politics, in: International Organization 46 (1992), S. 391–425, sowie ders.: Social Theory of International Politics, Cambridge 1999. Vgl. auch Christine Agius: Social Constructivism, in: Alan Collins (Hg.): Contemporary Security Studies, Oxford 2010, S. 49–68.

3 Christopher Daase: Sicherheitskultur als interdisziplinäres Forschungsprogramm, in: ders. u. a. (Hg.): Sicherheitskultur. Soziale und politische Praktiken der Gefahrenabwehr, Frankfurt a. M. 2012, S. 23–44, hier 30.

4 Lippert u. a.: Einleitung, in: ders. u. a. (Hg.): Sicherheit in der unsicheren Gesellschaft, S. 14; vgl. auch Bonß: Die gesellschaftliche Konstruktion von Sicherheit, S. 21, sowie meine eigenen Überlegungen in: Conze: Sicherheit als Kultur, insbesondere S. 362–365.

5 Für eine Begriffsgeschichte von »Sicherheitskultur« s. Valentin Rauer: Von der Schuldkultur zur Sicherheitskultur. Eine begriffsgeschichtliche Analyse 1986–2010, in: Sicherheit und Frieden (S + F) 29 (2/2011), S. 66–72.

6 Siehe ebd., S. 67.

7 International Nuclear Safety Advisory Group (INSAG): Safety Culture, Wien 1991 (INSAG-4). Vgl. aber auch thematisch einschlägige frühere und spätere Berichte des Beratungsgremiums: INSAG: Summary Report on the Post-Accident Review Meeting on the Chernobyl Accident, Wien 1986 (INSAG-1), sowie INSAG: Key Practical Issues in Strengthening Safety Culture, Wien 2002 (INSAG-15).

8 Zur Sicherheitskultur als *safety culture* in technik-, arbeits- und organisationswissenschaftlicher Perspektive gibt es seit den 1990er Jahren eine Fülle an Literatur, darunter beispielsweise Gudela Grote / Cuno Künzler: Sicherheitskultur. Arbeitsorganisation und Technikeinsatz, Zürich 1996, Thomas Büttner u. a. (Hg.): Sicherheitskultur. Konzepte und Analysemethoden, Heidelberg 2000, oder Albert Kuhlmann: Sicherheitskultur, Köln 2000. Die letztgenannte Studie ist bezeichnenderweise im Verlag des TÜV Rheinland erschienen und macht Vorschläge für die Entwicklung einer »Sicherheitskultur, deren Ziel es ist, der zunehmenden gesellschaftlichen Resignation gegenüber den Gefahren der Technik entgegenzuwirken«.

9 Grote / Künzler: Sicherheitskultur, S. 29.

10 Ob es sich bei »Sicherheitskultur« um ein *travelling concept* handelt, das seinen Weg aus technischen sowie arbeits- und organisationswissenschaftlichen Kontexten in die Sozial- und Kulturwissenschaften gefunden hat, wäre noch genauer zu untersuchen. Vgl. dazu sowie zur Si-

cherheitskultur im Bereich der Kerntechnik Anna Veronika Wendland: Reaktorsicherheit als Zukunftskommunikation. Nuklearpolitik, Atomdebatten und kerntechnische Entwicklungen in Westdeutschland und in Osteuropa 1970–2015, in: Christoph Kampmann u. a. (Hg.): »Security turns its eye exclusively on the future«. Zum Verhältnis von Sicherheit und Zukunft in der Geschichte, Baden-Baden 2017 (i. E.).

11 Zur wissenschaftlichen Verbreitung des Sicherheitskulturbegriffs und zur disziplinären Ausweitung sicherheitskulturbezogener Forschung s. vor allem Christopher Daase u. a. (Hg.): Sicherheitskultur. Soziale und politische Praktiken der Gefahrenabwehr, Frankfurt a. M. 2012, sowie als Überblick Hans-Jürgen Lange u. a. (Hg.): Dimensionen der Sicherheitskultur, Wiesbaden 2014.

12 Hermann Lübbe: Sicherheitskultur. Unsicherheitserfahrungen in der modernen Gesellschaft, in: Hugo Tschirky / Andreas Suter (Hg.): Wieviel Sicherheit braucht der Mensch?, Zürich 1989, S. 5–29, hier 7.

13 Ebd., S. 10 f. Im weiteren Verlauf seines Beitrags führt Lübbe die einzelnen Aspekte jeweils knapp aus.

14 Robert Castel: Die Stärkung des Sozialen. Leben im neuen Wohlfahrtsstaat, Hamburg 2005, S. 10 u. 54; vgl. auch Sylke van Dyck / Stephan Lessenich: Unsichere Zeiten. Die paradoxale ›Wiederkehr‹ der Unsicherheit, in: Mittelweg 36 (5/2008), S. 13–45.

15 Gusy / Kapitza: Sicherheitsrecht, S. 49.

16 Niklas Luhmann: Soziologie des Risikos, Berlin / New York 1991, S. 14, 28 u. 37.

17 Das gilt selbstverständlich nicht nur für Lübbes Überlegungen, sondern auch für die im weiteren Verlauf in den Mittelpunkt rückenden sozialwissenschaftlichen Auseinandersetzungen mit dem Sicherheitsbegriff. Zur Problematik des Verhältnisses von Zeitdiagnose und historischer Analyse s. Graf / Priemel: Zeitgeschichte in der Welt der Sozialwissenschaften. Als Replik darauf s. Bernhard Dietz / Christopher Neumaier: Vom Nutzen der Sozialwissenschaften für die Zeitgeschichte. Werte und Wertewandel als Gegenstand historischer Forschung, in: VfZ 60 (2012), S. 293–304; vgl. auch Doering-Manteuffel / Raphael: Nach dem Boom, S. 151.

18 Peter J. Katzenstein (Hg.): The Culture of National Security. Norms and Identity in World Politics, New York 1996, darin insbesondere Ronald Jepperson / Alexander Wendt / Peter J. Katzenstein: Norms, Identity, and Culture in National Security, S. 33–75 (hier zit. nach: Daase: Sicherheitskultur, S. 60); vgl. auch Christopher Daase: On Paradox and Pathologies. A Cultural Approach to Security, in: Gabi Schlag u. a. (Hg.): Transformation of Security Studies. Dialogues, Diversity and Discipline, London 2016, S. 82–93.

19 Jef Huysmans: Security! What Do You Mean? From Concept to Thick Signifier, in: European Journal of International Relations 4 (2/1998), S. 226–255, hier 228.

20 Erstmals 2010 bei Daase: Wandel der Sicherheitskultur, S. 9; vgl. aber auch ders.: Sicherheitskultur – Ein Konzept, S. 61, sowie ders.: Sicherheitskul-

tur als interdisziplinäres Forschungsprogramm, in: ders. u.a. (Hg.): Sicherheitskultur, S. 23–44.

21 Marieke de Goede: European Security Culture. Preemption and Precaution in European Security, Amsterdam 2011, S. 7.

22 Daase: Sicherheitskultur als interdisziplinäres Forschungsprogramm, S. 40. An anderer Stelle spricht Daase in kritischer Auseinandersetzung mit einem extremen, vor allem sprachwissenschaftlich fundierten Konstruktivismus davon, dass es wichtig sei, den konstruktivistischen »Kurzschluss« zu vermeiden, Sicherheit sei allein durch willkürliche Sprechakte zu einem Zentralwert der Gegenwart geworden. Vgl. ders.: National, Societal, and Human Security. On the Transformation of Political Language, in: Historical Social Research 35 (4/2010), S. 22–37, hier 25.

23 Vor allem an Kaufmann: Sicherheit als soziologisches und sozialpolitisches Problem, aber auch an Lippert u.a. (Hg.): Sicherheit in der unsicheren Gesellschaft.

24 Konzeptionell in Conze: Sicherheit als Kultur; umfassender in einer Gesamtdarstellung der Geschichte der Bundesrepublik: Conze: Suche nach Sicherheit.

25 Conze: Sicherheit als Kultur, S. 362f.

26 So Lippert u.a.: Einleitung, in: ders. u.a. (Hg.): Sicherheit in der unsicheren Gesellschaft S. 14; vgl. auch Bonß: Die gesellschaftliche Konstruktion von Sicherheit, in: Lippert u.a. (Hg.): Sicherheit in der unsicheren Gesellschaft, S. 21.

27 Vgl. Ronnie D. Lipschutz: On Security, in: ders. (Hg.): On Security, New York 1995, S. 1–23, hier 8.

28 Zum historischen Vergleich noch immer Heinz-Gerhard Haupt/Jürgen Kocka (Hg.): Geschichte und Vergleich. Ansätze und Ergebnisse international vergleichender Geschichtsschreibung, Frankfurt a.M. 1996, Hartmut Kaelble: Der historische Vergleich. Eine Einführung zum 19. und 20. Jahrhundert, Frankfurt a.M. 1999, sowie Johannes Paulmann: Internationaler Vergleich und interkultureller Transfer. Zwei Forschungsansätze zur europäischen Geschichte des 18. bis 20. Jahrhunderts, in: HZ 267 (1998), S. 649–685; ferner Thomas Welskopp: Vergleichende Geschichte, in: Europäische Geschichte Online, http://ieg-ego.eu/de/threads/theorien-und-methoden/vergleichende-geschichte (Zugriff am 29.9.2017).

29 Valentin Rauer: Interobjektivität. Sicherheitskultur aus Sicht der Akteur-Netzwerk-Theorie, in: Daase u.a. (Hg.): Sicherheitskultur, S. 69–91, hier 69.

30 Vgl. Zedner: Security, S. 11.

31 Zum Begriff der »multiple securities« s. Peter Burgess: There is no European Security, Only European Securities, in: Cooperation and Conflict 44 (2009), S. 309–328; vgl. auch Hempel: Das Versprechen der Suchmaschinen, S. 129.

32 Bauerkämper: Sicherheitskulturen, S. 21 u. 25.

33 Vgl. ebd., S. 11.

34 Siehe dazu Eckart Conze: Zwischen Staatenwelt und Gesellschaftswelt. Die gesellschaftliche Dimension in der internationalen Geschichte, in:

Wilfried Loth/Jürgen Osterhammel (Hg.): Internationale Geschichte. Themen – Ergebnisse – Aussichten, München 2000, S. 117–140.

35 Beatrice de Graaf: Introduction, in: dies. (Hg.): Securing Europe after Napoleon. 1815 and the New European Security Culture, Cambridge 2018 (i. E.). Die folgenden Ausführungen beziehen sich auf diesen Beitrag. Ich danke Beatrice de Graaf für die Überlassung des Textes und die Zustimmung, daraus zu zitieren.

36 De Graaf: Introduction; vgl. auch De Goede: European Security Culture.

37 Vgl. ebd., S. 6 f.

38 Siehe zum Folgenden de Graaf: Vienna 1815, S. 7–11.

39 Siehe dazu Beatrice de Graaf: »Principles of Salutary Precaution«. The Allied Council of Ambassadors and the Occupation of France, 1815–1818, in: Michael Broers/Ambrogio Caiani (Hg.): History of the European Restaurations, London 2018 (i. E.).

40 Vgl. Eckart Conze: Konzertierte Sicherheit. Wahrnehmung und Wirkung des Wiener Kongresses im 19. und 20. Jahrhundert, in: Journal of Modern European History 13 (2015), S. 439–446, hier 443 f.

41 Matthias Schulz: Normen und Praxis. Das Europäische Konzert der Großmächte als Sicherheitsrat 1815–1866, München 2009, S. 5 u. 8.

42 Siehe ebd., S. 9–20 u. 646.

43 Zu dieser Verwendung des Begriffs im Finanzsektor s. die Definition im Gabler-Wirtschaftslexikon unter http://wirtschaftslexikon.gabler.de/Archiv/8786/securitization-v6.html (Zugriff am 7.5.2017).

44 Siehe zu dieser Frage Thierry Balzacq/Stefano Guzzini: What Kind of Theory – if any – Is Securitization?, in: International Relations 29 (2015), S. 96–136.

45 Zur *Copenhagen School* der International Relations s. allgemein den Überblick und die (Selbst-)Einordnung bei Buzan/Hansen: Evolution, S. 212–218; vgl. aber auch David Mutimer: Critical Security Studies. A Schismatic History, in: Alan Collins (Hg.): Contemporary Security Studies, Oxford 2010, S. 84–105, insbesondere 91 f.

46 Vgl. neben dem kurzen Überblick von Mutimer auch die handbuchartige Einführung von Columba Peoples/Nick Vaughan-Williams: Critical Security Studies. An Introduction, London ²2015.

47 Johan Erikkson: Observers or Advocates? On the Political Role of Security Analysts, in: Cooperation and Conflict 34 (1999), S. 311–330, hier 318.

48 Barry Buzan u. a.: Security. A New Framework for Analysis, Boulder 1998, S. 34 f.

49 Der erste und grundlegende Text zum Konzept der Versicherheitlichung ist ein Aufsatz von Ole Wæver aus dem Jahr 1995: Wæver: Securitization and Desecuritization; systematischer und umfassender ausgearbeitet wurde das Konzept dann 1998 von Ole Wæver, Barry Buzan und Jaap de Wilde in: Buzan u. a.: Security.

50 Das korrespondiert mit dem kommunikativen Politikbegriff der »neuen Politikgeschichte«. Vgl. dazu Frevert/Haupt (Hg.): Neue Politikgeschichte,

sowie Willibald Steinmetz u.a. (Hg.): Writing Political History Today, Frankfurt a.M. 2013.

51 Vgl. Matt McDonald: Securitization and the Construction of Security, in: European Journal of International Relations 14 (2008), S. 563–587, hier 565.

52 Buzan u.a.: Security, S. 26.

53 Wæver: Securitization, S. 54 sowie 79 f. (Anmerkung 23). Im Anschluss an Austins Sprechakttheorie (John Austin: How to do Things with Words, Oxford 1975) bezeichnet Wæver »Sicherheit« als einen illokutionären Akt (»doing something in saying something«). Erste grundlegende Überlegungen Wævers dazu, noch ohne den Versicherheitlichungsbegriff, finden sich in: Ole Wæver: Security the Speech Act. Analysing the Politics of a Word (Copenhagen Centre for Peace and Conflict Research Working Paper 1989/19), Kopenhagen 1989.

54 Ebd. S. 55 f.

55 Buzan u.a.: Security, S. 23 f.

56 Vgl. beispielsweise Michael C. Williams: The Continuing Evolution of Securitization Theory, S. 62, oder Neocleous: Critique, S. 9.

57 Carl Schmitt: Politische Theologie. Vier Kapitel zur Lehre von der Souveränität [1922], Berlin 2004, S. 13.

58 Ebd., S. 14.

59 Vgl. Ole Wæver: Peace and Security, S. 109.

60 Vgl. C.A.S.E. Collective: Critical Approaches to Security in Europe, S. 455.

61 Lüdtke / Wildt: Staats-Gewalt. Ausnahmezustand und Sicherheitsregimes, in: dies. (Hg.): Ausnahmezustand und Sicherheitsregimes, S. 21 u. 23.

62 Siehe ebd., S. 465 f. Aus staatsrechtlicher Perspektive vgl. dazu Christoph Möllers: Die Möglichkeit der Normen. Über eine Praxis jenseits von Moralität und Kausalität, Berlin 2015.

63 Achim Landwehr: »Gute Policey«. Zur Permanenz der Ausnahme, in: Lüdtke / Wildt (Hg.): Staats-Gewalt, S. 39–63, hier 62 f.

64 Vgl. Michael C. Williams: The Continuing Evolution, S. 217 f.; s. auch Hans Morgenthau: Die internationale Rechtspflege, ihr Wesen und ihre Grenzen, Leipzig 1929. Zu Morgenthaus Sicherheitsverständnis s. ausführlich Marciniak: Politische Sicherheit, S. 260–346.

65 Neocleous: Critique of Security, S. 42.

66 Zit. nach: ebd., S. 55.

67 Buzan u.a.: Security, S. 26.

68 Ebd., S. 40 f.

69 Ebd., S. 22 f.; vgl. auch Barry Buzan / Ole Wæver: Macrosecuritisation and Security Constellations. Reconsidering Scale in Securitisation Theory, in: Review of International Studies 35 (2009), S. 253–276, hier 255.

70 Christopher S. Browning: International Security, S. 7.

71 Dazu McDonald: Securitization, S. 573–575.

72 Lene Hansen: The Little Mermaids Silent Security Dilemma and the Absence of Gender in the Copenhagen School, in: Millennium 29 (2000), S. 285–306, hier 287.

73 Vgl. Thierry Balzacq: A Theory of Securitization. Origins, Core Assump-

tions, and Variants, in: ders. (Hg.): Securitization Theory. How Security Problems Emerge and Dissolve, London 2010, S. 1–30, hier 9, sowie ders.: The Three Faces of Securitization. Political Agency, Audience and Context, in: European Journal of International Relations 11 (2005), S. 171–201; aber auch Michael C. Williams: The Continuing Evolution of Securitization Theory, in: Balzacq (Hg.): Securitization Theory, S. 212–222, hier 213.

74 Siehe Wæver: Securitization, S. 56 u. 58.

75 In ersten Versuchen einer kritischen Historisierung der *Copenhagen School* und ihres Konzepts von Ver- und Entsicherheitlichung ist auf diese Engführung hingewiesen worden; s. insbesondere Stefano Guzzini: A Dual History of »Securitization« (DIIS Working Paper 2015/02), Kopenhagen 2015. Guzzini reibt sich in diesem Zusammenhang auch an dem Verständnis von Versicherheitlichung als Entpolitisierung und von Entsicherheitlichung als (Re-)Politisierung. Zwar ziele der Sicherheitsdiskurs auf eine Entpolitisierung, aber die Mobilisierung dieses Diskurses (und genauso seine Demobilisierung) sei hoch politisch, weil sie im Kernsinne von Politik dazu beitrage, die Grenzen der Legitimität von Entscheidungen zu bestimmen. Vgl. ebd., S. 14.

76 Tobias Bruns: 1878 als sicherheitskulturelle Wende in der deutschen Geschichte, in: Christoph Kampmann u. a. (Hg.): »Security turns its eye exclusively to the future.« Zum Verhältnis von Zukunft und Sicherheit in der Geschichte, Baden-Baden 2017 (i. E.). Ich danke Herrn Bruns, dass er mir seinen Beitrag schon vor der Publikation zur Verfügung gestellt hat. Das Folgende stützt sich weitgehend auf diesen Aufsatz sowie auf ders.: Geschichte der Sicherheitskultur.

77 Siehe Bruns: 1878, S. 11. Der Begriff der »diskursiven Vorherrschaft« stammt in diesem Zusammenhang von Cornelius Torp: Die Herausforderung der Globalisierung. Wirtschaft und Politik in Deutschland 1860–1914, Göttingen 2005, S. 144.

78 Bruns: 1878, S. 9.

79 Zit. nach: ebd., S. 9 f.

80 Siehe Bruns: Geschichte der Sicherheitskultur, S. 17; vgl. auch Saupe: Von »Ruhe und Ordnung«, sowie Ewald Frie / Mischa Meier (Hg.): Aufruhr – Katastrophe – Zerfall. Bedrohte Ordnungen als Thema der Kulturwissenschaften, Tübingen 2014, darin vor allem dies.: Bedrohte Ordnungen. Gesellschaften unter Stress im Vergleich, S. 1–27.

81 Insbesondere Didier Bigo hat sich immer wieder gegen die Bezeichnung »Paris School« verwehrt, vor allem wegen der durch diese Benennung implizierten Gegnerschaft zur *Copenhagen School*. Dennoch ist festzustellen, dass wesentliche Beiträge, die der *Paris School* zugerechnet werden, von französischsprachigen Wissenschaftlern stammen und immer wieder auch in der in Paris erscheinenden Zeitschrift »Cultures et Conflits« veröffentlicht worden sind. Bigo hat vorgeschlagen, nicht von *Paris School* zu sprechen, sondern von der »P. A. R. I. S. problematisation« von Sicherheit. »P. A. R. I. S.« steht dabei für »Political Anthropological Research of International Sociology«; s. Didier Bigo: International Political Sociology.

Internal Security as Transnational Power Fields (Manuskriptentwurf, Oktober 2015), S. 8.

82 Didier Bigo: Security and Immigration. Toward a Critique of the Governmentality of Unease, in: Alternatives: Global, Local, Political 27 (1/2002), S. 63–92, hier 73; vgl. auch ders: When Two Become One. Internal and External Securitisations in Europe, in: Morten Kelstrup / Michael Williams (Hg.): International Relations Theory and the Politics of European Integration: Power, Security and Community, London / New York 2000, S. 171–204.

83 Bigo: Security and Immigration, S. 85. Der Bezug auf Wendt: Anarchy, ist evident und wird von Bigo auch selbst hergestellt.

84 Huysmans: Security!, S. 243.

85 Vgl. Bigo: International Political Sociology (2015), S. 2, sowie ders.: International Political Sociology, in: Paul D. Williams (Hg.): Security Studies. An Introduction, London 2008, S. 116–129.

86 Bigo: When Two Become One, S. 196; sowie ders.: International Political Sociology, S. 14. Den Begriff der »Assemblage« verwendet auch Balzacq: Theory of Securitization, S. 3. Für ihn ist Versicherheitlichung »an articulated assemblage of practices whereby heuristic artefacts (metaphores, policy tools, image repertoires, analogies, stereotypes, emotions, etc.) are contextually mobilized by a securitizing actor, who works to prompt an audience to build a coherent network of implications (feelings, sensations, thoughts, and intuitions) about the critical vulnerability of a referent object (…)«.

87 Bigo: When Two Become One, S. 171.

88 Zit. nach: Kaufmann: Zivile Sicherheit, S. 102. Kaufmann sieht in dieser Konstellation den Aufstieg des Konzepts der »Zivilen Sicherheit« begründet.

89 Bigo: Security and Immigration, S. 76; vgl. auch ders.: Internal and External Security(ies). The Möbius Ribbon, in: Mathias Albert u. a. (Hg.): Identities, Borders, and Orders. Rethinking International Relations Theory, Minneapolis 2001, S. 91–116.

90 Zu diesen Zirkeln, beispielsweise dem sogenannten »Berner Club«, einem 1971 etablierten Konsultationsgremium der Chefs der Inlandsgeheimdienste, oder der 1975 eingerichteten TREVI-Gruppe sowie zu anderen informellen und sowohl transnationalen wie transgouvernementalen Formen der Zusammenarbeit von Sicherheitsbehörden vgl. Didier Bigo: Police en réseaux. L'expérience européenne, Paris 1996; Eva Oberloskamp: Codename TREVI. Terrorismusbekämpfung und die Anfänge einer europäischen Innenpolitik in den 1970er Jahren, München 2016; sowie die Dissertation von Lisa Bald: »Pubblica Sicurezza« in the European Context. Italy and the Internationalisation of Counterterrorism Policy (1972–1982), PhD Thesis (IMT School of Advanced Studies, Lucca) 2017.

91 Siehe beispielsweise die Marburger Tagung »Security and Empire. Mechanics of Securitization in Imperial Spaces« (16.–18.3.2016); Tagungsbericht unter http://www.hsozkult.de/conferencereport/id/tagungsberichte-6563 (Zugriff am 24.8.2017).

92 Bernhard Frevel / Verena Schulze: Kooperative Sicherheitspolitik – Safety und Security Governance in Zeiten sich wandelnder Sicherheitskultur, in: Daase u. a. (Hg.): Sicherheitskultur, S. 205–225, hier 220 f.
93 Huysmans: Security!, S. 228.
94 Vgl. ebd., S. 232 u. 234.
95 Stephan Lessenich: Wohlfahrtsstaatliche Semantiken – Politik im Wohlfahrtsstaat, in: ders. (Hg.): Wohlfahrtsstaatliche Grundbegriffe. Historische und aktuelle Diskurse, Frankfurt a. M. 2003, S. 419–426, hier 419 f. u. 423.
96 Siehe hierzu Lene Hansen: Theorizing the Image for Security Studies. Visual Securitization and the Muhammad Cartoon Crisis, in: European Journal of International Relations 17 (2011), S. 51–74, insbesondere 55 u. 59, sowie Axel Heck / Gabi Schlag: Securitizing Images. The Female Body and the War in Afghanistan, in: European Journal of International Relations 19 (2012), S. 891–913; vgl. auch McDonald: Securitization, S. 568 f.
97 Paradigmatisch für die Ablehnung Foucaults, ja für die Weigerung, sich mit ihm auseinanderzusetzen: Hans-Ulrich Wehler: Die Herausforderung der Kulturgeschichte, München 1998.
98 Vgl. Meyer: Kritik der Sicherheit, S. 25.
99 Michel Foucault: Die Sicherheit und der Staat, in: ders.: Schriften in vier Bänden, Bd. 3, 1976–1979, Frankfurt a. M. 2003, S. 498.
100 Vgl. Didier Bigo: Security. A Field Left Fallow, in: Michael Dillon / Andrew W. Neal (Hg.): Foucault on Politics, Security, and War, Basingstoke 2008, S. 93–114, hier 106.
101 Michel Foucault: Sicherheit, Territorium, Bevölkerung. Geschichte der Gouvernementalität I, Frankfurt a. M. 2004, S. 162.
102 Dazu grundlegend Peter Miller / Nikolas Rose: Governing Economic Life, in: Economy & Society 19 (1990), S. 1–31, sowie Ulrich Bröckling u. a. (Hg.): Gouvernementalität der Gegenwart. Studien zur Ökonomisierung des Sozialen, Frankfurt a. M. 2000.
103 Michel Foucault: Dispositive der Macht. Über Sexualität, Wissen und Wahrheit, Berlin 1978, S. 119 f.
104 Vgl. Sven Opitz: Jenseits von gut und böse. Foucault und die Dispositive der Sicherheit, in: Fantômas 9 (2006), S. 49–53, hier 51, sowie Meyer: Kritik der Sicherheit, S. 28. Ein Versuch, aus Foucaults Vorlesung von 1977/78 seinen Begriff des Sicherheitsdispositivs präziser herauszuarbeiten, findet sich bei Bigo: Security, S. 96 f.
105 In dieser Perspektive s. beispielsweise Achim Saupe: Von »Ruhe und Ordnung«.
106 Michel Foucault: Die Geburt der Biopolitik. Geschichte der Gouvernementalität II, Frankfurt a. M. 2004, S. 261.
107 Vgl. Klaus Große Kracht: »Gouvernementalität« – Michel Foucault und die Geschichte des 20. Jahrhunderts, in: ZF 3 (2006), S. 273–276, hier 275.
108 Lemke: Kritik, S. 186.
109 Foucault: Geburt der Biopolitik, S. 100, sowie Meyer: Kritik der Sicherheit, S. 32.

110 Foucault: Sicherheit, S. 159; vgl. dazu auch Lemke: Kritik, S. 184 f.
111 Ebd., S. 186.
112 Sven Opitz: Zwischen Sicherheitsdispositiven und Securitization. Zur Analytik illiberaler Gouvernementalität, in: Patricia Purtschert u. a. (Hg.): Gouvernementalität und Sicherheit. Zeitdiagnostische Beiträge im Anschluss an Foucault, Bielefeld 2008, S. 201–228.
113 Ebd., S. 214 u. 216.
114 Ebd., S. 214.
115 Ebd., S. 219.
116 Vgl. Bigo: Security, S. 96.
117 Siehe Sebastian Haus / Steffen Henne: C 01 Revisited. Diskussion des Forschungskonzepts im Lichte der empirischen Arbeit (unveröffentlichtes Manuskript aus dem Teilprojekt C 01 des SFB »Dynamiken der Sicherheit«), Marburg 2017, S. 2 f. Ich danke den beiden Autoren für die freundliche Überlassung des Papiers.

5. Benachbarte Forschungsfelder

1 Ulrich Beck: Risikogesellschaft. Auf dem Weg in eine andere Moderne, Frankfurt a. M. 1986.
2 Zu einer historischen Einordnung von Becks »Risikogesellschaft« s. u. a. Gabriele Metzler: Demokratisierung des Risikos? Ulrich Becks »Risikogesellschaft«, in: ZF 7 (2010), S. 323–327, oder Martin H. Geyer: Die neue Wirklichkeit von Sicherheit und Risiken: Wie wir mit dystopischen, utopischen und technokratischen Diagnosen von Sicherheit zu leben gelernt haben, in: Ariane Leendertz / Wencke Meteling (Hg.): Die neue Wirklichkeit. Semantische Neuvermessungen und Politik seit den 1970er Jahren, Frankfurt a. M. 2016, S. 281–315, hier 294–296.
3 Luhmann: Soziologie des Risikos.
4 Ders.: Die Welt als Wille ohne Vorstellung, S. 20 f.
5 Ders.: Soziologie des Risikos, S. 12.
6 Ebd., S. 41–58, Zitat auf 45.
7 Ebd., S. 111–154.
8 Ewald: Vorsorgestaat.
9 Ebd., S. 22.
10 Ebd., S. 209 f.
11 Bonß: Vom Risiko.
12 Ebd., S. 11, 14 u. 18 f.
13 Ebd., S. 18.
14 Ebd., S. 90; vgl. auch Niklas Luhmann: Risiko und Gefahr, St. Gallen 1990, S. 134.
15 Kampmann / Mathieu: Art. Sicherheit, Sp. 1144 f.
16 Vgl. dazu auch Ulrich Beck: Weltrisikogesellschaft. Auf der Suche nach der verlorenen Sicherheit, Frankfurt a. M. 2007.
17 Geyer: Die neue Wirklichkeit, S. 281.

18 Siehe dazu beispielsweise Burkhardt Wolf: Das Gefährliche regieren. Die neuzeitliche Universalisierung von Risiko und Versicherung, in: Lorenz Engell / Joseph Vogl (Hg.): Gefahrensinn, München 2009, S. 23–33.

19 Vgl. für diese Kritik beispielsweise Cornel Zwierlein: Prometheus, S. 21 f. Zwierlein hat diese Kritik vor allem in seinen versicherungsgeschichtlichen Studien vorgebracht, mit denen er perspektivisch und über den engeren Gegenstand hinaus auf eine Relativierung etablierter Epochenbildungen bzw. Epochenzäsuren zielte; s. zu dieser Perspektivierung ders.: Grenzen der Versicherbarkeit.

20 Als Überblick über den risikobezogenen Forschungsstand, vor allem in der Zeitgeschichte bzw. der Geschichte des 19. bis 21. Jahrhunderts s. Peter Itzen / Simone Müller: Risk as a Category of Analysis for a Social History of the Twentieth Century. An Introduction, in: dies. (Hg.): Risk as an Analytical Category (Historical Social Research 41.1.), Köln 2016, S. 7–29, hier 11–15.

21 Zum Folgenden s. Itzen / Müller: Introduction, S. 17–19, sowie Arwed P. Mohun: Constructing the History of Risk. Foundations, Tools, and Reasons Why, in: Itzen / Müller (Hg.): Risk as a Category, S. 30–47, sowie dies.: Risk. Negotiating Safety in American Society, Baltimore 2013.

22 Siehe dazu die exemplarischen Beiträge in dem HSR-Themenheft, die eine Reihe von Themenfeldern der Zeitgeschichte risikohistorisch perspektivieren.

23 Vgl. Itzen / Müller: Introduction, S. 13 f. Ulrich Beck sprach hingegen 1988 noch von der »organisierten Unverantwortlichkeit« in der Risikogesellschaft. Vgl. Ulrich Beck: Gegengifte. Die organisierte Unverantwortlichkeit, Frankfurt a. M. 1988.

24 Hans-Georg Bohle: Leben mit Risiko. Resilience als neues Paradigma für die Risikowelten von morgen, in: Carsten Felgentreff / Thomas Glade (Hg.): Naturrisiken und Sozialkatastrophen, Berlin 2008, S. 435–441, hier 435.

25 Ebd., S. 440.

26 Vgl. ebd., S. 436, sowie Karen Kersting: Resilience. The Mental Muscle Everyone Has, in: Monitor on Psychology 36/4 (2005), S. 42.

27 Fikret Berkes u. a.: Introduction, in: dies. (Hg.): Navigating Social-Ecological Systems. Building Resilience for Complexity and Change, Cambridge 2003, S. 1–30, hier 21; vgl. auch Bohle: Leben mit Risiko, S. 436.

28 Siehe beispielsweise Nicolai Hannig: The Checkered Rise of Resilience. Anticipating Risks of Nature in Switzerland and Germany since 1800, in: Itzen / Müller (Hg.): Risk, S. 240–262.

29 Vgl. Itzen / Müller: Introduction, S. 15.

30 Vgl. Kaufmann: Zivile Sicherheit, S. 103.

31 Herfried Münkler: Das Ende des klassischen Krieges, S. 80.

32 Vgl. Kaufmann: Zivile Sicherheit, S. 117, oder auch ders.: Resilienz als »Boundary Object«, in: Daase u. a. (Hg.): Sicherheitskultur, S. 109–131, hier 127.

33 Münkler: Das Ende des klassischen Krieges, S. 71 f.; vgl. auch ders. / Wassermann: Von strategischer Vulnerabilität, S. 77–95.

34 Herfried Münkler: Die neuen Kriege, Hamburg 2002.

35 Münkler: Das Ende des klassischen Krieges, S. 74. Auf die Ambivalenz des Vulnerabilitätsdiskurses, der nicht zu größerer Sicherheit, sondern zu größerer Unsicherheit bzw. neuen Unsicherheitswahrnehmungen führe, verweist Greg Bankoff: Rendering the World Unsafe. »Vulnerability« as Western Discourse, in: Disasters 25 (2001), S. 19–35.

36 François Ewald: The Return of Descartes' Malicious Demons. An Outline of a Philosophy of Precaution, in: Tom Baker / Jonathan Simon (Hg.): Embracing Risk. The Changing Culture of Insurance and Responsibility, Chicago 2002, S. 273–301, hier 273.

37 Vgl. Ulrich Bröckling: Dispositive.

38 Vgl. Sebastian Haus / Steffen Henne: Soziologie und Geschichte der Prävention (unveröffentlichtes Konzeptpapier aus dem SFB / Transregio 138 »Dynamiken der Sicherheit«), Marburg 2015, S. 5. Siehe dazu auch Hans Ulrich Gumbrecht: Nach 1945. Latenz als Ursprung der Gegenwart, Frankfurt a. M. 2012.

39 Lorenz Engell u. a.: Editorial, in: dies. (Hg.): Gefahrensinn, S. 5–8.

40 Bröckling: Dispositive, S. 94 f.; vgl. auch ders.: Vorbeugen ist besser … Zur Soziologie der Prävention, in: Behemoth 1/2008, S. 38–48.

41 Vgl. dazu auch Luhmann: Soziologie des Risikos, S. 38–40.

42 Didier Bigo: Sécurité maximale et prévention? La matrice du futur antérieur et ses grilles, in: Barbara Cassin (Hg.): Derrière les grilles. Sortons du tout-évaluation, Paris 2014, S. 111–138.

43 Dazu auch Martin Lengwiler / Stefan Beck: Historizität, Materialität und die Hybridität von Wissenspraxen. Die Entwicklung europäischer Präventionsregime im 20. Jahrhundert, in: GG 34 (2008), S. 489–523.

44 Vgl. Bröckling: Dispositive, S. 97.

45 Siehe beispielsweise aus einer mittlerweile stark gewachsenen Fülle von Literatur: Dirk van Laak: Planung. Geschichte und Gegenwart des Vorgriffs auf die Zukunft, in: GG 34 (2008), S. 305–326, oder Thomas Etzemüller: *Social Engineering* als Verhaltenslehre des kühlen Kopfes, in: ders. (Hg.): Die Ordnung der Moderne. Social Engineering im 20. Jahrhundert, Bielefeld 2009, S. 11–39.

46 Ebd., S. 96.

47 Dies und das Folgende nach ebd., S. 97–100 (dort auch die Zitate).

48 Hier bezieht sich Bröckling auf François Ewald: Die Rückkehr des genius malignus. Entwurf zu einer Philosophie der Vorbeugung, in: Soziale Welt 49/1 (1998), S. 5–24, hier 13.

49 So US-Verteidigungsminister Donald Rumsfeld auf einer Pressekonferenz am 12.2.2002, hier zit. nach: Zedner: Security, S. 126; vgl. auch den Ausschnitt aus der Pressekonferenz unter: https://www.youtube.com/watch?v=GiPe1OiKQuk (Zugriff am 29.9.2017). Rumsfeld hat seine Bemerkung im Titel seiner Memoiren aufgegriffen, vgl.: Donald Rumsfeld: Known and Unknown. A Memoir, New York 2013. Auch der Dokumentarfilm »The Unknown Known« (2013) von Errol Morris über die Bush-Administration und den Irakkrieg spielt darauf an.

50 Ewald: Der Vorsorgestaat, Frankfurt a. M. 1993.

51 In diesen Zusammenhang gehört, nicht nur begriffsgeschichtlich, die Auseinandersetzung mit dem von dem Staatsrechtler Ernst Forsthoff in den 1930er Jahren entwickelten Konzept der »Daseinsvorsorge«, auch verstanden als Ermächtigung staatlich-administrativen Handelns. Vgl. Jens Kersten: Die Entwicklung des Konzepts der Daseinsvorsorge im Werk von Ernst Forsthoff, in: Der Staat 44 (2005), S. 543–569.

52 Malte Thießen: Gesundheit erhalten, Gesellschaft gestalten. Konzepte und Praktiken der Vorsorge im 20. Jahrhundert. Eine Einführung, in: ZF 10 (2013), S. 354–365, hier 354 f.; vgl. aber auch Martin Lengwiler / Jeannette Madarász (Hg.): Das präventive Selbst. Eine Kulturgeschichte moderner Gesundheitspolitik, Bielefeld 2010, sowie demnächst Nicolai Hannig / Malte Thießen (Hg.): Vorsorgen in der Moderne. Akteure, Räume und Praktiken, München 2017 (i. E.). Exemplarisch und mit ausdrücklichen Bezügen zur Sicherheitsforschung s. die Studie von Malte Thießen: Immunisierte Gesellschaft. Impfen in Deutschland im 19. und 20. Jahrhundert, Göttingen 2017 (i. E.).

53 Thießen: Gesundheit erhalten, S. 357.

54 Vgl. ebd.

55 Siehe als Beispiel Nicolai Hannig: Die Suche nach Prävention. Naturgefahren im 19. und 20. Jahrhundert, in: HZ 300 (2015), S. 33–65.

56 Ewald Frie / Mischa Meier: Bedrohte Ordnungen. Gesellschaften unter Stress im Vergleich, in: dies. (Hg.): Aufruhr – Katastrophe – Konkurrenz – Zerfall. Bedrohte Ordnungen als Thema der Kulturwissenschaften, Tübingen 2014, S. 1–27, hier 1. Vgl. jetzt auch das Forum »›Bedrohte Ordnungen‹ als Thema der Kulturwissenschaften«, in: Journal of Modern European History 15 (2017), S. 5–35 (mit Beiträgen von Ewald Frie, Boris Nieswand, Martin Schmid, Bernhard Linke und Ute Daniel).

57 Siehe beispielsweise Gottfried Niedhart: Selektive Wahrnehmung und politisches Handeln. Internationale Beziehungen im Perzeptionsparadigma, in: Loth / Osterhammel (Hg.): Internationale Geschichte, S. 141–157; vgl. auch Janice Gross Stein: Threat Perception in International Relations, in: Leonie Huddy u. a. (Hg.): The Oxford Handbook of Political Psychology, Oxford 2013, S. 364–394.

58 David L. Rousseau / Rocio Garcia-Retamero: Identity, Power, and Threat Perception. A Cross-National Experimental Study, in: Journal of Conflict Resolution 51 (2007), S. 744–771, hier 745.

59 Siehe Frie / Meier: Bedrohte Ordnungen, S. 27.

60 Ebd., S. 2 (unter Bezugnahme auf Regine Kather: Art. Ordnung, philosophisch, in: Religion in Geschichte und Gegenwart, Bd. 6, Tübingen 2003, S. 632 f.).

61 Vgl. Frie / Meier: Bedrohte Ordnungen, S. 4 f.

62 Ebd., S. 21; vgl. auch Werner Schirmer: Bedrohungskommunikation. Eine gesellschaftliche Studie zu Sicherheit und Unsicherheit, Wiesbaden 2008.

63 Ebd., S. 26.

64 Vgl. dazu die Überlegungen bei Schirmer: Bedrohungskommunikation, der auf die kommunikative Konstitution von Bedrohung genauso abhebt wie von Sicherheit bzw. Unsicherheit.

6. Themenfelder und Forschungsperspektiven

1 Zwierlein: Sicherheitsgeschichte, S. 369; vgl. auch Werner Conze: Art. Sicherheit, Schutz, S. 836.

2 Arne Bauerkämper: Einleitung, in: ders. / Rostislavleva (Hg.): Sicherheitskulturen im Vergleich, S. 13.

3 Daniel Lambach: Repräsentationen von Territorialität und internationaler Ungleichheit, in: Zeitschrift für Außen- und Sicherheitspolitik 2015/8, S. 243–269, hier 246.

4 Siehe ebd., S. 258; vgl. auch Boris Barth / Jürgen Osterhammel (Hg.): Zivilisierungsmissionen. Imperiale Weltverbesserung seit dem 18. Jahrhundert, Konstanz 2005.

5 Siehe dazu beispielsweise Bruce Cumings: Boundary Displacement. Area Studies and International Studies during and after the Cold War, in: Bulletin of Concerned Asian Scholars 29 (1997/1), S. 6–26, sowie weitere Beiträge in diesem Themenheft »Asia, Asian Studies, and the National Security State«.

6 Vgl. Peter Haslinger / Dirk van Laak: Sicherheitsräume. Bausteine zu einem interdisziplinären Modell, in: Saeculum 68 (2018), S. 2 (i. E.). Die systematische Untersuchung des Verhältnisses von Raum und Sicherheit in historischer Perspektive sowie das Konzept der »Sicherheitsräume« bilden ein wichtiges Forschungsinteresse des Marburg-Gießener Sonderforschungsbereichs »Dynamiken der Sicherheit«. Siehe als erste konzeptionelle Annäherung dazu den Beitrag von Haslinger und van Laak, der hier nach der Manuskriptfassung, für deren Überlassung ich den beiden Autoren dankbar bin, zitiert wird.

7 Vgl. ebd., S. 2.

8 Neocleous: Critique, S. 3.

9 Vgl. Peter Haslinger / Dirk van Laak: Sicherheitsräume. Bausteine zu einem interdisziplinären Modell, in: Saeculum 68 (2018) (i. E.), S. 9.

10 Peter Haslinger / Vadim Oswalt (Hg.): Kampf der Karten. Propaganda und Geschichtskarten als politische Instrumente und Identitätstexte, Marburg 2012. Vgl. allgemein Ute Schneider: Die Macht der Karten. Eine Geschichte der Kartographie vom Mittelalter bis heute, Darmstadt 2004. Grundlegend für eine kritische Kartographie und die Betonung der sozialkonstruktivistischen Wirkung von Karten sowie ihre Machtbezogenheit sind die Arbeiten des britischen Geographen Brian J. Harley, insbesondere The New Nature of Maps. Essays in the History of Cartography, London 2001.

11 Haslinger / van Laak, Sicherheitsräume, S. 16.

12 Feeley / Simon: Actuarial Justice, S. 181.

13 Barbara Lüthi / Patricia Purtschert: Sicherheit und Mobilität. »Making the World a Safer Place?«, in: traverse 2009/1, S. 15–19, hier 16.

14 Zum Begriff der »Zeitschaft« s. Achim Landwehr: Geburt der Gegenwart. Eine Geschichte der Zeit im 17. Jahrhundert, Frankfurt a. M. 2014, S. 37–40. »Zeitschaft« soll bei Landwehr, ebd., S. 39 f., »ein komplexes Ensemble bezeichnen, das über die Verbindung von zeitlichen beziehungsweise historischen Dimensionen mit räumlichen Konstellationen hinausgeht. Es handelt sich um den Zusammenhang von äußerlichen Voraussetzungen (…), kulturellen Konstruktionen (in Form von Zeiterfassungssystemen oder Konzepten von Vergangenheit / Gegenwart / Zukunft) sowie sozialen, politischen und wirtschaftlichen Nutzungen von Zeit, die jeweils wechselseitig aufeinander einwirken«.

15 Kampmann / Mathieu: Art. Sicherheit, Sp. 1144.

16 Luhmann: Soziologie des Risikos, S. 21. Zum Begriff der »Zeitbindung« s. ausführlich ebd., S. 59–81.

17 Ders.: Soziale Systeme, S. 417 f., sowie Bonß: Vom Risiko, S. 90.

18 Ebd., S. 91.

19 Zum Konzept der Erwartungssicherheit bei Bentham s. Marciniak: Politische Sicherheit, S. 218–237. Das Folgende stützt sich darauf.

20 Jeremy Bentham: Principles of the Civil Code, in: John Bowring (Hg.): The Works of Jeremy Bentham, Bd. 1, Edinburgh 1843, S. 302, zit. nach: Marciniak: Politische Sicherheit, S. 219. Die anderen Prinzipien eines stabilen Gemeinwesens, aber eben der Sicherheit nachgeordnet, waren für Bentham *subsistence* (gesicherte Lebensgrundlage), *abundance* (Wohlstand) und *equality* (Gleichheit).

21 Vgl. Zedner: Security, S. 29.

22 Zum Verhältnis von Sicherheit und Zukunft in historischer Perspektive s. jetzt die Beiträge in Christoph Kampmann u. a. (Hg.): »Security Turns its Eye Exclusively to the Future.« Zum Verhältnis von Sicherheit und Zukunft in der Geschichte, Baden-Baden 2017 (i. E.).

23 Vgl. zum Zusammenhang zwischen Bedrohung bzw. Bedrohungskommunikation und Zeitverknappung Frie / Meier: Bedrohte Ordnungen, S. 6. Im Untertitel dieses Aufsatzes ist von »Gesellschaften unter Stress« die Rede.

24 Siehe dazu beispielsweise Peter Borscheid: Das Tempo-Virus. Eine Kulturgeschichte der Beschleunigung, Frankfurt a. M. 2004, oder Hartmut Rosa: Beschleunigung. Die Veränderung der Zeitstrukturen in der Moderne, Frankfurt a. M. 2005.

25 Siehe http://thebulletin.org/timeline (Zugriff am 15.6.2017).

26 Vgl. dazu auch Juha A. Vuori: A Timely Prophet? The Doomsday Clock as a Visualization of Securitization, in: Security Dialogue 41 (2010), S. 255–277.

27 Siehe dazu Eckart Conze: Missile Bases as Concentration Camps. The Role of National Socialism, the Second World War and the Holocaust in the West German Discourse on Nuclear Armament, in: ders. u. a. (Hg.): Nuclear Threats, Nuclear Fears, and the Cold War of the 1980s, Cambridge / New York 2017, S. 55–78.

28 Siehe dazu Jan Ole Wiechmann: Sicherheit neu denken. Die chistliche

Friedensbewegung in der Nachrüstungsdebatte 1977–1984, Baden-Baden 2017, S. 402–406.

29 Peter Bender: Zwei neurotische Riesen. Am Beginn der großen Weltkrise?, in: Merkur 34 (1980), S. 527–541. Vgl. dazu Steffen Henne: Das Ende der Welt als Beginn einer neuen Zeit. Zur Formierung der temporalen Ordnung unserer Gegenwart in den 1980er Jahren, in: Leendertz / Meteling (Hg.): Die neue Wirklichkeit, S. 155–188, hier 158–160.

30 Der Begriff des »Zähmens der Zukunft« fasst das Unsichere, Gefährliche und Bedrohliche der Zukunft treffend. Vgl. Stefan Böschen / Kurt Weis: Die Gegenwart der Zukunft. Perspektiven zeitkritischer Wissenspolitik, Wiesbaden 2007, S. 169, sowie Claudia Aradau / Rens van Munster: Taming the Future. The Dispositif of Risk in the War on Terror, in: Louise Amoore / Marieke de Goede (Hg.): Risk and the War on Terror, London 2008, S. 23–40.

31 Vgl. beispielsweise Rüdiger Graf: Die Zukunft der Weimarer Republik. Krisen und Zukunftsaneignungen in Deutschland 1918–1933, München 2008, oder Moritz Föllmer / Rüdiger Graf (Hg.): Die »Krise« der Weimarer Republik. Zur Kritik eines Deutungsmusters, Frankfurt a. M. 2005, sowie, jüngst, Rüdiger Graf / Konrad Jarausch: Crisis in Contemporary History in Historiography, in: Docupedia Zeitgeschichte, https://www.docupedia.de/zg/Graf_jarausch_crisis_en_2017 (Zugriff am 29.9.2017).

32 Vgl. Lucian Hölscher: Die Entdeckung der Zukunft, Göttingen 2016, S. 38, sowie Henne: Das Ende der Welt, S. 176.

33 Siehe ebd., sowie Jürgen Habermas: Der philosophische Diskurs der Moderne. Zwölf Vorlesungen, Frankfurt a. M. 1988, S. 15.

34 Elke Seefried: Zukünfte. Aufstieg und Krise der Zukunftsforschung 1945–1980, München 2015, S. 498.

35 Ebd., S. 501; vgl. auch Conze: Sicherheit als Kultur, S. 371 f.

36 John Kenneth Galbraith: The Age of Uncertainty, London 1977.

37 Zit. nach: Conze: Suche nach Sicherheit, S. 545.

38 Siehe dazu u. a. Gabriele Metzler: Konzeptionen politischen Handelns von Adenauer bis Brandt. Politische Planung in der pluralistischen Gesellschaft, München u. a. 2005 (dort auch eine Auseinandersetzung mit dem Konzept des »modernen Regierens«), van Laak: Planung oder ders.: Zukunft konkret. Zeithistorische Anmerkungen zum Handeln der praktisch Planenden, in: Markus Bernhardt u. a. (Hg.): Ermöglichen und Verhindern. Vom Umgang mit Kontingenz, Frankfurt a. M. / New York 2016, S. 191–208.

39 Kaufmann: Sicherheit: Das Leitbild, S. 88.

40 Dazu Benjamin Seibel: Cybernetic Government. Informationstechnologie und Regierungsrationalität 1943–1970, Wiesbaden 2016, oder Steffen Henne: Informationstechnischer Wandel und Liberalität in der Bundesrepublik der 1970er Jahre, in: Jahrbuch Liberalismusforschung 29 (2017) (i. E.).

41 Siehe ebd.

42 Zur »Bearbeitung der Zukunft« bei Foucault vgl. Meyer: Kritik der Sicher-

heit, S. 27 f., die auch von »Bewirtschaftung der Zukunft« im Sinne gouvernementaler Sicherheitslogik spricht. Zur Rolle von »Sicherheitsexperten« s. jetzt verschiedene Beiträge in: Carola Westermeier / Horst Carl (Hg.): Sicherheitsakteure, Baden-Baden 2017 (i. E.).

43 Jan H. Blits: Hobbesian Fear, in: Political Theory 17 (1989), S. 417–431.

44 Bröckling: Dispositive, S. 94 f.

45 Den Hinweis auf dieses Zitat, vermutlich aus einem nicht vollständig erhaltenen Brief Benthams, der im University College London aufbewahrt wird, verdanke ich Beatrice de Graaf (Utrecht); vgl. aber auch P. J. Kelly: Utilitarianism and Distributive Justice. Jeremy Bentham and the Civil Law, Oxford 1996, S. 77, sowie Kampmann u. a. (Hg.): »Security«, oder Zedler: Security, S. 29.

46 Vgl. Kaufmann: Sicherheit: Das Leitbild, S. 88.

47 Christine Hikel: Ruhe, Ordnung, Sicherheit. Debatten über politische Gewalt in der Weimarer Republik und in der Bundesrepublik Deutschland, in: Bauerkämper / Rostislavleva (Hg.): Sicherheitskulturen, S. 91–105, hier 105.

48 Jutta Weldes: Constructing National Interests. The United States and the Cuban Missile Crisis, Minneapolis 1999; vgl. auch: Peoples / Vaughan-Williams: Critical Security Studies, S. 24.

49 Vgl. C. A. S. E. Collective: Critical Approaches to Security, S. 470 f.

50 Siehe Geyer: Die neue Wirklichkeit, S. 282.

51 Vgl. Michael Makropoulos: Art. Sicherheit, in: Joachim Ritter / Karlfried Gründer (Hg.): Historisches Wörterbuch der Philosophie, Bd. 9, Basel 1995, S. 745–750, hier 748.

52 Bonß: Vom Risiko, S. 24.

53 John Dewey: The Quest for Certainty. A Study in the Relation of Knowledge and Action, London 1929, S. 3; s. auch Kaufmann: Sicherheit: Das Leitbild, S. 80.

54 Kampmann / Mathieu: Art. Sicherheit, Sp. 1144; vgl. auch Hölscher: Entdeckung der Zukunft.

55 Reinhart Koselleck: »Erfahrungsraum« und »Erwartungshorizont« – zwei historische Kategorien, in: ders.: Vergangene Zukunft. Zur Semantik geschichtlicher Zeiten, Frankfurt a. M. 1989, S. 349–375. Konkretisierend s. nicht zuletzt die Studie von Ernst Wolfgang Becker: Zeit der Revolution! – Revolution der Zeit? Zeiterfahrungen in Deutschland in der Ära der Revolutionen 1789–1848/49, Göttingen 1999.

56 Bonß: Vom Risiko, S. 25.

57 Luhmann: Risiko und Gefahr, S. 6; sowie ders.: Die Welt, S. 20 f. Von Sicherheit als einer »sozialen Konstruktion« spricht unter Bezug auf Luhmann Bonß: Vom Risiko, S. 90 f.

58 Luhmann: Soziale Systeme. Grundriss einer allgemeinen Theorie, Frankfurt a. M. 1984, S. 417; vgl. auch Bonß, Vom Risiko, S. 90.

59 Vgl. dazu Eric-Oliver Mader: Art. Prognostik, in: Enzyklopädie der Neuzeit, Bd. 10, Sp. 445–448; ders.: Art. Zeiterfahrung, in: Enzyklopädie der Neuzeit, Bd. 15, Sp. 371–374; ders.: Art. Zukunftserwartung, in: ebd.,

Sp. 596–599; sowie jetzt auch, stark auf Sicherheit fokussiert, die Beiträge in Kampmann u. a. (Hg.): »Security turns its eye exclusively to the future«.

60 Mit dieser Argumentation hat vor allem Cornel Zwierlein in jüngerer Zeit für eine erneuerte Versicherungsgeschichtsschreibung geworben und auch selbst eine empirische Studie zu diesem Feld vorgelegt; s. beispielsweise Cornel Zwierlein: Grenzen der Versicherbarkeit, insbesondere S. 423–427 sowie 451 (Zitat); vgl. aber auch ders.: Prometheus (mit einem Forschungsüberblick auf den S. 24–39).

61 Darauf hat bereits Arnd Bauerkämper: Sicherheitskulturen, S. 22 f., hingewiesen, dessen Argumentation ich hier folge.

62 Vgl. ebd., S. 17.

63 Etzemüller: Social Engineering.

64 Ebd., S. 29 f.

65 Siehe Bonß: Vom Risiko, S. 12. Die Bezeichnung der Soziologie als »Ordnungswissenschaft« stammt von dem Sozialphilosophen Oskar Negt: Die Konstitution der Soziologie als Ordnungswissenschaft. Strukturbeziehungen zwischen den Gesellschaftslehren Comtes und Hegels, Frankfurt a. M. 1964.

66 Den Hinweis auf den »Garden of Security« und das Zitat verdanke ich Neocleous: Critique, S. 91.

67 Ebd.

68 Siehe Zygmunt Bauman: Moderne und Ambivalenz. Das Ende der Eindeutigkeit [1991], Hamburg 2005, S. 51–70.

69 Kaufmann: Sicherheit. Das Leitbild, S. 74.

70 Doering-Manteuffel / Raphael: Nach dem Boom, S. 117–120.

71 Vgl. Martin H. Geyer: Rahmenbedingungen. Unsicherheit als Normalität, in: ders. (Hg.): Geschichte der Sozialpolitik in Deutschland seit 1945, Bd. 6: Bundesrepublik Deutschland 1974–1982. Neue Herausforderungen, wachsende Unsicherheiten, Baden-Baden 2008, S. 1–109, sowie ders.: Die neue Wirklichkeit von Sicherheit und Risiken, in: Leendertz / Meteling (Hg.): Die neue Wirklichkeit, S. 281–315.

72 Das Folgende beruht auf Eckart Conze: Modernitätsskepsis und die Utopie der Sicherheit. NATO-Nachrüstung und die Utopie der Sicherheit, in: ZF 7 (2010), S. 220–239, sowie auf Wiechmann: Sicherheit neu denken, insbesondere S. 359–408.

73 Siehe Christoph Becker-Schaum u. a. (Hg.): »Entrüstet Euch!«. Nuklearkrise, NATO-Doppelbeschluss und Friedensbewegung, Paderborn 2012.

74 Vgl. Wiechmann: Sicherheit, S. 406–408.

75 »Wir sind ein schöner Unkrautgarten«. Die grünen Abgeordneten Joschka Fischer und Otto Schily über die Auseinandersetzungen ihrer Partei. Spiegel-Gespräch, in: Der Spiegel 24/1983, S. 23–27.

76 Siehe dazu Conze: Missile Bases.

77 Hermann Lübbe: Die schwarze Wand der Zukunft, in: Ernst Peter Fischer (Hg.): Auf der Suche nach der verlorenen Sicherheit, München 1991, S. 17–31, hier 21.

78 Luhmann: Soziologie des Risikos, S. 146 f. u. 162.

79 Vgl. Freimut Duve (Hg.): Die Nachrüstungsdebatte im Deutschen Bundestag, Reinbek 1984, S. 286–308.

80 Karl W. Deutsch u. a.: Political Community and the North Atlantic Alliance, Princeton 1957.

81 Karl W. Deutsch: Nationalism and Social Communication. An Inquiry into the Foundations of Nationality, New York 1953 (dt. 1972); vgl. auch Benedict Anderson: Imagined Communities. Reflections on the Origins and Spread of Nationalism, London / New York 1983.

82 Deutsch u. a.: Political Community, S. 5.

83 Siehe zu dieser Kritik und der Entwicklung vom Konzept der »security community« zum Konzept der »securitized community« Thorsten Bonacker / Jan Bernhardt: Von der *security community* zur *securitized community*. Zur Diskursanalyse von Versicherheitlichungsprozessen am Beispiel der Konstruktion einer europäischen Identität, in: Alexander Siedschlag (Hg.): Methoden der Sicherheitspolitik, Wiesbaden 2006, S. 219–242.

84 Wæver: Securitization (1995), S. 78.

85 Siehe Bonacker / Bernhardt, Security Community, S. 225.

86 Neocleous: Critique, S. 8 u. 107 f.

87 Vgl. Jef Huysmans: The Question of the Limit. Desecuritization and the Aesthetics of Horror in Political Realism, in: Millennium. Journal of International Studies 27 (1998), S. 569–589, hier 576.

88 C. A. S. E. Collective: Critical Approaches to Security in Europe. A Networked Manifesto, in: Security Dialogue 37 (4/2006), S. 443–487, hier 453.

89 Buzan / Hansen: Evolution, S. 143 (unter Bezug auf Neil Walker (Hg.): Sovereignty in Transition, Oxford 2003).

90 Vgl. Tönsmeyer / Vowinckel, Sicherheit, S. 166.

91 Siehe beispielsweise den Essay »The Psychology of Hitlerism« (1933) des amerikanischen Soziologen Harold Lasswell, der später den einflussreichen Begriff des »Garnisonsstaats« (»garrison state«) prägte. Harold Lasswell: The Psychology of Hitlerism, in: The Political Quartely 4 (1933), S. 373–384; vgl. auch ders.: World Politics and Insecurity, New York 1934.

92 August Thalheimer: Über den Faschismus [1928], zit. nach: Saupe: Von »Ruhe und Ordnung«, S. 176.

93 In dieser Perspektive s. beispielsweise den Band von Martina Steber / Bernhard Gotto (Hg.): Visions of Community in Nazi Germany. Social Engineering and Private Lives, Oxford 2013. Zur jüngeren Volksgemeinschaftsforschung s. weiterhin insbesondere Michael Wildt: Volksgemeinschaft als Selbstermächtigung. Gewalt gegen Juden in der deutschen Provinz 1919–1939, Hamburg 2007; Frank Bajohr / Michael Wildt (Hg.): Volksgemeinschaft. Neue Forschungen zur Geschichte des Nationalsozialismus, Frankfurt a. M. 2009; Detlef Schmiechen-Ackermann (Hg.): »Volksgemeinschaft«. Mythos, wirkmächtige soziale Verheißung oder soziale Realität im »Dritten Reich«?, Paderborn 2012; Dietmar v. Reeken / Malte Thießen (Hg.): Volksgemeinschaft als soziale Praxis. Neue Forschungen zur NS-Gesellschaft vor Ort, Paderborn 2013.

94 Joseph Goebbels: Tagebücher, Bd. 9, 10.8.1943; zit. nach: Sven Finger: Volksgemeinschaft am Ende. Gesellschaft und Gewalt 1944/45, München 2013, S. 68.

95 Vgl. dazu Michael Wildt: Generation des Unbedingten. Das Führungskorps des Reichssicherheitshauptamtes, Hamburg 2003, oder auch Lutz Hachmeister: Der Gegnerforscher. Die Karriere des SS-Führers Franz Alfred Six, München 1998.

96 Die Frage ist aber nicht nur mit Blick auf die DDR untersucht worden; siehe beispielsweise mit wichtigen konzeptionellen Überlegungen zur Erklärung der Langlebigkeit der sozialistischen Diktaturen aus den Wirkungen staatlicher Sozialpolitik Elena Dragomir: Perceptions of Social Security in Communist Romania, in: ZF 7 (2010), S. 203–219.

97 Sigrid Meuschel: Legitimation und Parteiherrschaft. Zum Paradox von Stabilität und Revolution in der DDR 1945–1989, Frankfurt a. M. 1992, S. 235.

98 Konrad Jarausch: Realer Sozialismus als Fürsorgediktatur. Zur begrifflichen Einordnung der DDR, in: APuZ B20 (1997), S. 33–46.

99 Hans Günter Hockerts: Soziale Errungenschaften?, S. 798. Zum Begriff der Geborgenheit (als eine mögliche Konzeption von Sicherheit) vgl. zeitgenössisch (1970er Jahre) auch Franz-Xaver Kaufmann: Sicherheit als soziologisches und sozialpolitisches Problem, S. 152 u. 357. Für Kaufmann ist Geborgenheit als »retrospektive Auffassung von Sicherheit« der Name einer verlorenen Sicherheit, eines Bewusstseinszustands, der vergangenen kulturellen Bedingungen entspreche.

100 Stefan Zweig: Die Welt von Gestern. Erinnerungen eines Europäers [1944], Frankfurt a. M. 1994.

101 Rundfunkansprache Konrad Adenauers vom 25.12.1958, abgedruckt in: Bulletin des Presse- und Informationsamts der Bundesregierung, Nr. 238, 30.12.1958, S. 2375.

102 Jean Delumeau: La Peur en Occident, XIVe–XVIIIe siècles. Une cité assiégée, Paris 1978 (dt. Angst im Abendland. Die Geschichte kollektiver Ängste im Europa des 14. bis 18. Jahrhunderts, Reinbek 1989); vgl. auch ders.: Rassurer et protéger. Le sentiment de sécurité dans l'Occident d'autrefois, Paris 1989; Lucien Febvre: Pour l'histoire d'un sentiment; ders.: La sensibilité et l'histoire. Comment reconstituer la vie affective d'autrefois, in: Annales 3 (1941), S. 5–20.

103 Grundlegend dafür: Peter N. Stearns / Carol Z. Stearns: Emotionology. Clarifying the History of Emotions and Emotional Standards, in: AHR 90 (1985), S. 813–836.

104 Vgl. als Einführung bzw. Überblick Jan Plamper: Geschichte und Gefühl. Grundlagen der Emotionsgeschichte, München 2012, sowie als wichtige Forschungsüberblicke mit einführendem Charakter Nina Verheyen: Geschichte der Gefühle, Version: 1.0, in: Docupedia-Zeitgeschichte, http://docupedia.de/zg/Geschichte_der_Gefühle (Zugriff am 29.9.2017), Bettina Hitzer: Emotionsgeschichte – ein Anfang mit Folgen, in: H-Soz-u-Kult, 23.11.2011, http://hsozkult.geschichte.hu-berlin.de/forum/2011-11-001 (Zu-

griff am 29.9.2017), sowie Florian Weber: Von der klassischen Affektenlehre zur Neurowissenschaft und zurück. Wege der Emotionsforschung in den Geistes- und Sozialwissenschaften, in: NPL 53 (2008), S. 21–42. Aus sozialwissenschaftlicher Perspektive s. Christian v. Schewe: Emotionen und soziale Strukturen. Die affektiven Grundlagen sozialer Ordnung, Frankfurt a. M. / New York 2009.

105 Vgl. Zwierlein: Sicherheitsgeschichte, S. 367.

106 Siehe Bauerkämper: Einleitung, S. 22 f.

107 Das Folgende beruht auf meinen eigenen Arbeiten, insbesondere Conze: Sicherheit als Kultur, S. 365–370, sowie ders.: Suche nach Sicherheit, S. 45–225.

108 Vgl. Ulrich Herbert: Liberalisierung als Kernprozess. Die Bundesrepublik in der deutschen Geschichte – eine Skizze, in: ders. (Hg.): Wandlungsprozesse in Westdeutschland. Belastung, Integration, Liberalisierung 1945–1980, Göttingen 2002, S. 7–49, hier 38; vgl. dazu schon früh Hans Braun: Das Streben nach »Sicherheit« in den 50er Jahren. Soziale und politische Ursachen und Erscheinungsweisen, in: AfS 18 (1978), S. 279–306.

109 Axel Schildt: Ankunft im Westen. Ein Essay zur Erfolgsgeschichte der Bundesrepublik, Frankfurt a. M. 1999, S. 61.

110 Das zeigen auch demoskopische Umfragen der Zeit; s. beispielsweise: Jahrbuch der öffentlichen Meinung 1947–1955, Allensbach 1956, S. 125 f.

111 Vgl. dazu auch Arnold Sywottek: »Wohlstand« – »Sicherheit« – »Frieden«. Beobachtungen zur westdeutschen Entwicklung, in: Thomas Kühne (Hg.): Von der Kriegskultur zur Friedenskultur? Zum Mentalitätswandel in Deutschland seit 1945, Münster 2000, S. 243–261, hier 245.

112 Vgl. Schildt: Ankunft, S. 97.

113 Siehe beispielsweise Bernd Greiner u. a. (Hg.): Angst im Kalten Krieg, Hamburg 2009, oder, über den Kalten Krieg hinausgehend, Patrick Bormann u. a. (Hg.): Angst in den internationalen Beziehungen, Göttingen 2010. Allgemeiner zur Geschichte von Angst und / oder Furcht: Joanna Bourke: Fear. A Cultural History, London 2005, oder Benjamin Lazier / Jan Plamper (Hg.): Fear across the Disciplines, Pittsburgh 2012, oder Peter Stearns: Fear and Contemporary History, in: Journal of Social History 40 (2006), S. 477–484.

114 Frank Biess: »Jeder hat eine Chance«. Die Zivilschutzkampagnen der 1960er Jahre und die Angstgeschichte der Bundesrepublik, in: Greiner u. a. (Hg.): Angst im Kalten Krieg, S. 61–93, hier 67. Vgl. dazu auch Michael Geyer: Cold War Angst. The Case of West German Opposition to Rearmament and Nuclear Weapons, in: Hanna Schissler (Hg.): The Miracle Years. A Cultural History of West Germany, 1949–1969, Princeton 2001, S. 376–408.

115 Vgl. Katrin Meyer: Kritik der Sicherheit, S. 35.

116 Siehe Williams: Continuing Evolution, S. 219.

117 »The politics of maximal security are the politics of maximal anxiety.« Vgl. C. A. S. E. Collective: Critical Approaches to Security in Europe.

A Networked Manifesto, in: Security Dialogue 37 (2006/4), S. 443–487, hier 461.

118 Zu Vertrauen als geschichtliche Kategorie s. beispielsweise Ute Frevert (Hg.): Vertrauen. Historische Annäherungen, Göttingen 2003; vgl. auch die Operationalisierung bei Martin Klimke u. a. (Hg.): Trust but Verify. The Politics of Uncertainty and the Cold War Order 1969–1991, Washington, D. C./Stanford 2016.

119 Niklas Luhmann: Vertrauen. Ein Mechanismus der Reduktion sozialer Komplexität [1968], Stuttgart 1989, insbesondere S. 23–32; ders.: Vertrautheit, Zuversicht, Vertrauen: Probleme und Alternativen, in: Martin Hartmann / Claus Offe (Hg.): Vertrauen. Die Grundlage des sozialen Zusammenhalts, Frankfurt a. M. 2001, S. 143–160.

120 Kaufmann: Sicherheit: Das Leitbild, S. 96 u. 99.

121 Ebd., S. 94, sowie ders.: Sicherheit als soziologisches und sozialpolitisches Problem, S. 36 u. 64.

122 Ebd., S. 152.

123 Ansprache des Bundeskanzlers zum Jahreswechsel 1970/71, in: Bulletin des Presse- und Informationsamts der Bundesregierung 1971, Nr. 1, S. 2; vgl. auch Gabriele Metzler: »Geborgenheit im gesicherten Fortschritt«. Das Jahrzehnt von Planbarkeit und Machbarkeit, in: Matthias Freese u. a. (Hg.): Demokratisierung und gesellschaftlicher Aufbruch. Die sechziger Jahre als Wendezeit der Bundesrepublik, Paderborn 2003, S. 777–797.

124 Johan Galtung: Strukturelle Gewalt. Beiträge zur Friedens- und Konfliktforschung, Reinbek 1975.

125 So auch der Befund von Daase: National, Societal and Human Security, S. 24. Zum Verhältnis von Sicherheit und Frieden, allerdings stark gegenwartsbezogen, s. die Beiträge von Wæver: Peace and Security, sowie Daase: Sicherheit schlägt Frieden.

126 Begriffsgeschichtliche Annäherungen bieten hier Wilhelm Janssen: Art. Friede, in: Geschichtliche Grundbegriffe, Bd. 2 [1975], Stuttgart 2004, S. 543–591, sowie Werner Conze, Art. Sicherheit, Schutz. Vgl. aber auch Christoph Kampmann: Art. Friede, in: Enzyklopädie der Neuzeit, Bd. 4, Stuttgart 2006, Sp. 1–21, sowie ders. / Christian Mathieu: Art. Sicherheit, in: ebd., Bd. 11, Stuttgart 2010, Sp. 1143–1150.

127 Vgl. Daase: Sicherheit schlägt Frieden, S. 89.

128 Vgl. Kampmann / Mathieu, Sicherheit, Sp. 1143, sowie zum Verhältnis von Sicherheit und Frieden in der Frühen Neuzeit Härter: Sicherheit und Frieden. Der Versuch, Friedens- und Sicherheitsbegriff für die Frühe Neuzeit bzw. den Übergang vom Spätmittelalter zur Frühen Neuzeit sowohl konzeptionell wie auf der Sachebene zu verbinden, begegnet uns bei Horst Carl: Landfrieden als Konzept und Realität kollektiver Sicherheit im Heiligen Römischen Reich, in: Gisela Naegle (Hg.): Frieden schaffen und sich verteidigen im Spätmittelalter / Faire la Paix et se défendre à la Fin du Moyen Âge, Göttingen 2011, S. 121–138; vgl. auch ders.: Art. Landfrieden, in: Enzyklopädie der Neuzeit, Bd. 7, Stuttgart 2008, Sp. 493–500.

129 Siehe dazu Eckart Conze: Konzertierte Sicherheit. Wahrnehmung und

Wirkung des Wiener Kongresses im 19. und 20. Jahrhundert, in: Journal of Modern European History 13 (2015), S. 439–446; ausführlich auch Anselm Doering-Manteuffel: Vom Wiener Kongress zur Pariser Konferenz. England, die deutsche Frage und das Mächtesystem 1815–1856, Göttingen / Zürich 1991; Paul W. Schroeder: The Transformation of European Politics 1763–1848, Oxford 1994; Schulz: Normen und Praxis; sowie Mark Jarrett: The Congress of Vienna and its Legacy. War and Great Power Diplomacy after Napoleon, London 2013.

130 Zit. nach: New York Times, 13.5.1989.

131 William J. Clinton: Address Before a Joint Session of the Congress on the State of the Union, 25.1.1994, zit. nach: http://www.presidency.ucsb.edu/ws/?pid=50409 (Zugriff am 29.9.2017).

132 Francis Fukuyama: The End of History?, in: The National Interest 16 (1989), S. 3–18; ders.: The End of History and the Last Man, New York 1992 (dt. Das Ende der Geschichte. Wo stehen wir?, Stuttgart 1992); vgl. auch Stefan Jordan: Francis Fukuyama und das Ende der Geschichte, in: ZF 6 (2009), S. 159–163.

133 Jan Ole Wiechmann: Sicherheit, S. 357. Die Studie von Wiechmann kann als Beispiel für eine diskurs- und politikgeschichtliche Analyse des Zusammenhangs von Sicherheit und Frieden in den Jahren um 1980 gelten.

134 Vgl. dazu auch Buzan / Hansen: Evolution, S. 13 u. 135, die auch darauf hinweisen, dass beispielsweise die Zeitschrift *Bulletin of Peace Proposals* des renommierten *International Peace Research Institute Oslo* (PRIO) seit 1992 unter dem Namen *Security Dialogue* erscheint und heute als eines der wichtigsten Journale der *Critical Security Studies* gilt.

135 Siehe zur Historischen Friedensforschung u. a. Jost Dülffer: Internationale Geschichte und Historische Friedensforschung, in: Wilfried Loth / Jürgen Osterhammel (Hg.): Internationale Geschichte, München 2001, S. 247–266, Benjamin Ziemann (Hg.): Perspektiven der Historischen Friedensforschung, Essen 2002. An der Universität Bonn existiert seit 2013 mit einem Schwerpunkt in der Frühen Neuzeit ein Zentrum für Historische Friedensforschung mit »einer zusätzlichen Ausrichtung auf den Aspekt ›Sicherheit‹«. Das Wort »zusätzlich« bildet die Überschneidung, wenn nicht gar die Konvergenz von Historischer Friedens- und Sicherheitsforschung nur unzureichend ab. Vgl. Maximilian Lanzinner (Hg.): Sicherheit in Vormoderne und Gegenwart, Paderborn 2013, S. 8. Zur sozialwissenschaftlichen Friedensforschung s. einführend Tobias Ide (Hg.): Friedens- und Konfliktforschung, Opladen 2017.

7. Ausblick

1 Dynamiken der Sicherheit. Formen der Versicherheitlichung in historischer Perspektive (SFB / TR 138, Finanzierungsantrag 2018–2021), Gießen / Marburg 2017 (unveröffentlicht), S. 23 f.

Dank

Dass dieses Buch bei Vandenhoeck & Ruprecht erscheint, ist kein Zufall. Denn die Idee einer Einführung in die Historische Sicherheitsforschung geht zurück auf Gespräche, die ich vor einigen Jahren mit Martina Kayser, in dem Verlag damals für die Geisteswissenschaften zuständig, führte. Sie hat mich zu dem Buch ermuntert und die ersten Überlegungen mit großem Interesse begleitet. Später waren Daniel Sander und Johanna Mohrmann meine Ansprechpartner in Göttingen. Ihnen danke ich für ihre Geduld und die kundige Begleitung des Manuskripts bis zum Druck.

In das Buch sind nicht nur meine eigenen Forschungserfahrungen auf dem Feld der Sicherheit eingeflossen, sondern es hat auch vom Austausch mit Forscherinnen und Forschern unterschiedlicher Disziplinen, die sich für Fragen der Sicherheit interessieren, profitiert. Das beginnt an meinem eigenen Lehrstuhl, dessen Oberseminar sich bereitwillig und konstruktiv auf das Thema Sicherheit einließ und dem ich ebenso wertvolle Anregungen verdanke wie den kleineren und größeren Gesprächsrunden mit Wencke Meteling, Sebastian Haus, Steffen Henne, Tilman Grabbe, Marc Chaouali, Tobias Bruns, Eneia Dragomir, Anna Veronika Wendland, Eva-Maria Nitz und Sascha Brünig, die das Thema Sicherheit auch zu ihrer Sache gemacht haben. Sarah Kramer und Sarah Wilder haben für mich Unmengen an Literatur beschafft, Rechercheaufträge durchgeführt und schließlich Ordnung in den Anmerkungsapparat gebracht. Seit 2014 ist an den Universitäten Marburg und Gießen sowie am Herder-Institut für historische Ostmitteleuropaforschung in Marburg der Sonderforschungsbereich »Dynamiken der Sicherheit« angesiedelt, der in den letzten Jahren zu einem wichtigen Ort der Historischen Sicherheitsforschung geworden ist. In den verschiedenen Projekten und Einrichtungen dieses SFB, von den Konzeptgruppen über seine Workshops und Masterclasses bis hin zum Integrierten Graduiertenkolleg, hat sich eine intensive und zugleich offene Diskussion über Sicherheitsfragen entwickelt, nicht zuletzt in der kritischen Auseinandersetzung mit sozialwissenschaftlichen Theorieangeboten, ohne die dieses Buch nicht denkbar wäre. Daher gilt den Angehörigen des SFB mein großer Dank. Zu danken habe ich dem SFB auch für ein Forschungssemester im Frühjahr 2017, das ich zur Niederschrift des Buchmanuskripts verwenden konnte. Tim Schanetzky (Jena) hat mich in dieser Zeit vertreten. Dafür bin ich ihm dankbar.

Der ideale Ort für diese Niederschrift war die Universität Utrecht. Der Lehrstuhl von Beatrice de Graaf am *Departement Geschiedenis en Kunstgeschiedenis* ist ein europäisches Zentrum der Sicherheitsgeschichte. Beatrice de Graaf war nicht nur eine wunderbare Gastgeberin, sondern sie hat in Utrecht gemeinsam mit ihren Mitarbeiterinnen und Mitarbeitern auch ein Forschungsambiente geschaffen, das seinesgleichen sucht. Dem Schwerpunktprogramm *Institutions for Open Societies* der Universität Utrecht danke ich für die großzügige Einladung als Fellow. Dieses Buch ist ein Marburger und ein Utrechter Buch!

Meine Familie und insbesondere meine Frau haben mich nach Utrecht ziehen lassen. Das ist nicht selbstverständlich. Meine Frau, Vanessa Conze, hat darüber hinaus und obwohl selbst in der Abschlussphase einer größeren Studie, das Manuskript gründlich und kritisch gelesen. Dafür danke ich ihr von ganzem Herzen! Alle Fehler und Unzulänglichkeiten habe freilich ausschließlich ich selbst zu verantworten.

Marburg, August 2017 *Eckart Conze*

Literatur

Dieses Literaturverzeichnis ist nicht einmal im Ansatz eine umfassende Bibliographie. Angesichts der immensen Literaturproduktion auf dem Gebiet der Sicherheitsforschung würde das den Rahmen dieses Buches bei Weitem sprengen. So beschränken sich die folgenden Angaben auf Publikationen zur Sicherheitsforschung sowie auf Werke aus anderen Gebieten, die im Text auf Fragen und Themen der Sicherheitsforschung bezogen worden sind. Nicht jede in den Anmerkungen erwähnte Veröffentlichung findet sich in diesem Verzeichnis wieder, aber jede in den Anmerkungen erwähnte Publikation lässt sich über die bei der Erstnennung gemachten bibliographischen Angaben leicht identifizieren.

Gabriele Abels (Hg.): Vorsicht Sicherheit! Legitimationsprobleme der Ordnung von Freiheit, Baden-Baden 2016.

Emil Angehrn: Das Streben nach Sicherheit. Ein politisch-metaphysisches Problem, in: Hinrich Fink-Eitel / Georg Lohmann (Hg.): Zur Philosophie der Gefühle, Frankfurt a. M. 1993, S. 218–243.

Claudia Aradau u. a. (Hg.): Critical Security Methods. New Frameworks for Analysis, London 2015.

Dies. / Rens van Munster: Taming the Future. The Dispositif of Risk in the War on Terror, in: Louise Amoore / Marieke de Goede (Hg.): Risk and the War on Terror, London 2008, S. 23–40.

John Austin: How to Do Things with Words, Oxford 1975.

Mohammed Ayoob: The Third World Security Predicament. State Making, Regional Conflict, and the International System, Boulder 1995.

Lisa Bald: »Pubblica Sicurezza« in the European Context. Italy and the Internationalisation of Counterterrorism Policy (1972–1982), PhD Dissertation (IMT School for Advanced Studies, Lucca) 2017 (unveröffentlicht).

Thierry Balzacq (Hg.): Securitization Theory. How Security Problems Emerge and Dissolve, London 2011.

Ders. u. a.: »Securitization« Revisited. Theory and Cases, in: International Relations 30 (2016), S. 494–531.
Ders.: The Three Faces of Securitization. Political Agency, Audience and Context, in: European Journal of International Relations 11 (2005), S. 171–201.
Ders. / Stefano Guzzini: What Kind of Theory – if any – Is Securitization?, in: International Relations 29 (2015), S. 96–136.
Greg Bankoff: Rendering the World Unsafe. »Vulnerability« as Western Discourse, in: Disasters 25 (2001), S. 19–35.
Tarak Barkawi / Mark Laffey: The Postcolonial Moment in Security Studies, in: Review of International Studies 32 (2006), S. 329–352.
Boris Barth / Jürgen Osterhammel (Hg.): Zivilisierungsmissionen. Imperiale Weltverbesserung seit dem 18. Jahrhundert, Konstanz 2005.
Arnd Bauerkämper / Natalia Rostislatleva (Hg.): Sicherheitskulturen im Vergleich. Deutschland und Russland / UdSSR seit dem späten 19. Jahrhundert, Paderborn 2014.
Zygmunt Bauman: Moderne und Ambivalenz. Das Ende der Eindeutigkeit [1991], Hamburg 2005.
Ulrich Beck: Risikogesellschaft. Auf dem Weg in eine andere Moderne, Frankfurt a. M. 1986.
Ders.: Was ist Globalisierung? Irrtümer des Globalismus – Antworten auf Globalisierung, Frankfurt a. M. 1997.
Ders.: Weltrisikogesellschaft. Auf der Suche nach der verlorenen Sicherheit, Frankfurt a. M. 2007.
Christoph Becker-Schaum u. a. (Hg.): »Entrüstet Euch!«. Nuklearkrise, NATO-Doppelbeschluss und Friedensbewegung, Paderborn 2012.
Fikret Berkes u. a. (Hg.): Navigating Social-Ecological Systems. Building Resilience for Complexity and Change, Cambridge 2003.
Markus Bernhardt u. a. (Hg.): Ermöglichen und Verhindern. Vom Umgang mit Kontingenz, Frankfurt a. M. / New York 2016.
Frank Biess: »Jeder hat eine Chance«. Die Zivilschutzkampagnen der 1960er Jahre und die Angstgeschichte der Bundesrepublik, in: Greiner u. a. (Hg.): Angst im Kalten Krieg, S. 61–93.
Didier Bigo: Police en réseaux. L'expérience européenne, Paris 1996.
Ders.: When Two Become One. Internal and External Securitisations in Europe, in: Morten Kelstrup / Michael C. Williams (Hg.): International Relations Theory and Politics of European Integration. Power, Security and Community, London 2000, S. 171–204.
Ders.: Internal and External Security(ies). The Möbius Ribbon, in: Mathias Albert u. a. (Hg.): Identities, Borders, and Orders. Rethinking International Relations Theory, Minneapolis 2001, S. 91–116.

Ders.: Security and Immigration. Toward a Critique of the Governmentality of Unease, in: Alternatives: Global, Local, Political 27 (1/2002), S. 63–92.
Ders.: International Political Sociology, in: Paul D. Williams (Hg.): Security Studies. An Introduction, London 2008, S. 116–129.
Ders.: Security. A Field Left Fallow, in: Michael Dillon / Andrew W. Neal (Hg.): Foucault on Politics, Security, and War, Basingstoke 2008, S. 93–114.
Ders.: Sécurité maximale et prévention? La matrice du futur antérieur et ses grilles, in: Barbara Cassin (Hg.): Derrière les grilles. Sortons du tout-évaluation, Paris 2014, S. 111–138.
Ders.: International Political Sociology. Internal Security as Transnational Power Fields (Manuskriptentwurf, Oktober 2015).
Enrico Böhm: Die Sicherheit des Westens. Entstehung und Funktion der G7-Gipfel (1975–1981), München 2013.
Hans-Georg Bohle: Leben mit Risiko. Resilience als neues Paradigma für die Risikowelten von morgen, in: Carsten Felgentreff / Thomas Glade (Hg.): Naturrisiken und Sozialkatastrophen, Berlin 2008, S. 435–441.
Thorsten Bonacker / Jan Bernhardt: Von der *security community* zur *securitized community.* Zur Diskursanalyse von Versicherheitlichungsprozessen am Beispiel der Konstruktion einer europäischen Identität, in: Alexander Siedschlag (Hg.): Methoden der Sicherheitspolitik, Wiesbaden 2006, S. 219–242.
Ders.: Internationales Statebuilding und die liberale Politik des Schutzes, in: Abels (Hg.): Vorsicht Sicherheit!, S. 177–198.
Wolfgang Bonß: Vom Risiko. Unsicherheit und Ungewißheit in der Moderne, München 1995.
Ders.: Die gesellschaftliche Konstruktion von Sicherheit, in: Lippert u. a. (Hg.): Sicherheit in der unsicheren Gesellschaft, S. 21–41.
Patrick Bormann u. a. (Hg.): Angst in den internationalen Beziehungen, Göttingen 2010.
Peter Borscheid: Mit Sicherheit leben. Zur Geschichte und Gegenwart des Versicherungswesens, in: Zeithistorische Forschungen 7 (2010), S. 188–202.
Ders.: Das Tempo-Virus. Eine Kulturgeschichte der Beschleunigung, Frankfurt a. M. 2004.
Philippe Bourbeau (Hg.): Security. Dialogue Across Disciplines, Cambridge 2015.
Joanna Bourke: Fear. A Cultural History, London 2005.
Hans Braun: Das Streben nach »Sicherheit« in den 50er Jahren. Soziale

und politische Ursachen und Erscheinungsweisen, in: AfS 18 (1978), S. 279–306.
Christopher S. Browning: International Security. A Very Short Introduction, Oxford 2013.
Ulrich Bröckling: Vorbeugen ist besser … Zur Soziologie der Prävention, in: Behemoth 1/2008, S. 38–48.
Ders.: Dispositive der Vorbeugung. Gefahrenabwehr, Resilienz, Precaution, in: Christopher Daase u. a. (Hg.): Sicherheitskultur, S. 94–108.
Ders.: u. a. (Hg.): Gouvernementalität der Gegenwart. Studien zur Ökonomisierung des Sozialen, Frankfurt a. M. 2000.
Tobias Bruns: 1878 als sicherheitskulturelle Wende in der deutschen Geschichte, in: Kampmann u. a. (Hg.): »Security turns its eye exclusively on the future« (i. E.).
Ders.: Eine Geschichte der Sicherheitskultur des Deutschen Kaiserreiches (1871–1914), Marburg 2015 (unveröffentliches Manuskript).
Hans-Peter Bull: Politik der »inneren Sicherheit« vor einem misstrauisch gewordenen Publikum, in: Leviathan 12 (1984), S. 155–175.
Thomas Büttner u. a. (Hg.): Sicherheitskultur. Konzepte und Analysemethoden, Heidelberg 2000.
Adam Burgess (Hg.): The Routledge Handbook of Risk Studies, London 2016.
J. Peter Burgess (Hg.): The Routledge Handbook of New Security Studies, London 2010.
Barry Buzan: People, States, and Fear. The National Security Problem in International Relations, Hemel Hempstead 1983.
Ders. u. a.: Security. A New Framework for Analysis, Boulder 1998.
Ders. / Lene Hansen: The Evolution of International Security Studies, Cambridge 2009.
Ders. / Ole Wæver: Macrosecuritisation and Security Constellations. Reconsidering Scale in Securitisation Theory, in: Review of International Studies 35 (2009), S. 253–276.
C. A. S. E. Collective: Critical Approaches to Security in Europe. A Networked Manifesto, in: Security Dialogue 37 (2006/4), S. 443–487.
David H. Capie / Paul M. Evans: Comprehensive Security, in: dies.: The Asia-Pacific Security Lexicon, Singapur 2007, S. 65–75.
Horst Carl / Carola Westermeier (Hg.): Sicherheitsakteure, Baden-Baden 2017 (i. E.).
Robert Castel: Die Stärkung des Sozialen. Leben im neuen Wohlfahrtsstaat, Hamburg 2005.
Eckart Conze: Jenseits von Männern und Mächten. Geschichte der internationalen Politik als Systemgeschichte, in: HZ 44 (2007), S. 41–64.

Ders.: Zwischen Staatenwelt und Gesellschaftswelt. Die gesellschaftliche Dimension in der internationalen Geschichte, in: Wilfried Loth / Jürgen Osterhammel (Hg.): Internationale Geschichte. Themen – Ergebnisse – Aussichten, München 2000, S. 117–140.

Ders. u. a. (Hg.): Geschichte der internationalen Beziehungen. Erneuerung und Erweiterung einer historischen Disziplin, Köln 2004.

Ders.: Sicherheit als Kultur. Überlegungen zu einer »modernen« Politikgeschichte der Bundesrepublik Deutschland, in: VfZ 53 (2005), S. 357–380.

Ders.: Die Suche nach Sicherheit. Eine Geschichte der Bundesrepublik von 1949 bis in die Gegenwart, München 2009.

Ders.: Modernitätsskepsis und die Utopie der Sicherheit. NATO-Nachrüstung und die Utopie der Sicherheit, in: Zeithistorische Forschungen 7 (2010), S. 220–239.

Ders.: Securitization. Gegenwartsdiagnose oder historischer Analyseansatz?, in: GG 38 (2012) S. 453–467.

Ders. u. a. (Hg.): Nuclear Threats, Nuclear Fear and the Cold War of the 1980s, Cambridge 2017.

Werner Conze, Art. Sicherheit, Schutz, in: Geschichtliche Grundbegriffe. Historisches Lexikon zur politisch-sozialen Sprache in Deutschland, Bd. 5, Stuttgart 1984, S. 831–862.

Bruce Cumings: Boundary Displacement. Area Studies and International Studies during and after the Cold War, in: Bulletin of Concerned Asian Scholars 29 (1997/1), S. 6–26.

Christopher Daase: Der erweiterte Sicherheitsbegriff, in: Mir Ferdowski (Hg.): Internationale Politik als Überlebensstrategie, München 2009, S. 137–153.

Ders.: Die Historisierung der Sicherheit, in: GG 38 (3/2012), S. 387–405.

Ders.: National, Societal, and Human Security. On the Transformation of Political Language, in: Historical Social Research 35 (4/2010), S. 22–37.

Ders.: On Paradox and Pathologies. A Cultural Approach to Security, in: Gabi Schlag u. a. (Hg.): Transformation of Security Studies. Dialogues, Diversity and Discipline, London 2016, S. 82–93.

Ders.: Sicherheit schlägt Frieden. Zum normativen Wandel in der Weltpolitik, in: Polar 11 (2011), S. 89–93.

Ders. u. a. (Hg.): Sicherheitskultur. Soziale und politische Praktiken der Gefahrenabwehr, Frankfurt a. M. 2012.

Ders.: Sicherheitskultur – Ein Konzept zur interdisziplinären Erforschung politischen und sozialen Wandels, in: Sicherheit und Frieden (S + F) 29 (2/2011), S. 59–65.

Ders.: Sicherheitskultur als interdisziplinäres Forschungsprogramm, in: ders. u. a. (Hg.): Sicherheitskultur, S. 23–44.
Ders.: Wandel der Sicherheitskultur, in: APuZ 50 (2010), S. 9–16.
Marieke de Goede: European Security Culture. Preemption and Precaution in European Security, Amsterdam 2011.
Beatrice de Graaf: Bringing Sense and Sensibility to the Continent: Vienna 1815 Revisited, in: Journal of Modern European History 13 (2015), S. 447–457.
Dies. (Hg.): Securing Europe after Napoleon. 1815 and the New European Security Culture, Cambridge 2018 (i. E.).
Dies. / Cornel Zwierlein (Hg.): Historicizing Security. Entering the Conspiracy Dispositive (Historical Social Research 38.1), Köln 2013.
Jean Delumeau: La Peur en Occident, XIVe–XVIIIe siècles. Une cité assiégée, Paris 1978 (dt. Angst im Abendland. Die Geschichte kollektiver Ängste im Europa des 14. bis 18. Jahrhunderts, Reinbek 1989).
Ders.: Rassurer et protéger. Le sentiment de sécurité dans l'Occident d'autrefois, Paris 1989.
James Der Derian: The Value of Security. Hobbes, Marx, Nietzsche, and Baudrillard, in: Lipschutz (Hg.): On Security, S. 24–45.
Karl W. Deutsch u. a.: Political Community and the North Atlantic Alliance, Princeton 1957.
Ders.: Nationalism and Social Communication. An Inquiry into the Foundations of Nationality, New York 1953 (dt. 1972).
John Dewey: The Quest for Certainty. A Study in the Relation of Knowledge and Action, London 1929.
Bernhard Dietz / Christopher Neumaier: Vom Nutzen der Sozialwissenschaften für die Zeitgeschichte. Werte und Wertewandel als Gegenstand historischer Forschung, in: VfZ 60 (2012), S. 293–304.
Carola Dietze: Die Erfindung des Terrorismus in Europa, Russland und den USA 1858–1866, Hamburg 2016.
Michael Dillon: Politics of Security. Towards a Political Philosophy of Continental Thought, London 1996.
Anselm Doering-Manteuffel / Lutz Raphael: Nach dem Boom. Perspektiven auf die Zeitgeschichte nach 1970, Göttingen 2008.
Elena Dragomir: Perceptions of Social Security in Communist Romania, in: Zeithistorische Forschungen 7 (2010), S. 203–219.
Sylke van Dyck / Stephan Lessenich: Unsichere Zeiten. Die paradoxale ›Wiederkehr‹ der Unsicherheit, in: Mittelweg 36 (5/2008), S. 13–45.
Dynamiken der Sicherheit. Formen der Versicherheitlichung in historischer Perspektive (SFB / TR 138, Finanzierungsantrag 2014–2017), Marburg / Gießen 2013 (unveröffentlicht).

Dynamiken der Sicherheit. Formen der Versicherheitlichung in historischer Perspektive (SFB/TR 138, Finanzierungsantrag 2018–2021), Gießen/Marburg 2017 (unveröffentlicht).
David Easton: A Framework for Political Analysis, Englewood Cliffs 1965.
Lorenz Engell/Joseph Vogl (Hg.): Gefahrensinn, München 2009.
Johan Erikkson: Observers or Advocates? On the Political Role of Security Analysts, in: Cooperation and Conflict 34 (3/1999), S. 311–330.
François Ewald: Der Vorsorgestaat, Frankfurt a. M. 1993.
Ders.: The Return of Descartes' Malicious Demons. An Outline of a Philosophy of Precaution, in: Tom Baker/Jonathan Simon (Hg.): Embracing Risk. The Changing Culture of Insurance and Responsibility, Chicago 2002, S. 273–301 (dt.: Die Rückkehr des genius malignus. Entwurf zu einer Philosophie der Vorbeugung, in: Soziale Welt 49/1 (1998), S. 5–24.).
Thomas Etzemüller: *Social Engineering* als Verhaltenslehre des kühlen Kopfes. Eine einleitende Skizze, in: ders. (Hg.): Die Ordnung der Moderne. *Social Engineering* im 20. Jahrhundert, Bielefeld 2009, S. 11–39.
Lucien Febvre: Pour l'histoire d'un sentiment. Le besoin de sécurité, in: Annales 11 (1956), S. 244–247.
Ders.: La sensibilité et l'histoire. Comment reconstituer la vie affective d'autrefois, in: Annales 3 (1941), S. 5–20.
Malcolm M. Feeley/Jonathan Simon: Actuarial Justice. The Emerging New Criminal Law, in: David Nelken (Hg.): The Future of Criminology, London 1994, S. 173–201.
Michel Foucault: Die Sicherheit und der Staat, in: ders.: Schriften in vier Bänden, Bd. 3, 1976–1979, Frankfurt a. M. 2003, S. 495–501.
Ders.: Sicherheit, Territorium, Bevölkerung. Geschichte der Gouvernementalität I, Frankfurt a. M. 2004.
Ders.: Die Geburt der Biopolitik. Geschichte der Gouvernementalität II, Frankfurt a. M. 2004.
Bernhard Frevel/Verena Schulze: Kooperative Sicherheitspolitik – Safety und Security Governance in Zeiten sich wandelnder Sicherheitskultur, in: Daase u. a. (Hg.): Sicherheitskultur, S. 205–225.
Ute Frevert (Hg.): Vertrauen. Historische Annäherungen, Göttingen 2003.
Dies./Heinz-Gerhard Haupt (Hg.): Neue Politikgeschichte. Perspektiven einer historischen Politikforschung, Frankfurt a. M. 2005.
Ewald Frie u. a.: »Bedrohte Ordnungen« als Thema der Kulturwissenschaften, in: Journal of Modern European History 15 (2017), S. 5–35.

Ders./Mischa Meier (Hg.): Aufruhr – Katastrophe – Konkurrenz – Zerfall. Bedrohte Ordnungen als Thema der Kulturwissenschaften, Tübingen 2014.

Lars Gerhold/Jochen Schiller (Hg.): Perspektiven der Sicherheitsforschung, Frankfurt a.M. 2012.

Martin H. Geyer: Rahmenbedingungen. Unsicherheit als Normalität, in: ders. (Hg.): Geschichte der Sozialpolitik in Deutschland seit 1945, Bd. 6: Bundesrepublik Deutschland 1974–1982. Neue Herausforderungen, wachsende Unsicherheiten, Baden-Baden 2008, S. 1–109.

Ders.: Die neue Wirklichkeit von Sicherheit und Risiken: Wie wir mit dystopischen, utopischen und technokratischen Diagnosen von Sicherheit zu leben gelernt haben, in: Ariane Leendertz/Wencke Meteling (Hg.): Die neue Wirklichkeit. Semantische Neuvermessungen und Politik seit den 1970er Jahren, Frankfurt a.M. 2016, S. 281–315.

Michael Geyer: Cold War Angst. The Case of West German Opposition to Rearmament and Nuclear Weapons, in: Hanna Schissler (Hg.): The Miracle Years. A Cultural History of West Germany, 1949–1969, Princeton 2001, S. 376–408.

Rüdiger Graf/Kim C. Priemel: Zeitgeschichte in der Welt der Sozialwissenschaften. Legitimität und Originalität einer Disziplin, in: VfZ 59 (2011), S. 479–495.

Ders. u.a. (Hg.): History of Human Security. The Production of »Human Security« in Premodern and Contemporary History (Historical Social Research/Historische Sozialforschung 35.4), Köln 2010.

Ders./Cornel Zwierlein: The Production of »Human Security« in Premodern and Contemporary History, in: Graf u.a. (Hg.): History of Human Security, S. 9–23.

Bernd Greiner u.a. (Hg.): Angst im Kalten Krieg, Hamburg 2009.

Axel Groenemeyer (Hg.): Wege der Sicherheitsgesellschaft. Gesellschaftliche Transformationen der Konstruktion und Regulierung innerer Unsicherheiten, Wiesbaden 2010.

Janice Gross Stein: Threat Perceptions in International Relations, in: Leonie Huddy u.a. (Hg.): The Oxford Handbook of Political Psychology, Oxford 2013, S. 364–394.

Klaus Große Kracht: »Gouvernementalität« – Michel Foucault und die Geschichte des 20. Jahrhunderts, in: Zeithistorische Forschungen 3 (2006), S. 273–276.

Gudela Grote/Cuno Künzler: Sicherheitskultur. Arbeitsorganisation und Technikeinsatz, Zürich 1996.

Christoph Gusy / Annika Kapitza: Sicherheitsrecht, Sicherheitspolitik, Sicherheitskultur im demokratischen Verfassungsstaat, in: Daase u. a. (Hg.): Sicherheitskultur, S. 45–66.

Stefano Guzzini: A Dual History of »Securitization« (DIIS Working Paper 2015/02), Kopenhagen 2015.

Helga Haftendorn: Sicherheit und Stabilität. Außenbeziehungen der Bundesrepublik zwischen Ölkrise und NATO-Doppelbeschluss, München 1986.

Dies.: The Security Puzzle. Theory-Building and Discipline-Building in International Security Studies, in: International Studies Quarterly 35 (1991), S. 3–17.

Jean Halpérin: La notion de sécurité dans l'histoire économique et sociale, in: Revue d'Histoire Economique et Sociale 30 (1952), S. 7–25.

Ders.: Les Assurances en Suisse et dans le monde. Leur rôle dans l'évolution économique et sociale, Neuchatel 1946.

Fen O. Hampson / Christopher K. Penny: Human Security, in: Thomas G. Weiss / Sam Daws (Hg.): The Oxford Handbook on the United Nations, Oxford 2007, S. 539–557.

Nicolai Hannig: Die Suche nach Prävention. Naturgefahren im 19. und 20. Jahrhundert, in: HZ 300 (2015), S. 33–65.

Ders.: The Checkered Rise of Resilience. Anticipating Risks of Nature in Switzerland and Germany since 1800, in: Itzen / Müller (Hg.): Risk as an Analytical Category, S. 240–262.

Ders. / Malte Thießen (Hg.): Vorsorgen in der Moderne. Akteure, Räume und Praktiken, München 2017 (i. E.).

Lene Hansen: The Little Mermaids Silent Security Dilemma and the Absence of Gender in the Copenhagen School, in: Millennium 29 (2000), S. 285–306.

Dies.: Theorizing the Image for Security Studies. Visual Securitization and the Muhammad Cartoon Crisis, in: European Journal of International Relations 17 (2011), S. 51–74.

Brian J. Harley: The New Nature of Maps. Essays in the History of Cartography, London 2001.

Peter Haslinger / Vadim Oswalt (Hg.): Kampf der Karten. Propaganda und Geschichtskarten als politische Instrumente und Identitätstexte, Marburg 2012.

Ders. / Dirk van Laak: Sicherheitsräume. Bausteine zu einem interdisziplinären Modell, in: Saeculum 68 (2018) (i. E.).

Sebastian Haus / Steffen Henne: Soziologie und Geschichte der Prävention (unveröffentlichtes Konzeptpapier aus dem SFB / Transregio 138 »Dynamiken der Sicherheit«), Marburg 2015.

Dies.: C 01 Revisited. Diskussion des Forschungskonzepts im Lichte der empirischen Arbeit (unveröffentlichtes Manuskript aus dem Teilprojekt C 01 des SFB »Dynamiken der Sicherheit«), Marburg 2017.
Karl Härter: Security and »Gute Policey« in Early Modern Europe. Concepts, Laws and Instruments, in: Graf u.a. (Hg.): History of Human Security, S. 43–68.
Ders.: Sicherheit und Frieden im frühneuzeitlichen Alten Reich, in: ZHF 30 (2003), S. 413–431.
Axel Heck / Gabi Schlag: Securitizing Images. The Female Body and the War in Afghanistan, in: European Journal of Inernational Relations 19 (2012), S. 891–913.
Stephan Heinrich / Hans-Jürgen Lange: Erweiterung des Sicherheitsbegriffs, in: Lange u.a. (Hg.): Auf der Suche nach neuer Sicherheit, S. 253–268.
Gunther Hellmann: Sicherheitspolitik, in: ders. u.a. (Hg.): Handbuch der deutschen Außenpolitik, Wiesbaden 2007, S. 605–617.
Leon Hempel / Susanne Krasmann / Ulrich Bröckling (Hg.): Sichtbarkeitsregime. Überwachung, Sicherheit und Privatheit im 21. Jahrhundert, Wiesbaden 2011.
John H. Herz: Weltpolitik im Atomzeitalter, Stuttgart 1961.
Bettina Hitzer: Emotionsgeschichte – ein Anfang mit Folgen, in: H-Soz-u-Kult, 23.11.2011, http://hsozkult.geschichte.hu-berlin.de/forum/2011-11-001 (Zugriff am 29.9.2017).
Hans Günter Hockerts: Soziale Errungenschaften? Zum sozialpolitischen Legitimitätsanspruch der zweiten deutschen Diktatur, in: Jürgen Kocka u.a. (Hg.): Von der Arbeiterbewegung zum modernen Sozialstaat, München 1994, S. 790–804.
Lucian Hölscher: Die Entdeckung der Zukunft, Frankfurt a.M. 1999 (veränderte Neuauflage Göttingen 2016).
Jef Huysmans: The Politics of Insecurity. Fear, Migration and Asylum in the EU, London 2006.
Ders.: Security! What Do You Mean? From Concept to Thick Signifier, in: European Journal of International Relations 4 (2/1998), S. 226–255.
Ders.: The Question of the Limit. Desecuritization and the Aesthetics of Horror in Political Realism, in: Millennium. Journal of International Studies 27 (1998), S. 569–589.
Peter Itzen / Simone Müller: (Hg.): Risk as an Analytical Category (Historical Social Research 41.1.), Köln 2016.
Wilhelm Janssen: Art. Friede, in: Geschichtliche Grundbegriffe, Bd. 2 [1975], Stuttgart 2004, S. 543–591

Konrad Jarausch: Realer Sozialismus als Fürsorgediktatur. Zur begrifflichen Einordnung der DDR [1998], in: Historische Sozialforschung 24 (2012), S. 249–272.
Ronald Jepperson / Alexander Wendt / Peter J. Katzenstein: Norms, Identity, and Culture in National Security, in: Katzenstein (Hg.): The Culture of National Security, S. 33–75.
Christoph Kampmann u. a. (Hg.): »Security Turns its Eye Exclusively to the Future«. Zum Verhältnis von Sicherheit und Zukunft in der Geschichte, Baden-Baden 2017 (i. E.).
Ders.: Art. Friede, in: Enzyklopädie der Neuzeit, Bd. 4, Stuttgart 2006, Sp. 1–21.
Ders. / Christian Mathieu: Art. Sicherheit, in: Friedrich Jaeger (Hg.): Enzyklopädie der Neuzeit, Bd. 11, Stuttgart u. a. 2010, Sp. 1143–1150.
Ders. / Ulrich Niggemann (Hg.): Sicherheit in der Frühen Neuzeit. Norm – Praxis – Repräsentation, Köln u. a. 2013.
Regine Kather: Art. Ordnung, philosophisch, in: Religion in Geschichte und Gegenwart, Bd. 6, Tübingen 2003, S. 632 f.
Franz-Xaver Kaufmann: Erosion der »sicheren Normalgesellschaft« in der Gegenwart?, in: Zwierlein (Hg.): Sicherheit und Krise, S. 32–40.
Ders.: Sicherheit: Das Leitbild beherrschbarer Komplexität, in: Lessenich (Hg.): Wohlfahrtsstaatliche Grundbegriffe, S. 72–104.
Ders.: Sicherheit als soziologisches und sozialpolitisches Problem. Untersuchungen zu einer Wertidee hochdifferenzierter Gesellschaften, Stuttgart 1973.
Stefan Kaufmann: Resilienz als »Boundary Object«, in: Daase u. a. (Hg.): Sicherheitskultur, S. 109–131.
Ders.: Zivile Sicherheit. Vom Aufstieg eines Topos, in: Hempel u. a. (Hg.): Sichtbarkeitsregime, S. 101–123.
Peter J. Katzenstein (Hg.): The Culture of National Security. Norms and Identity in World Politics, New York 1996.
Karen Kersting: Resilience. The Mental Muscle Everyone Has, in: Monitor on Psychology 36/4 (2005), S. 42.
Frank Knight: Risk, Uncertainty, and Profit, Boston 1921.
Reinhart Koselleck: »Erfahrungsraum« und »Erwartungshorizont« – zwei historische Kategorien, in: ders.: Vergangene Zukunft. Zur Semantik geschichtlicher Zeiten, Frankfurt a. M. 1989, S. 349–375.
Elke Krahmann: Conceptualizing Security Governance, in: Cooperation and Conflict 38 (2003), S. 5–26.
Albert Kuhlmann: Sicherheitskultur, Köln 2000.
Dirk van Laak: Planung. Geschichte und Gegenwart des Vorgriffs auf die Zukunft, in: GG 34 (2008), S. 305–326.

Daniel Lambach: Repräsentationen von Territorialität und internationaler Ungleichheit, in: Zeitschrift für Außen- und Sicherheitspolitik 2015/8, S. 243–269.

Achim Landwehr: Geburt der Gegenwart. Eine Geschichte der Zeit im 17. Jahrhundert, Frankfurt a. M. 2014.

Ders.: »Gute Policey«. Zur Permanenz der Ausnahme, in: Lüdtke / Wildt (Hg.): Staats-Gewalt, S. 39–63.

Hans-Jürgen Lange u. a. (Hg.): Auf der Suche nach neuer Sicherheit. Fakten, Theorie und Folgen, Wiesbaden 2009

Ders. u. a. (Hg.): Dimensionen der Sicherheitskultur, Wiesbaden 2014.

Maximilian Lanzinner (Hg.): Sicherheit in der Vormoderne und Gegenwart: Symposium der Nordrhein-Westfälischen Akademie der Wissenschaften und der Künste, Paderborn 2013.

Harold Lasswell: The Psychology of Hitlerism, in: The Political Quartely 4 (1933), S. 373–384.

Ders.: World Politics and Insecurity, New York 1934.

Benjamin Lazier / Jan Plamper (Hg.): Fear across the Disciplines, Pittsburgh 2012.

Stephan Leibfried u. a. (Hg.): The Oxford Handbook of Transformations of the State, Oxford 2015.

Ders. / Michael Zürn (Hg.): Transformationen des Staates? Frankfurt a. M. 2006.

Thomas Lemke: Eine Kritik der politischen Vernunft. Foucaults Analyse der modernen Gouvernementalität, Hamburg 1997.

Martin Lengwiler / Stefan Beck: Historizität, Materialität und die Hybridität von Wissenspraxen. Die Entwicklung europäischer Präventionsregime im 20. Jahrhundert, in: GG 34 (2008), S. 489–523.

Ders. / Jeannette Madarász (Hg.): Das präventive Selbst. Eine Kulturgeschichte moderner Gesundheitspolitik, Bielefeld 2010.

Stephan Lessenich(Hg.): Wohlfahrtsstaatliche Grundbegriffe. Historische und aktuelle Diskurse, Frankfurt a. M. / New York 2003.

Ders.: Wohlfahrtsstaatliche Semantiken – Politik im Wohlfahrtsstaat, in: ders. (Hg.): Wohlfahrtsstaatliche Grundbegriffe, S. 419–426.

Heike Ließmann u. a. (Hg.): Sicherheit. Subjektive Ängste – objektive Gefahren, Würzburg 2017.

Ekkehart Lippert u. a. (Hg.): Sicherheit in der unsicheren Gesellschaft, Opladen 1997.

Ronnie D. Lipschutz (Hg.): On Security, New York 1995.

Hermann Lübbe: Sicherheitskultur. Unsicherheitserfahrungen in der modernen Gesellschaft, in: Hugo Tschirky / Andreas Suter (Hg.): Wieviel Sicherheit braucht der Mensch?, Zürich 1989, S. 5–29.

Ders.: Die schwarze Wand der Zukunft, in: Ernst Peter Fischer (Hg.): Auf der Suche nach der verlorenen Sicherheit, München 1991, S. 17–31.

Alf Lüdtke / Michael Wildt (Hg.): Staats-Gewalt. Ausnahmezustand und Sicherheitsregimes. Historische Perspektiven, Göttingen 2008.

Barbara Lüthi / Patricia Purtschert: Sicherheit und Mobilität. »Making the World a Safer Place?«, in: traverse 2009/1, S. 15–19.

Niklas Luhmann, Die Welt als Wille ohne Vorstellung. Sicherheit und Risiko aus der Sicht der Sozialwissenschaften, in: Die politische Meinung 31 (1986), S. 18–21.

Ders.: Risiko und Gefahr, St. Gallen 1990.

Ders.: Soziologie des Risikos, Berlin / New York 1991.

Ders.: Soziale Systeme. Grundriss einer allgemeinen Theorie, Frankfurt a. M. 1984.

Ders.: Vertrauen. Ein Mechanismus der Reduktion sozialer Komplexität [1968], Stuttgart 1989.

Ders.: Vertrautheit, Zuversicht, Vertrauen: Probleme und Alternativen, in: Martin Hartmann / Claus Offe (Hg.): Vertrauen. Die Grundlage des sozialen Zusammenhalts, Frankfurt a. M. 2001, S. 143–160.

Stephen N. MacFarlane / Yuen F. Khong: Human Security and the UN. A Critical History, Bloomington 2006.

Michael Makropoulos: Art. Sicherheit, in: Joachim Ritter / Karlfried Gründer (Hg.): Historisches Wörterbuch der Philosophie, Bd. 9, Basel 1995, S. 745–750.

Matt McDonald: Securitization and the Construction of Security, in: European Journal of International Relations 14 (2008), S. 563–587.

Gabriele Metzler: »Geborgenheit im gesicherten Fortschritt«. Das Jahrzehnt von Planbarkeit und Machbarkeit, in: Matthias Freese u. a. (Hg.): Demokratisierung und gesellschaftlicher Aufbruch. Die sechziger Jahre als Wendezeit der Bundesrepublik, Paderborn 2003, S. 777–797.

Dies.: Demokratisierung des Risikos? Ulrich Becks »Risikogesellschaft«, in: Zeithistorische Forschungen 7 (2010), S. 323–327.

Sigrid Meuschel: Legitimation und Parteiherrschaft. Zum Paradox von Stabilität und Revolution in der DDR 1945–1989, Frankfurt a. M. 1992.

Katrin Meyer: Kritik der Sicherheit. Vom gouvernementalen Sicherheitsdenken zur Politik der »geteilten Sorge«, in: traverse 16 (1/2009), S. 25–40.

Peter Miller / Nikolas Rose: Governing Economic Life, in: Economy & Society 19 (1990), S. 1–31.

Arwen P. Mohun: Constructing the History of Risk. Foundations, Tools, and Reasons Why, in: Itzen / Müller (Hg.): Risk as an Analytical Category, S. 30–47.

Dies.: Risk. Negotiating Safety in American Society, Baltimore 2013.
Herfried Münkler: Die neuen Kriege, Hamburg 2002.
Ders. / Felix Wassermann: Von strategischer Vulnerabilität zu strategischer Resilienz, in: Gerhold / Schiller (Hg.): Perspektiven der Sicherheitsforschung, S. 77–95.
Ders.: Das Ende des klassischen Krieges als sicherheitspolitische Herausforderung im beginnenden 21. Jahrhundert. Von der Bedrohung über die Vulnerabilität zur Resilienz, in: Lanzinner (Hg.): Sicherheit in der Vormoderne und Gegenwart, S. 71–81.
Ders. u. a. (Hg.): Sicherheit und Risiko. Über den Umgang mit Gefahr im 21. Jahrhundert, Bielefeld 2010.
Ders.: Strategien der Sicherung. Welten der Sicherheit und Kulturen des Risikos, in: ders. u. a. (Hg.): Sicherheit und Risiko, S. 11–34.
David Mutimer: Critical Security Studies. A Schismatic History, in: Collins (Hg.): Contemporary Security Studies, S. 84–105.
Holger Nehring: Politics of Security. British and West German Protest Movements and the Early Cold War, 1945–1970, Oxford 2013.
Mark Neocleous: Critique of Security, Edinburgh 2008.
Uwe Nerlich: Deutsche Sicherheitspolitik. Konzeptionelle Grundlagen für multilaterale Rahmenbedingungen, in: Karl Kaiser / Hanns W. Maull (Hg.): Deutschlands neue Außenpolitik, Bd. 1: Grundlagen, München 1997, S. 153–174.
Eva Oberloskamp: Codename TREVI. Terrorismusbekämpfung und die Anfänge einer europäischen Innenpolitik in den 1970er Jahren, München 2016.
Sven Opitz: Jenseits von gut und böse. Foucault und die Dispositive der Sicherheit, in: Fantômas 9 (2006), S. 49–53.
Ders.: Zwischen Sicherheitsdispositiven und Securitization. Zur Analytik illiberaler Gouvernementalität, in: Purtschert u. a. (Hg.): Gouvernementalität und Sicherheit, S. 201–228.
Steffen Patzold: Human Security, fragile Staatlichkeit und Governance im Frühmittelalter. Zur Fragwürdigkeit der Scheidung von Vormoderne und Moderne, in: GG 38 (2012), S. 406–422.
Columba Peoples / Nick Vaughan-Williams: Critical Security Studies. An Introduction, London ²2015.
Jan Plamper: Geschichte und Gefühl. Grundlagen der Emotionsgeschichte, München 2012.
Patricia Purtschert u. a. (Hg.): Gouvernementalität und Sicherheit. Zeitdiagnostische Beiträge im Anschluss an Foucault, Bielefeld 2008.
Valentin Rauer: Von der Schuldkultur zur Sicherheitskultur. Eine begriffs-

geschichtliche Analyse 1986–2010, in: Sicherheit und Frieden (S + F) 29 (2/2011), S. 66–72.

Ders.: Interobjektivität. Sicherheitskultur aus Sicht der Akteur-Netzwerk-Theorie, in: Daase u. a. (Hg.): Sicherheitskultur, S. 69–91.

Andreas Reckwitz: Die Kontingenzperspektive der »Kultur«. Kulturbegriffe, Kulturtheorien und das kulturwissenschaftliche Forschungsprogramm, in: ders. (Hg.): Unscharfe Grenzen. Perspektiven der Kultursoziologie, Bielefeld 2008, S. 15–45.

Wolfgang Reinhard: Geschichte der Staatsgewalt, München 1999.

Karl Rohe / Andreas Dörner: Politikbegriffe, in: Lexikon der Politik, Bd. 1 (Politische Theorien), hg. von Dieter Nohlen / Rainer-Olaf Schultze, München 1995, S. 453–458.

Hartmut Rosa: Beschleunigung. Die Veränderung der Zeitstrukturen in der Moderne, Frankfurt a. M. 2005.

Emma Rothschild: What is Security?, in: Daedalus 124 (1995), S. 53–98.

David L. Rousseau / Rocio Garcia-Retamero: Identity, Power, and Threat Perception. A Cross-National Experimental Study, in: Journal of Conflict Resolution 51 (2007), S. 744–771.

Achim Saupe: Von »Ruhe und Ordnung« zur »inneren Sicherheit«. Eine Historisierung gesellschaftlicher Dispositive, in: Zeithistorische Forschungen 9 (2010), S. 170–187.

Christian v. Schewe: Emotionen und soziale Strukturen. Die affektiven Grundlagen sozialer Ordnung, Frankfurt a. M. / New York 2009.

Werner Schirmer: Bedrohungskommunikation. Eine gesellschaftliche Studie zu Sicherheit und Unsicherheit, Wiesbaden 2008.

Gabi Schlag u. a. (Hg.): Transformation of Security Studies. Dialogues, Diversity and Discipline, London 2016.

Ute Schneider: Die Macht der Karten. Eine Geschichte der Kartographie vom Mittelalter bis heute, Darmstadt 2004.

Thorsten Schulz-Walden: Anfänge globaler Umweltpolitik. Umweltsicherheit in der internationalen Politik, München 2014.

Gerd Schwerhoff: Historische Kriminalitätsforschung, Frankfurt a. M. 2011.

Elke Seefried: Zukünfte. Aufstieg und Krise der Zukunftsforschung 1945–1980, München 2015.

Quentin Skinner: A Third Concept of Liberty, in: Proceedings of the British Academy 117 (2002), S. 237–268.

Wolfgang Sofsky: Das Prinzip Sicherheit, Frankfurt a. M. 2005.

Peter Stearns: Fear and Contemporary History, in: Journal of Social History 40 (2006), S. 477–484.

Ders. / Carol Z. Stearns: Emotionology. Clarifying the History of Emotions and Emotional Standards, in: AHR 90 (1985), S. 813–836.

Willibald Steinmetz u. a. (Hg.): Writing Political History Today, Frankfurt a. M. 2013.

Michael Stolleis: Das Auge des Gesetzes. Geschichte einer Metapher, München 2004.

Holger Stritzel: Security in Translation. Securitization Theory and the Localization of Threat, London 2014.

Ders.: Towards a Theory of Securitization. Copenhagen and Beyond, in: European Journal of International Relations 13 (2007), S. 357–383.

Arnold Sywottek: »Wohlstand« – »Sicherheit« – »Frieden«. Beobachtungen zur westdeutschen Entwicklung, in: Thomas Kühne (Hg.): Von der Kriegskultur zur Friedenskultur? Zum Mentalitätswandel in Deutschland seit 1945, Münster 2000, S. 243–261.

Malte Thießen: Gesundheit erhalten, Gesellschaft gestalten. Konzepte und Praktiken der Vorsorge im 20. Jahrhundert. Eine Einführung, in: Zeithistorische Forschungen 10 (2013), S. 354–365.

Ders.: Immunisierte Gesellschaft. Impfen in Deutschland im 19. und 20. Jahrhundert, Göttingen 2017 (i. E.).

Cornelius Torp: Die Herausforderung der Globalisierung. Wirtschaft und Politik in Deutschland 1860–1914, Göttingen 2005.

Jessica Tuchman Matthews: Redefining Security, in: Foreign Affairs 68 (1989), S. 162–177.

Tatjana Tönsmeyer / Annette Vowinckel: Sicherheit und Sicherheitsempfinden als Thema der Zeitgeschichte. Eine Einleitung, in: Zeithistorische Forschungen 7 (2010), S. 163–169.

Richard H. Ullman: Redefining Security, in: International Security 8 (1983), S. 129–153.

Nina Verheyen: Geschichte der Gefühle, Version: 1.0, in: Docupedia-Zeitgeschichte, http://docupedia.de/zg/Geschichte_der_Gefühle (Zugriff am 29.9.2017).

Juha A. Vuori: A Timely Prophet? The Doomsday Clock as a Visualization of Securitization Moves with a Global Referent Object, in: Security Dialogue 41 (2010), S. 255–277.

Ole Wæver: Concepts of Security, Kopenhagen 1997.

Ders.: Aberystwyth, Paris, Copenhagen. New »Schools« in Security Theory and their Origins between Core and Periphery, Montreal 2004 (unveröffentlichtes Papier).

Ders.: The History and Social Structure of Security Studies as a Practico-Academic Field, in: Trine Villumsen Berling / Christian Bueger (Hg.):

Security Expertise. Practice, Power, Responsibility, London / New York 2015, S. 76–106.
Ders.: Peace and Security. Two Evolving Concepts and their Changing Relationship, in: Hans Günther Brauch u. a. (Hg.): Globalization and Environmental Challenges. Reconceptualizing Security in the 21st Century, Berlin u. a. 2008, S. 99–111.
Ders.: Security, the Speech Act. Analyzing the Politics of a Word (Copenhagen Centre for Peace and Conflict Research Working Paper 1989/19), Kopenhagen 1989.
Ders.: Securitization and Desecuritization, in: Lipschutz (Hg.): On Security, S. 46–86.
Florian Weber: Von der klassischen Affektenlehre zur Neurowissenschaft und zurück. Wege der Emotionsforschung in den Geistes- und Sozialwissenschaften, in: NPL 53 (2008), S. 21–42.
Christoph J. Wehner: Die Versicherung der Atomgefahr. Risikopolitik, Sicherheitsproduktion und Expertise in der Bundesrepublik Deutschland und den USA 1945–1986, Göttingen 2017.
Alexander Wendt: Anarchy is What States Make of it: The Social Construction of Power Politics, in: International Organization 46(1992), S. 391–425.
Ders.: Social Theory of International Politics, Cambridge 1999.
Annick Wibben: Feminist Security Studies. A Narrative Approach, London 2010.
Jan Ole Wiechmann: Sicherheit neu denken. Die christliche Friedensbewegung in der Nachrüstungsdebatte 1977–1984, Baden-Baden 2017.
Michael C. Williams: The Continuing Evolution of Securitization Theory, in: Thierry Balzacq (Hg.): Securitization Theory: How Security Problems Emerge and Dissolve, London 2011, S. 212–222.
Emil Winkler: Sécurité, Berlin 1939.
Burkhardt Wolf: Das Gefährliche regieren. Die neuzeitliche Universalisierung von Risiko und Versicherung, in: Engell / Vogl (Hg.): Gefahrensinn, S. 23–33.
Lucia Zedner: Security, London / New York 2009.
Cornel Zwierlein: Der gezähmte Prometheus. Feuer und Sicherheit zwischen Früher Neuzeit und Moderne, Göttingen 2011.
Ders.: Grenzen der Versicherbarkeit, in: GG 38 (2012), S. 423–452.
Ders.: Sicherheitsgeschichte. Ein neues Feld der Geschichtswissenschaften, in: GG 38 (2012), S. 365–386.
Ders. (Hg.): Sicherheit und Krise. Interdisziplinäre Beiträge der Forschungstage 2009 und 2010 des Jungen Kollegs der Nordrhein-Westfälischen Akademie der Wissenschaften und der Künste, Paderborn 2012.

Personen- und Sachregister